BIBLIOTHÈQUE
DE PHILOSOPHIE CONTEMPORAINE

LE PROBLÈME DE LA CONSCIENCE

ÉTUDE PSYCHO-SOCIOLOGIQUE

PAR

D. DRAGHICESCO

Docteur de la Faculté des lettres de l'Université de Paris.
Chargé d'un cours de Psychologie sociale à l'Université de Bucarest.

Origines de la conscience. — Impossibilité de la psychologie individuelle. — Impossibilité de la sociologie objective. — Conciliation de la psychologie et de la sociologie. — Lois psychologiques et sociales et lois naturelles. — De la possibilité des sciences sociales. — La méthode active démocratique en sociologie. — Science et pratique sociale. — Foi et science. Conciliation de la science et de la conscience. — Conclusions et conséquences. La force législatrice de la conscience.

PARIS
FÉLIX ALCAN, ÉDITEUR
LIBRAIRIES FÉLIX ALCAN ET GUILLAUMIN RÉUNIES
108, BOULEVARD SAINT-GERMAIN, 108

1907

LE
PROBLÈME DE LA CONSCIENCE

LIBRAIRIE FÉLIX ALCAN

DU MÊME AUTEUR

Du rôle de l'individu dans le déterminisme social. 1 volume in-8 de la *Bibliothèque de philosophie contemporaine*. 1904. . . . . 7 fr. 50

1315-06. — Coulommiers. Imp. Paul BRODARD. — 1-07.

LE PROBLÈME

DE

LA CONSCIENCE

ÉTUDE PSYCHO-SOCIOLOGIQUE

PAR

D. DRAGHICESCO

Docteur de la Faculté des lettres de l'Université de Paris.
Chargé d'un cours de Psychologie sociale à l'Université de Bucarest.

ORIGINES DE LA CONSCIENCE. — IMPOSSIBILITÉ DE LA PSYCHOLOGIE INDIVIDUELLE. — IMPOSSIBILITÉ DE LA SOCIOLOGIE OBJECTIVE. — CONCILIATION DE LA PSYCHOLOGIE ET DE LA SOCIOLOGIE. — LOIS NATURELLES ET LOIS PSYCHOLOGIQUES ET SOCIALES. — DE LA POSSIBILITÉ DES SCIENCES SOCIALES. — LA MÉTHODE ACTIVE DÉMOCRATIQUE EN SOCIOLOGIE. — SCIENCE ET PRATIQUE SOCIALE. — FOI ET SCIENCE. CONCILIATION DE LA SCIENCE ET DE LA CONSCIENCE. — CONCLUSIONS ET CONSÉQUENCES. LA FORCE LÉGISLATRICE DE LA CONSCIENCE.

PARIS
FÉLIX ALCAN, ÉDITEUR
LIBRAIRIES FÉLIX ALCAN ET GUILLAUMIN RÉUNIES
108, BOULEVARD SAINT-GERMAIN, 108

1907

A MONSIEUR

JEAN J.-C. BRATIANO

En témoignage de reconnaissance respectueuse et de dévoûment.

AVANT-PROPOS

Considérer le problème de la conscience individuelle au point de vue social, telle est l'idée maîtresse de ce livre. Certains y verront peut-être un vice radical, mais il nous a semblé que le phénomène de la conscience réfléchie, proprement dite, est un produit *sui generis* de la vie en commun dans le *milieu humain* social.

Les naturalistes ont montré que l'homme, en tant qu'organisme, est le résultat de l'adaptation de la vie aux conditions du *milieu physique*. Au point de vue psychologique, sa conscience semble être le résultat de l'adaptation au milieu social. La conscience s'est ajoutée à l'organisme humain, parce que l'homme, tel qu'il a été fait par les conditions du milieu cosmique, a dû se plier à des conditions nouvelles, d'un ordre tout particulier, celles du milieu social. — C'est là le point commun des chapitres qu'on lira dans cet ouvrage, et l'organe de liaison et de méthode.

La méthode qui découle nécessairement du point de vue adopté, consiste à tirer de l'individu, considéré en soi-même, les recherches psychologiques, et à les diriger sur les rapports individuels. Cette méthode est d'ailleurs celle qui a triomphé dans toutes les sciences qui étudient les choses, non plus en elles-mêmes, mais dans les rapports qui les relient. Les diverses sciences qui s'occupent de l'homme considéré à des points de vue particuliers, l'économie politique, la morale, l'esthétique par exemple, ont toutes adopté le point de vue social et la méthode sociologique, par cela même qu'elles ont commencé à étudier l'homme en rapport avec le milieu social et historique auquel il appartient. C'est-à-dire qu'ayant quitté le point de vue psychologique individuel, en d'autres termes ayant abandonné l'individu, elles ont commencé à analyser de préférence les rapports sociaux des hommes. — Il restait à voir si la psychologie ne doit pas elle aussi abandonner l'individu pris en soi, et adopter la méthode sociologique dans la recherche et l'explication des phénomènes conscients. C'est la tâche que nous nous sommes particulièrement imposée dans les quatre premiers chapitres. On y pourra voir que l'orientation et les tendances des recherches, tant psychologiques que sociologiques, sont des indications précieuses qui confirment la thèse que nous défendons. Notre effort et notre originalité consisteront à placer la nouvelle orientation sous un jour plus favorable et à rendre les nouvelles tendances plus conscientes d'elles-mêmes et de leur portée.

La seconde idée, qui domine à partir du chapitre IV, est que la nature de la conscience, en tant que sociale, exige de l'investigateur une attitude différente vis-à-vis des faits qu'il étudie. Il doit jouer, en sociologie, un rôle tout d'activité et d'intervention, parce que l'esprit de l'homme est à la fois objet de connaissance et investigateur : la conscience est le siège et l'agent des phénomènes; elle est, en même temps, le sujet connaissant et l'objet à connaître; elle effectue elle-même les lois qu'elle constate. Il s'ensuit que cette conscience dispose d'une force législatrice réelle, et que la démocratie sociale doit être considérée comme une véritable méthode scientifique active.

Les deux derniers chapitres contiennent certaines déductions qui nous ont paru intéressantes, parce qu'elles peuvent jeter une lumière nouvelle sur quelques grands problèmes de philosophie morale. Les tendances de la conscience humaine, les aspirations profondes de l'âme, les idées de Dieu, d'immortalité, considérées à notre point de vue, acquièrent, on s'en rendra compte, une signification scientifique.

*
* *

Ce nouveau livre, — nous insistons sur ce point, — forme la suite de notre ouvrage précédemment publié : *Du rôle de l'Individu dans le Déterminisme social*, ouvrage dans lequel nous avons essayé de faire voir qu'on peut opposer au parallélisme psycho-physiologique un parallélisme psycho-social, d'importance au moins égale. La connaissance de notre première publication ne sera pas inutile pour lire et comprendre ce nouveau travail.

LE PROBLÈME DE LA CONSCIENCE

ETUDE PSYCHO-SOCIOLOGIQUE

CHAPITRE PREMIER

ORIGINE SOCIALE DE LA CONSCIENCE

« *Les lois sont les rapports nécessaires qui dérivent de la nature des choses.* » Telle est la belle formule par laquelle Montesquieu résume admirablement tout le passé scientifique et philosophique de la pensée humaine. Or, que veut-on dire, au juste, par là, sinon que pour arriver à la connaissance des lois il est indispensable de connaître préalablement la nature des choses; car les rapports, qui en dérivent, s'expriment précisément dans ces lois. C'est à peu près la thèse que défendait l'auteur de *L'Esprit des Lois*. Mais, juste en même temps, là-bas en Allemagne, le penseur de Kœnigsberg concevait cette vérité, peut-être plus fondamentale encore, quoique exagérée, à savoir que la nature des choses nous est absolument inaccessible et restera toujours insaisissable, quels que soient les moyens intellectuels, ou les artifices de méthode, dont nous ferons usage pour l'aborder. Or, il est arrivé que la thèse de Kant triompha. De nos jours, quand on prétend sérieusement à la science, on ne vise plus cette nature des choses. Aussi la formule de Montesquieu, qui fit l'admiration du XVIIIe siècle, a-t-elle beaucoup perdu de sa signification et de sa valeur. Est-ce à tort ou à raison ? Peut-être les deux à la fois.

Dans la conception contemporaine, l'esprit, désespérant, après la critique kantienne, d'atteindre à la nature des choses, s'est efforcé de voir s'il n'y avait pas moyen de connaître directement les rapports et les lois qui en dérivent. Sur beaucoup de points il est arrivé à des résultats satisfaisants. De sorte que, s'il était vrai qu'il dût y avoir une liaison directe entre les rapports des choses et leur nature, on pourrait tenter de s'attaquer maintenant à la nature des choses elle-même, en prenant la voie inverse. Il serait même permis de se demander, tout au moins, si cette voie n'est pas plutôt la voie directe, c'est-à-dire s'il ne serait pas vrai que « la nature des choses » dérive des rapports nécessaires de celles-ci. Connaissant les rapports nécessaires des choses, on pourrait arriver, par l'intermédiaire de ces rapports eux-mêmes, à cette nature, puisqu'elle en est dérivée. Cela signifierait que Montesquieu était profondément dans le vrai, lorsqu'il établissait un lien direct entre leurs rapports nécessaires et la nature des choses, et qu'il n'était dans l'erreur que lorsqu'il laissait entrevoir qu'on n'arriverait à saisir et à comprendre les lois des choses, qu'après en avoir connu la nature. La tâche était, en effet, impossible, s'il était exact que cette nature fût une simple dérivation des rapports nécessaires des choses et il n'aurait alors fallu étudier que ces rapports. C'est le grand mérite de Kant *d'avoir nié la connaissance des choses en elles-mêmes, pour déplacer et diriger ensuite les efforts sur le point essentiel où ils pouvaient devenir fructueux, à savoir sur les rapports extérieurs nécessaires*. Il est vrai que le moyen d'y aboutir ne pouvait être que radical, c'est-à-dire que ce ne pouvait être que la négation absolue des choses en soi.

Mais, ce qui était une vraie nécessité du temps de Kant n'a plus de raison d'être à l'heure actuelle. On pourrait, par suite, revenir à la formule de Montesquieu, corrigée cette fois de la sorte : *La nature des choses dérive des rapports nécessaires de celles-ci*. Plus conscient et averti par la critique kantienne, nul ne s'avisera désormais de s'attaquer directement à la nature des choses, à la chose en soi. C'est là une habitude abolie. Tout le monde, au contraire, observera et cherchera les rapports nécessaires extérieurs, qui, une fois bien saisis, pourront peut-être nous conduire, malgré Kant, à la connaissance de la chose en soi. Ce sera donc par un simple passage de cause à effet, sous la conduite infaillible du lien causal. Si tant est néanmoins que l'élément primordial en est *les rapports* et que la nature des choses en est l'élément dérivé. Nous présentons là un point de vue si différent de celui qu'on envisage couramment, surtout dans le domaine des sciences de l'esprit, que nous ne craignons que trop de choquer les idées acceptées par tous les bons esprits.

Quant au problème dont nous nous occupons ici, ce point de vue est, comme on s'en convaincra peut-être, d'une efficacité sans exemple. Il nous a même été suggéré par ce problème. En effet, les considérations précédentes nous ont conduit à concevoir que, dans les recherches accomplies sur le terrain des sciences de l'esprit, y compris les sciences sociales (Geistwissenschaften), on ne s'est même pas douté de la seule façon logique et efficace de poser les problèmes. Tous les hommes de science, à une exception près [1], s'imaginent que la Sociologie dérive de la Psychologie, qui doit nécessairement la précéder. Ceux-là mêmes, qui veulent une Sociologie indépendante de la Psychologie [2], ce qui d'ailleurs est, comme on le verra, presque absurde, attendent cependant pour cela que le progrès de la Psychologie les mette à même de réaliser la science sociale. Bref, tout le monde, implicitement ou explicitement, avouera que la Sociologie repose sur la Psychologie. Mais, qu'est-ce à dire par là, sinon qu'il faut s'en tenir à la formule de Montesquieu, que les rapports des individus dérivent de leur nature psychique. Par suite, voulez-vous faire de

1. E. de Roberty, *La Sociologie*, 3e édit., chapitre : Rapports de la Science sociale avec la Psychologie, 179-206. Paris, F. Alcan.

2. Espinas, Être ou ne pas être ou du Postulat de la Sociologie, *Rev. Phil.*, I, 1901, 450.

la science économique, morale, juridique, sociologique, etc.? perdez tout espoir tant que la Psychologie, qui étudie la nature intime de l'homme, n'aurait pas dit son dernier mot[1]. Et alors, marchez sur les traces des psychologues, utilisez tout ce qu'ils vous diront, et vos observations objectives, sachez-le bien, seront fausses aussi longtemps que la Psychologie ne les aura pas ratifiées[2].

A leur tour, comment procèdent les psychologues? En général d'une façon absolument opposée à celle des sciences positives. Ils commencent par l'individu en lui-même, ils s'y confinent presque exclusivement. C'est dire qu'ils commencent par la nature des choses pour en déduire ensuite leurs rapports, méthode qu'on avait heureusement abandonnée dans les sciences positives, surtout depuis Kant. Or, s'il est vrai que la nature des choses dérive des rapports de celles-ci, ne serait-il pas aussi exact que le psychique, la conscience, la nature intime de l'individu dérivent des rapports inter-individuels? Commencer par la Psychologie, qu'est-ce donc, sinon mettre la charrue devant les bœufs? C'était aussi par suite la seule méthode qu'on aurait pu choisir expressément, dans le but précis de n'arriver à rien, sinon à un chaos insondable.

Rien ne devient donc plus pressant que de quitter, aussitôt que possible, la voie suivie et de réaliser ici la réforme déjà depuis longtemps en vigueur dans les autres sciences. Il faudra donc sortir de l'individu et diriger nos recherches sur les rapports inter-individuels, seul procédé sensé, susceptible d'aboutir aux lois de l'esprit, aux lois sociales et même à la connaissance du psychique — de la nature individuelle. Ce procédé d'ailleurs devrait constituer l'objet entier de la Sociologie. C'est donc la Sociologie qui représente la vraie science fondamentale de l'esprit, ou tout au moins elle prend la signification de la seule méthode scientifique susceptible d'aboutir dans les recherches faites sur le terrain des sciences de l'esprit.

Mais, pour cela, il faut bien examiner au préalable quelles

1. A. Wagner, *Lehr-und Handbuch der politischen Œkonomie*, Leipzig, 1892, p. 172-173.

2. Bouglé, *Les idées égalitaires*, Paris, F. Alcan, 1899, p. 86 et 89, etc.

sont les bases de cette idée, nouvelle à ce qu'il paraît, que nous essayons de faire accepter à l'opinion scientifique courante, à savoir que la psychique et la conscience dérivent des rapports extérieurs entre les individus. Ce n'est que lorsque nous aurons rendu cette thèse intelligible, que nous pourrons prétendre substituer à l'ancienne méthode introspective, la méthode sociologique. Ensuite, il deviendra évident que si, par l'étude des rapports sociaux, nous arrivons à des lois — l'expression exacte de ces rapports — ces lois se trouveront être les mêmes que les lois de l'esprit. Dans ce but, voyons ce que nous enseignent les analogies des autres sciences, prises d'ailleurs dans leur signification la plus générale, pour ne rien préjuger sur les détails. Peut-on concevoir, par analogie, que la Sociologie devra être la science fondamentale de l'esprit et que la conscience serait le produit des rapports sociaux en même temps que le caractère distinctif des faits sociaux?

I

On admet d'une façon générale, en Allemagne surtout, que les sciences de l'esprit, y compris les sciences sociales, forment un groupe à part, qu'on doit opposer aux autres sciences de la nature. La question se poserait de savoir si toutes les sciences de l'esprit pouvaient se réduire à une science fondamentale, qui serait la Sociologie. D'aucuns ont déjà admis qu'il ne s'agit ici, en effet, que d'une seule science, mais dans leur pensée c'était la psychologie (Dithley, Wundt)[1]. Voyons, pour trancher le litige, laquelle des deux — de la Psychologie ou de la Sociologie — présente les conditions essentielles d'une science fondamentale, tout au moins ces conditions qui se sont révélées essentielles dans les autres sciences. Par suite nous devrons peut-être insister sur des choses devenues trop banales.

1. Dithley, *Einleitung in die Geistwissenschaften*, Wundt, *Logik*, II, 2e édit., 169.

Dans le passage de la Physique à la Chimie, la différence essentielle qui sépare les phénomènes physiques des phénomènes chimiques, consiste en ce que ceux de la seconde catégorie sont des modifications radicales des corps. Ce sont des changements de nature, qui font qu'on ne peut plus reconnaître un corps dans sa nouvelle forme. Les phénomènes physiques sont, au contraire, des changements, qui n'altèrent pas la nature des corps. De plus, les divisions mêmes de la matière, où s'arrêtent les changements physiques, sont les molécules. La phénoménalité physique est un processus de changements, qui n'affecte que l'arrangement morphologique extérieur des molécules. Par contre, les phénomènes chimiques sont un processus de changements qui vont jusqu'aux atomes. Ces changements altèrent la disposition morphologique des atomes, ce qui veut dire qu'ils sont des transformations intimes et profondes de la nature des corps.

De même, dans le passage de la Chimie à la Biologie, la séparation qui existe entre ces deux sciences, consiste, tout d'abord, en un changement qualitatif, irréductible des deux éléments, objets de leurs études. Comme *la chimicité* était un fait irréductible au phénomène physique, de même la vie est une qualité irréductible à la chimicité. De plus, maintenant, la division matérielle dernière, où s'arrêtent les phénomènes de la vie, c'est la cellule vivante, qui est toute différente de l'atome et de la molécule. La propriété irréductible de la vie dériverait, comme nous l'assure M. Le Dantec, de l'arrangement morphologique de la cellule, de sa constitution atomique. Toute la phénoménalité de la vie ne serait que le processus des transformations intervenues dans l'arrangement des cellules, qui constituent les corps vivants, ce qui concorderait d'ailleurs avec les modifications de la morphologie atomique à l'intérieur des cellules. Une cellule vivante ne diffère chimiquement d'une cellule morte, que par l'altération de la morphologie atomique de cette dernière [1].

Nous rencontrons, dans chacune de ces trois sciences fon-

1. Le Dantec, L'hérédité clef des phénomènes biologiques, *Rev. gén. des Sciences*, 1900, p. 733.

damentales, les trois éléments suivants qui s'y trouvent inévitablement, sans quoi il n'y aurait pas lieu de les distinguer les unes des autres : 1° l'unité ou le support élémentaire : *la molécule, l'atome, la cellule*; 2° une qualité irréductible : *la chimicité, la vie*; 3° l'arrangement des unités, leur *morphologie*. De même, la science fondamentale de l'esprit doit présenter le pendant de chacun de ces trois éléments pour pouvoir être considérée comme telle.

De la Sociologie ou de la Psychologie, laquelle peut satisfaire à cette condition? Ce ne sera vraisemblablement pas la Psychologie, telle qu'on la conçoit à l'ordinaire — une phénoménalité consciente qui dérive directement de l'organisation corporelle de l'homme. En ce sens, les sciences de l'esprit ne seraient qu'un dédoublement de la science biologique; ce qui ne manque pas d'être très souvent soutenu, sans qu'on cesse, pour cela, de postuler une science psychique ou sociale indépendante de la Biologie. Il y aurait bien ici, en effet, l'un des trois éléments qui doivent ne pas manquer de caractériser une phénoménalité nouvelle, irréductible — la conscience.

Mais la conscience elle-même, d'après ce que nous verrons dans la suite, ne pourrait être attribuée qu'à l'individu, en tant qu'être social.

Il ne reste donc que la Sociologie qui puisse satisfaire aux conditions d'une science fondamentale de l'esprit.

Mais alors, par quoi seront remplacés les trois caractères essentiels, qui ne doivent jamais manquer à une réalité assez distincte pour être capable d'engendrer une science originale, fondamentale? Cette question suppose que la société pourrait former un règne nouveau, supérieur au règne de la vie et des corps bruts[1]. Les sociologues l'admettent, en effet, mais non les psychologues, car ceux-ci tiennent leur propre science pour un prolongement de la Physiologie, sans solution de continuité. Aussi, la Psychologie est-elle devenue, de notre temps, la psycho-physiologie. On pourrait souhaiter qu'elle s'approchât de plus en plus de la Physiologie, et que

1. Espinas, Article cité, dans une note, p. 474.

le terrain des pures sciences de l'esprit, déblayé, devienne alors une carrière ouverte.

Mais, pour que la Sociologie soit cette science pure, fondamentale, de l'esprit, il faut, en effet, que la société constitue un règne nouveau, et que le passage direct de la Biologie à la Sociologie se marque par les mêmes distinctions caractéristiques que celui de la Chimie à la Biologie, etc... Quels sont donc ici les succédanés de la vie manifeste des cellules et de la structure morphologique de la cellule?

1° Et tout d'abord quel est, dans la réalité sociale, le pendant de la cellule? Il semble que la question devient des plus simples, puisque la première idée qu'elle évoque naturellement, c'est celle des individus humains. Pourtant, il est assez difficile de répondre. Il faut faire des distinctions très délicates, qui paraîtront, au début, de véritables subtilités. Ces distinctions pourront être exactement appréciées, non pas au commencement de cette étude, mais à peine vers la fin. Le pendant de la cellule n'est pas simplement l'individu humain. Nous devons faire ici une distinction entre la société naturelle, primordiale, limitée, étroite et rudimentaire, et les sociétés civilisées, nationales ou internationales; tout comme on distingue en Biologie entre les animaux rudimentaires, mono-cellulaires, métozoaires inorganisés, et les poly-cellulaires, complexes et organisés. Et lorsqu'on s'en tient à cette distinction, la réponse qui convient à la question de savoir quel est, dans la société, le pendant de la cellule, est : soit *le clan ou la tribu*, soit *l'individu humain raisonnable*. Cela résulte des phases sociales ou biologiques qu'on envisage. Si nous pensons à la vie organique supérieure, les individus humains réfléchis seront alors, dans une société civilisée, les vrais représentants des cellules; si, au contraire, nous nous rapportons à la forme mono-cellulaire de la vie, les tribus et les hordes seront alors les vrais pendants de la cellule. L'homme de la société civilisée est l'équivalent de la tribu, du clan.

Dans sa phase initiale, et par suite naturelle, la société est en quelque sorte une matière amorphe, tout comme le plastide est forme initiale de la vie. Par rapport à cette société, les individus sont des atomes, c'est-à-dire qu'ils sont ce que sont les atomes de la cellule vivante. Cela signifie qu'ils ne comptent pas, parce que la société est une synthèse et non une somme. Aussi les propriétés et surtout les intérêts de la société ne sont-ils pas ceux des individus, puisque, dans toute synthèse, les caractères du produit diffèrent de ceux des facteurs. A ce stade, la société est toujours une réalité supérieure, indépendante des individus dont elle dépasse les intérêts et les fins; et cela, parce que cette réalité supérieure n'est pas encore descendue dans les individus pour les modeler à son image, pour les transformer, tellement que ces derniers ne soient que son aspect réduit.

Au contraire, si nous envisageons les sociétés civilisées, de plus en plus éloignées de l'état de nature, et devenues progressivement des œuvres réfléchies, *artificielles*, nous pourrons voir que les individus qui y participent se sont plus ou moins modelés[1]. Dans la même mesure, le pendant de la cellule vivante devient ici l'individu, qui doit être envisagé comme le véritable substratum de la vie sociale, à côté de la société elle-même et au même titre. Il le devient, du moins, en tant qu'il est le produit et par suite la reproduction rappetissée de cette dernière. Les individus jouent ici le rôle des cellules pour les formes supérieures de la vie organisée, à cette notable différence près, qu'ils sont, dans la société, l'image même, la reproduction diminuée de l'ensemble, ce qui n'est évidemment pas le cas des cellules vivantes dans un corps animal. Il va de soi que cette société indépendante, supérieure aux individus, s'est évanouie, dans la même mesure où l'individu s'en est approprié la substance. Elle s'est évanouie parce qu'elle a été assimilée, digérée par les individus qui la composent et qui y ont puisé leur raison, leur âme. Aussi, les rapports de la société envers les individus ne sont plus ceux d'une synthèse envers ses facteurs, mais bien ceux d'une somme envers ses unités — les qualités de la totalité étant identiques à celles de chaque

1. De Roberty, *La Constitution de l'Éthique*, Paris, F. Alcan, 1900, p. 113.

partie. Il ne pourrait pas en être autrement, puisque les qualités de la société doivent se retrouver dans les individus en qui elle est descendue, en les modelant à son image.

Par suite, en passant de la société primitive, naturelle (la horde, la tribu) à la société civilisée, l'individu a subi une modification absolument essentielle. Il s'est approprié la substance de cette dernière et, par suite aussi son rôle; il est devenu cellule, de simple atome qu'il était; il est devenu une partie de la réalité sociale après avoir été simple facteur. L'individu humain s'est donc complètement transformé; sous son apparence extérieure, qui est restée la même, il a acquis une vie intérieure, qui lui était tout à fait inconnue dans sa première phase[1]. Mais cette vie intérieure n'est rien d'autre que la société, que l'individu s'est assimilée. La réflexion, la conscience, l'âme, seraient donc des qualités qu'il a déduites de la vie sociale. Aussi, faudra-t-il faire une distinction essentielle dans la complexité concrète des individus — une distinction fondamentale, que le bon sens populaire et la philosophie idéaliste, guidée par l'intuition géniale des peuples, n'ont pas manqué de faire. Il est besoin de distinguer entre l'individu biologique et l'individu social[2], entre ce que l'homme a été de par sa nature et ce qu'il est devenu sous l'influence de la vie collective, entre la matière organique, qui constitue sa charpente corporelle, et son âme, son esprit, qui n'en dérivent pas. Il serait puéril de craindre de ce fait un retour à la conception dualiste de la nature humaine, pourvu qu'on conçoive cette dualité de nature d'une manière réaliste et positive, c'est-à-dire d'une manière tout à fait explicite.

Comment cette transformation de l'individu s'est-elle accomplie? Comment se fait-il qu'en restant le même en apparence, l'être ait subi une modification si essentielle? Pour bien l'expliquer, on doit considérer la vie sociale comme un véritable processus de décomposition des individus biologiques en une infinité de séries d'actions et réactions individuelles, se répercutant entre elles, en de véritables *endosmoses* et *exosmoses*,

1. E. de Roberty, *Constitution de l'Éthique*, p. 114. Paris, F. Alcan.
2. Id., *Le Psychisme social*, p. 35. Paris, F. Alcan.

ou comme un milieu exclusivement humain, où, par suite de la vie sociale, chaque individu est nécessairement plongé. Pour avoir pris part à cette vie humaine, pour y avoir concouru, il sera transformé, réfléchi et conscient. *Il aurait assimilé et concentré en lui la vie générale de tous ses semblables; sur sa nature biologique se serait greffée de la sorte une nature nouvelle, formée de la synthèse de la vie collective de tous les individus.*

Telles dans un vase, où se produit un processus chimique, les molécules des différents corps mélangés ensemble se pulvérisent dans leurs atomes, et, au fur et à mesure qu'elles en prêtent aux autres, elles en empruntent à leur tour; de ce processus d'emprunts réciproques, elles ressortent transformées essentiellement; ainsi, l'individu humain qui vient puiser de la vie sociale là où se sont pulvérisés ses semblables et où il a lui-même déposé une partie de soi, s'est dépersonnalisé biologiquement, pour recevoir en soi un peu de la vie générale du groupe. Par ce processus il a reçu le groupe en soi, il s'est universalisé en s'individualisant d'une façon nouvelle, originale et supérieure. Pour le peu qu'il a donné de soi, il a acquis infiniment. Il a réalisé un accroissement de sa vie grâce à l'influence que les autres ont exercée sur lui.

C'est ainsi que l'individu atome devient nécessairement cellule par l'adjonction de la vie de tous les autres, et proportionnellement aux influences qu'il a subies. De ce processus d'universalisation est résultée l'individualisation originale de la conscience. L'homme en est ressorti réfléchi, raisonnable, c'est-à-dire social. Nous avons donc maintenant affaire à une réalité nouvelle, supérieure à la réalité biologique. Ces deux réalités peuvent être facilement distinguées dans l'individu concret. Cette distinction devient une séparation réelle et bien manifeste, si nous envisageons la différence entre les adultes et les enfants et si nous songeons à l'inconscience et à l'irréflexion des uns et la réflexion des autres. Cette différence provient, à n'en plus douter, de ce fait que les enfants n'ont pas eu le temps de s'assimiler la vie collective. Aussi ne sont-ils conscients et réfléchis — puisqu'ils le sont cependant un peu —

qu'à mesure seulement qu'ils ont puisé par différents moyens à la vie universelle du groupe; aussi sont-ils encore au-dessous de la société, cette dernière demeurant pour eux une synthèse entièrement indépendante. Et, en effet, les enfants n'ont pas un rôle décisif dans la société; ils n'en ont même aucun. Ils se comportent donc envers elle comme de simples atomes; et cela ne cessera qu'avec le progrès de leur éducation, de leur expérience — à mesure qu'ils auront plongé et puisé dans l'immense réservoir de la vie sociale. Cette assimilation de la société les élèvera alors à la majorité, la majorité de l'individu étant le moment où il devient l'égal de la société et le substratum de la vie sociale, au même titre que la société. *A ce moment le pendant social de la cellule biologique est l'individu humain.*

Je ne crois pas que ces distinctions aient été faites jusqu'à présent. Et c'est là le défaut de toutes les conceptions sociologiques, qu'elles soient d'Herbert Spencer, d'Auguste Comte, ou même, et surtout, de M. Durkheim. La conséquence fâcheuse en est une contradiction lourde et pénible qui constitue le vrai fond de ces diverses conceptions. Ainsi, M. Durkheim admettra bien que la société est toujours une réalité indépendante et extérieure aux individus, quels qu'ils soient : adultes, instruits et réfléchis, ou incultes et irréfléchis. Il en est de même pour Spencer et Comte, qui prennent l'individu biologique et en font la vraie cellule sociale, le vrai substratum de la vie sociale, alors qu'il n'en est que l'atome. Nous verrons ailleurs les conséquences fâcheuses qui en découlent au point de vue des méthodes proposées par ces divers sociologues. Arrêtons-nous là pour le moment.

2° Et maintenant, quel est dans la société le succédané de la structure morphologique de la cellule? Cette fois la réponse est des plus faciles : elle s'indique d'elle-même. Il semble que ce ne peut être que le mode de groupement des individus en société. La morphologie de la société est la forme de sa constitution, la forme de son arrangement intérieur. Et cet arrangement intérieur ne peut être que la somme des rapports inter-individuels plus ou moins fixes et organisés. Il resterait à se demander si la phénoménologie sociale se trouve dans le même rapport d'exacte et absolue dépendance vis-à-vis de cette morphologie des sociétés, comme on admet, par exemple, que la phénoménalité biologique du plastide dépend absolument de l'arrangement intérieur des atomes infinitésimaux. D'ailleurs, c'est une dépendance analogue qu'on suppose exister également entre la phénoménalité chimique des corps et la constitution morphologique et atomique de leurs molécules. En Chimie et en Biologie la modalité des phénomènes dérive, directement et exclusivement, de l'arrangement constitutif des atomes dans la cellule ou dans la molécule. Toutes les curieuses manifestations des phénomènes chimiques et vitaux seraient ainsi de simples dérivations des rapports inter-atomiques et inter-cellulaires. Toute la phénoménologie sociale ne serait-elle pas elle-même, à son tour, un simple dérivé, direct et exclusif, des rapports inter-individuels des individus vivant en société? L'affirmative est des plus tentantes en raison de l'analogie générale qui subsiste sur les autres points. Logiquement tout au moins, il n'est nullement impossible de l'accepter.

A titre de simple indication nous pouvons admettre, par *a priori*, que la phénoménalité sociale, sous toutes ses formes de manifestation, doit dériver absolument des rapports sociaux inter-individuels, et, par suite, qu'elle doit s'altérer, se compliquer ou se simplifier en raison de l'altération, de la simplification ou de la complication de ces rapports. Le phénomène social le plus essentiel, le plus fondamental est donc la forme des rapports inter-individuels, d'où la vie sociale dérive immédiatement et exclusivement, tout comme la vie élémentaire dérive de la morphologie de la cellule vivante. Et nous sommes en mesure d'affirmer cette dépendance avec d'autant plus de confiance, que nous la voyons confirmée par les bons esprits qui s'en sont aperçus. Tels sont MM. Durkheim[1], de Roberty[2], Gumplowicz[3], Simmel[4], etc., qui s'accordent à reconnaître que la vraie

1. *Division du travail social*, Paris, F. Alcan, 1893, p. 282-313 et p. 386-387.
2. *Op. cit.*
3. *Précis de Sociologie*, trad. fr., Paris, Giard, 1896, p. 274-293.
4. *Ueber die Sociale Differentirung*, 1900, p. 65-69.

source des phénomènes sociaux n'est pas la constitution biologique des individus, mais le mode de groupement de ceux-ci, la forme du groupe. MM. Durkheim et Simmel, précisant davantage leurs idées, montrent que le nombre des individus est le facteur principal qui décide de l'arrangement intérieur du groupe et par suite indirectement de la forme des manifestations des phénomènes sociaux. L'extension sociale d'après l'un, le volume et la densité d'après l'autre, voilà le principe premier de toute la phénoménologie sociale. De la sorte, le rôle capital de la Sociologie comme science fondamentale qui semble devoir réduire toutes les sciences de l'esprit (Geistwissenschaften), se montre dans toute son évidence. En effet, elle doit être mise sur le même plan que la Biologie, la Chimie et la Physique. La Sociologie doit être pour le Droit, l'Économie politique, la Politique et la Psychologie, ce que sont la Biologie pour la Physiologie, la Botanique, la Zoologie et la Médecine.

C'est une science fondamentale, comme la Biologie, la Chimie et la Physique, puisqu'elle étudie les rapports inter-individuels tout comme la Chimie étudie les rapports inter-atomiques et la Biologie les rapports inter-atomiques et inter-cellulaires. Ou bien inversement, la science fondamentale de l'esprit, pour être d'une valeur universelle, égale à celles des autres sciences fondamentales, doit étudier, à l'instar de celles-ci, des rapports, mais des rapports déterminés, spécifiques — les rapports inter-individuels. En un mot, les sciences de l'esprit, pour pouvoir mériter ce nom, doivent être sociologiques, se subordonner à la Sociologie, science des rapports inter-individuels.

3° Et enfin, quel est, dans la réalité sociale, le succédané de la propriété irréductible de la vie élémentaire manifestée? C'est ce qu'il nous faut encore montrer pour donner toute la force nécessaire à notre argumentation. En effet, le phénomène de la vie, cette propriété originale et irréductible aux autres propriétés du monde physico-chimique, constitue cette véritable caractéristique, qui marque d'un signe tous les phénomènes biologiques. Quelle que soit, par ailleurs, la forme de manifestation des phénomènes, cette propriété seule suffit à qualifier de biologique tout phénomène qui la manifestera. Le problème se pose donc ainsi : trouver la propriété à la fois originale, spécifique et irréductible, qui, dès qu'elle est manifestée par un fait donné, qualifie ce fait de social, et qui soit tellement le caractère spécifique et irréductible des phénomènes sociaux qu'elle en soit, par là même, le vrai signe caractéristique, nécessaire pour séparer deux catégories essentielles de phénomènes. Quel est donc ce caractère, qui rend spécifiques les phénomènes sociaux, les sépare des phénomènes biologiques et marque les limites en dehors desquelles commence la phénoménologie sociale, tout comme la propriété de la vie marque les limites entre les phénoménologies biologique et chimique?

Cette fois encore la solution est des plus faciles. Ce ne peut-être que *la conscience* relativement réfléchie. Car, en dehors de la vie elle-même, il n'y a plus rien d'aussi original, merveilleux et irréductible que la conscience. Celle-ci présente, en effet, toutes les conditions de cette particularité du monde social, de cette barrière à établir entre la Biologie et la Sociologie. Il ne serait donc pas si absurde — jusqu'à preuve du contraire — de concevoir la conscience comme étant ce qui rend aux choses leur caractère social spécifique, de biologiques les changeant en faits sociaux ; en un mot d'en faire la pierre de touche avec laquelle on éprouve les limites de la Sociologie. Et cela d'autant plus que nous ne sommes pas les premiers à la concevoir ainsi. Il y a bien longtemps que M. Espinas a soutenu ces idées, et récemment il a écrit ce qui suit : « Aucun fait biologique ne devient immédiatement social ; un intermédiaire est exigé, c'est le phénomène psychique. Les sociétés sont des groupements où les individus sont unis par des liens psychologiques[1]. » De même M. de Roberty[2] nous a dit très nettement : « La pensée est le terme intermédiaire qui vient compliquer l'action biologique pour produire ce résultat : l'action sociale. Ce qui sépare les phénomènes biologiques des phénomènes moraux, ce sont les faits de conscience et de finalité. »

1. *Article cité*, p. 466 et 467.
2. *Le Psychisme social*, p. 88, 93.

M. Durkheim[1] dit aussi que : « Dans les sociétés supérieures l'organisme se spiritualise » et que : « les faits sociaux sont de l'esprit matérialisé ». N'est-ce pas aussi ce que pense le célèbre psychologue américain M. Baldwin[2] — psychologue à nos yeux d'autant plus justement célèbre qu'il est un sociologue véritable — lorsqu'il dit que : « La matière de l'organisation sociale, ce sont les idées ». « Le jugement individuel réfléchit le type social. » Mais ce qui a été dit d'une facon plus nette et plus caractéristique à ce point de vue, c'est l'affirmation très claire d'Abramowsky[3] : « Le phénomène physique devient social lorsqu'il acquiert en même temps un caractère psychique ». Cependant personne n'a accordé à ce fait toute l'importance qu'il mérite.

Quels sont les rapports de ce caractère essentiel de la phénoménologie sociale avec les autres éléments premiers de celle-ci? Nous avons déjà vu que la conscience réfléchie est l'attribut inévitable que doit acquérir l'individu pour s'élever du rôle humble et même nul d'atome à celui de molécule ou cellule sociale, ayant les mêmes titres que la société prise dans son ensemble, et pour être considéré comme le support de la vie et de la réalité sociales. Sur ce point déjà s'était affirmée le rôle prépondérant du phénomène de la conscience. Après ce qui vient d'être encore dit, il est inutile d'insister sur sa nature essentiellement et profondément sociale. Arrêtons-nous à ses rapports avec la morphologie sociale. Comment la conscience réfléchie se comporte-t-elle vis-à-vis des rapports inter-individuels, dont l'arrangement constitue la forme du groupement social? On a dit que la propriété de la vie élémentaire — qui est le pendant biologique de la conscience — était l'effet exclusif et immédiat de la morphologie atomique du plastide. En est-il de même de la conscience? Ne serait-elle que l'effet exclusif et immédiat de la

1. *Op. cit.*, p. 386.
2. *Interprétat. sociale*, édition anglaise, p. 487 et suiv.; édition francaise, p. 106.
3. Les Bases psychologiques de la Sociologie, *Revue Internat. de Sociol.*, 1897, p. 601.

répartition des individus au sein du groupement social? La conscience dépendra-t-elle des rapports inter-individuels, au point d'en être la plus fidèle expression? Le lien qui les rattache est-il aussi sensible que les transformations et les altérations des rapports inter-individuels; et les changements de ces derniers se répercutent-ils fidèlement et immédiatement dans les formes et les métamorphoses du contenu de la conscience?

Nous ne voyons aucune impossibilité à répondre affirmativement à toutes ces questions; certains auteurs l'ont d'ailleurs déjà fait. D'aucuns, que nous avons cités précédemment, se sont exprimés à ce propos d'une manière si nette que nous pourrions trouver dans leurs livres tous les éléments d'une démonstration formelle. Ainsi M. Simmel dit[1] : « La vérité des idées, des conceptions, est le lien qui fait l'unité du cercle social... La valeur des idées dérive directement de l'étendue des cercles sociaux. »

M. Simmel conçoit les concepts comme des produits historiques qui évoluent avec la société. M. Durkheim nous dit à son tour que : « La majeure partie de nos états de conscience ne se seraient pas produits chez des êtres isolés, ou se seraient produits tout autrement chez des êtres groupés d'une autre manière... Produits de la vie en groupe, c'est la nature du groupe qui seule les peut expliquer[2]. » M. Tarde[3] s'est apercu, il y a longtemps déjà, que « si la conscience se disperse ou s'unifie avec l'organisme, elle s'abaisse ou s'élève, se resserre ou s'élargit, se relâche ou se fortifie avec le milieu social. » Et enfin M. de Roberty[4] dit élégamment : « Cette floraison idéale, ce haut vol de l'esprit, loin de précéder les rudiments et les premières ébauches de la vie en commun, vient à leur suite et semble en être le produit. Nulle intelligence ne saurait exister en dehors des liens qui constituent le rassemblement des individus. C'est universellement le fait social qui suscite le fait mental ».

1. Pensée théorique et intérêts pratiques, *Rev. de Métaph. et de Morale*, 1896, p. 163, 164 et 165.
2. *Op. cit.*, p. 391.
3. *Philosophie pénale*, Paris, 1900, p. 117.
4. *Le Bien et le Mal*, Paris, F. Alcan, 1896, p. 22. — *Constit. de l'Éthique*, p. 33.

L'analogie peut donc se maintenir dans son plus haut degré de généralité. Comme le phénomène de la vie élémentaire et les propriétés chimiques des corps sont de simples dérivations de la constitution atomique des cellules et des molécules, de même la conscience réfléchie et ses différentes formes ne sont que l'expression fidèle des rapports inter-individuels. Par suite, toute la phénoménologie de la conscience trouve sa cause suffisante dans la structure intérieure de la société, dans les formes de ces rapports inter-individuels. La nature humaine, en tant que réfléchie et raisonnable, dérive de la structure de la société qui l'englobe. Nous pouvons dire que l'âme de l'individu est le reflet des rapports que celui-ci entretient avec ses semblables. Ajoutons, pour rendre cette affirmation plus explicite, que la morphologie sociale — la structure sociale — signifie la somme des rapports inter-individuels organisés en société. La conscience, en même temps qu'elle les suppose inter-individuels, suppose également leur organisation. Or, l'idée de l'organisation des rapports est le fond même de l'idée des lois. Il doit y avoir parfaite correspondance entre l'organisation de la conscience et l'organisation de la société, l'une étant l'effet de l'autre. Dès lors les lois, c'est-à-dire les formes de ces rapports inter-individuels, sont nécessairement les lois et les formes de la conscience.

Si nous suivons les traces des lois nous aurons pris la voie qui conduit au fond intime de la conscience, et pénétré aussi la nature intime de l'homme, la chose en soi de la nature humaine, ce que Kant tenait pour la tentative la plus difficile qu'il fût. S'il est vrai que les lois de la conscience, et par suite sa nature intime, dérivent des rapports inter-individuels, il s'en suivrait que Montesquieu aurait eu raison contre Kant, en supposant connaissable la nature des choses. Mais pour avoir complètement gain de cause, cet auteur aurait dû établir comme il suit sa belle formule : *La nature des choses, ce sont les lois qui dérivent des rapports nécessaires de ces choses.* Ce qui voudrait dire que cette nature des choses ne ferait qu'un avec les lois qui la régissent et par suite qu'elle dépendrait exclusivement des rapports dans lesquels se trouvent les choses les unes vis-à-vis des autres. N'est-ce pas cette conception qui a triomphé dans les sciences physiques, chimiques et mathématiques? Nous ne croyons pas nous tromper absolument en affirmant que, dans les sciences de la nature, toute connaissance de « la nature des choses » se réduit à la connaissance des rapports des phénomènes entre eux. Leur nature est en relation si étroite avec leurs rapports, que toute modification de ces derniers altère cette nature elle-même. Si l'on agit, par exemple, sur les rapports des molécules d'un liquide quelconque et si on modifie leur distance, c'est-à-dire leurs rapports, on aura aussi modifié l'aspect du liquide, qui se présentera sous forme de vapeurs. Il doit en être ainsi avec une société donnée. Modifiez-en, à un certain moment, les rapports inter-individuels, et vous aurez, du même coup, modifié la conscience et l'âme des individus. Il nous semble que cette vérité s'impose à l'esprit avec toute la force d'un axiome véritable.

II

Mais si la conscience, avec ses différentes formes et ses lois, dérive exclusivement de la constitution sociale, et des modes de groupement des rapports inter-individuels, il s'ensuit nécessairement qu'elle ne dérive plus du tout de la constitution physiologique de l'homme — des rapports inter-cellulaires qui le composent. C'est une conclusion difficile à présenter au lecteur, et qui sera repoussée et désavouée par les auteurs mêmes que nous avons si souvent cités et qui du reste nous l'ont suggérée. Et pourtant elle existe forte et indéracinable au fond de leur pensée. C'est cette idée même qui renforce la pensée de ces auteurs; mais c'est elle aussi qui rend cette pensée contradictoire, faute de ne pas l'avoir poussée jusqu'au bout, en acceptant franchement cette dernière conclusion [1], par laquelle leurs

1. M. Durkheim, dans sa *Division du travail,* dit : « Sans doute, il serait exagéré de dire que la vie psychique ne commence qu'avec la société ».

conceptions auraient atteint une sorte d'équilibre logique définitif. Nous nous étendrons par ailleurs sur ce sujet.

Tant que l'esprit et la conscience avaient été tenus pour la simple expression de la constitution organique et matérielle du corps, le problème était facile. Étudiez le corps et vous arriverez à la Psychologie, ou tout au moins à la Psycho-Physiologie. Mais, pour être posé d'une manière fort simple, il n'en était pas moins insoluble. Nous devons avouer que notre conception de l'origine de l'esprit et de la conscience complique infiniment le problème dont la solution devient néanmoins d'autant plus facile en raison même de sa complexité.

Quelle est, rapidement résumée, la position du problème? La conscience ainsi que ses diverses formes dérivent de la constitution sociale où vivent les individus, elles ne dérivent plus de la constitution matérielle et organique du corps humain. Cela ne veut pas dire qu'il n'existe aucun rapport entre la conscience et l'organisme, car nous savons que c'est par le moyen du corps que la conscience arrive à s'exprimer extérieurement. Nous voulons seulement dire par là que l'organisme se trouve lui-même dans une situation dépendante vis-à-vis de la conscience et indirectement de la constitution de la société. La forme d'activité de l'organisme humain dérive, généralement, plutôt des rapports existant entre les différents individus, que de la forme de l'organisme considéré en lui-même. La contribution de l'organisme consiste en ce qu'il est suffisamment élastique pour ne pas être réfractaire aux conditions que lui imposent les rapports inter-individuels. « La pensée est une fonction du cerveau. Il y a deux manières de concevoir cette affirmation », dit William James. Et il poursuit : « Cela signifie : ou bien *production*, comme lorsqu'on dit que la lumière est une fonction du circuit électrique, et dans ce cas l'âme doit certainement mourir avec le cerveau; ou bien cela signifie *transmission.* » L'hypothèse de la transmission est d'autant plus acceptable, qu'il s'agit ici, de deux événements *totalement hétérogènes*, — le travail cérébral et l'activité psychique. Dans la théorie de la transmission on peut admettre une puissance extérieure tout à fait différente de celle des sens. « Il se peut, comme le disait Kant, *que le corps soit, non pas la cause de notre pensée, mais une condition restrictive, et que cette condition, nécessaire à la vie animale et temporelle, ne soit qu'une entrave à la vie purement spirituelle*[1] ». Qu'est-ce à dire, sinon que son rôle est d'autant plus efficace qu'il est simplement passif? De sorte que le décisif, dans les actions de l'homme, est l'ensemble des rapports inter-individuels. La forme de son activité dérive des formes de ces rapports. Jamais les formes physiologiques du corps ne rendront suffisamment compte des formes de l'activité et de la conscience.

Nous aboutissons nécessairement, pour avoir pris cette voie, à une conception nettement dualiste de la nature humaine. Cependant, d'après notre conception, le grand mystère de l'esprit, envisagé dans la nature et dans l'origine sociale des hommes, est devenu simplement explicite, de symbolique et mystique qu'il était. Il se trouve donc, dans l'homme concret, une nature biologique, matérielle, — celle des instincts — et une autre nature immatérielle, spirituelle : la conscience. Ce sont deux mondes différents, juxtaposés dans un même objet; ce sont deux modalités de l'existence, combinées dans un phénomène complexe. A coup sûr, leurs différences irréductibles, qui font souvent un assez mauvais ménage, tiennent à la différence essentielle de leurs origines. Quelles sont ces origines?

Depuis Lamark et Darwin tout le monde convient que les qualités qui constituent notre être biologique sont le résultat d'un processus indéfiniment long d'adaptation au milieu cosmique. La formule tout à fait heureuse de Spencer reste à cet égard d'une vérité absolue. L'organisme est un ensemble de rapports intérieurs qui correspond à un ensemble de rapports extérieurs. La matière vivante, soumise au principe de la sélec-

1. *Human Immortality*, voir le compte rendu dans la *Revue phil.*, 1898, I, p. 198-199.

tion, de la lutte pour l'existence et de l'adaptation, reproduit intérieurement les conditions cosmiques de la vie. Les instincts et les fonctions végétatives sont des groupements internes, dont le caractère est la fixité, et qui correspondent aux conditions également fixes du milieu cosmique. De ce processus d'adaptation au milieu cosmique résultera donc notre organisme, *à peu près* tel qu'il est de nos jours. Voilà l'origine de notre être matériel, biologique.

Le tort des Lamarckiens, des Darwiniens et des Spenceriens, c'est de chercher à expliquer, au moyen du même processus d'adaptation au milieu cosmique, un autre aspect de notre nature : la conscience et l'esprit. Wallace [1], un darwinien corrigé, s'en est si bien aperçu, qu'il n'a laissé passer aucune occasion de protester contre cette exagération du darwinisme. Il a toujours tenu l'esprit et la conscience pour irréductibles, et inexpliquables par le principe de la sélection naturelle et de l'adaptation : ce en quoi il avait absolument raison. Mais, il en donnait en échange une théorie mystique, surnaturelle, c'est-à-dire une vérité implicite; il n'était pas arrivé à concevoir le point de vue social, bien qu'il en eût le pressentiment, mais un pressentiment obscur et mystique. Nous sommes aujourd'hui à même d'introduire le point de vue positif de la vie collective, destinée à répandre la lumière désirable dans les recherches qui sont faites sur les problèmes de l'esprit. Cette méthode eût éclairé le pressentiment de Wallace d'un jour nouveau; le mystère est désormais percé; le mysticisme, qui contenait implicitement une vérité, disparaît pour nous mettre en présence d'une vérité positive.

Supposons que le processus d'adaptation aux conditions cosmiques ait pris fin à un moment déterminé de la vie de l'espèce. Il nous aurait conduit à un type spécifique, resté depuis presque le même, parce que le milieu cosmique lui-même n'a pas changé. A cette époque, l'homme vivait sans doute en petites bandes naturelles, encore peu nombreuses et, par suite, trop disséminées pour se rencontrer. Mais supposons, ce qui n'a pu

1. *Le Darwinisme*, trad. fr., Paris, 1891, p. 646, 647 653.

manquer d'arriver, qu'un moment soit venu où les tribus se multiplièrent au point d'arriver à se rencontrer, à se heurter plus ou moins. Cet incessant accroissement joint à leurs rencontres plus ou moins guerrières, détermina un fait très important et de toute nécessité : les groupes commencèrent à se réunir, à s'augmenter par des procédés paisibles ou violents.

A un moment donné ce groupe, devenu déjà considérable, finit par former une sorte de milieu nouveau, ajouté au milieu cosmique, et qui, étant humain, différait essentiellement de celui-ci. L'homme, tel que l'avait réalisé le processus cosmique, se trouva désormais plongé dans ce milieu. Un nouvel ensemble de rapports extérieurs s'imposait, implacable, à l'individu, qui devait s'y adapter, en réalisant en soi-même un ensemble de rapports correspondants. L'individu devait s'enrichir de cet ensemble très complexe de nouveaux rapports intérieurs. Ce fut là le début et l'origine de la vie spirituelle consciente et réfléchie. La conscience sortit ainsi des limbes du néant. Ce milieu humain, joint au milieu cosmique, devait déterminer dans l'individu, qui s'y trouvait, une nouvelle forme d'existence qui venait compléter sa vie physique. Il était donc le principe de la vie spirituelle et par suite de la dualité de nature qui caractérise l'homme.

Le nouveau milieu humain et social continua à s'étendre et à se développer; les rapports *inter-individuels* qui en résultaient, se compliquèrent et s'organisèrent progressivement; et dans la même mesure les rapports *intra individuels* — les lois et les formes de la conscience — subirent des transformations absolument parallèles. Lorsque le milieu social atteignit un degré plus net de stabilité et d'organisation plus étendue, les traits essentiels de l'esprit se fixèrent à leur tour et à jamais. L'âme devint une réalité effective, bien qu'immatérielle, une simple réalité de rapports.

La conscience est donc un produit de l'évolution historique, au même titre que le droit et la morale, que l'économie, les sciences et la philosophie. Comment s'est-elle développée? Seule l'histoire pourrait nous le dire, quoique les détails de ces progrès lui échappent; nous en sommes dès lors réduits à des conjectures, ce qui n'est guère rigoureux en fait de méthode scientifique. Mais, il existe encore un moyen d'avoir une idée indirecte du processus historique de la conscience. C'est l'observation scrupuleuse de la façon dont les nouveau-nés arrivent, dans les premiers mois et les premières années de leur existence, à la conscience réfléchie [1]. Car il se pourrait bien que, dans chaque création actuelle de l'être conscient, se reproduise le processus long et compliqué de la création historique de la conscience humaine. Ici, comme dans l'hérédité biologique, la phylogénèse doit reproduire l'ontogénèse. Et de fait, qu'est-ce que l'éducation, sinon une sorte d'accouchement psychologique et d'hérédité comparables aux actes biologiques correspondants? De même que le développement embryonnaire reproduit les phases de la création de la vie, de même l'éducation, d'où émergent notre conscience et notre esprit, doit reproduire tout au moins quelque chose de l'acte historique initial d'où surgissent ces deux facteurs.

L'éducation ne serait donc qu'une sorte de synthèse de l'histoire tout entière, du processus historique. L'interprétation exacte de son œuvre dont les résultats positifs ne sont que les simples conjectures, auxquelles nous réduit l'investigation sociologique de la conscience, nous permettrait d'arriver à certaines vues plus nettes sur le processus de formation de cette même conscience. Ce serait, du moins, le seul moyen de parvenir aux faits en renonçant aux considérations générales qui nous limitent encore ici.

*
* *

L'utilité de ces premières considérations, qui sont nécessairement générales, serait de nous convaincre qu'il est une façon d'arriver à la connaissance des lois de l'esprit et de la conscience, autre que la méthode psycho-physique purement expérimentale,

1. Baldwin, dans le livre déjà cité et dans un autre ouvrage, *le Développement mental*, a décrit des observations minutieuses dirigées dans ce sens.

autre aussi que la méthode introspective. Cette autre méthode est une science tout entière : la Sociologie. Ces considérations nous auront aussi convaincus qu'il existe, en fait, dans l'homme réfléchi, une dualité de natures que nous connaissons. L'une de ces natures est matérielle, physique et biologique, l'autre spirituelle et consciente. Les différences, qui les rendent irréductibles, ont pour unique cause leur origine. L'être biologique est le produit du milieu cosmique, de l'adaptation aux conditions et aux rapports qui constituent le milieu physique. L'esprit et la réflexion sont le produit du milieu humain, collectif ou social — de l'adaptation de l'être biologique aux rapports inter-individuels, dont l'ensemble constitue ce milieu.

L'âme et la conscience sont donc le flambeau qui s'allume à l'inter-contact des individus. Le milieu social, la collectivité, la vie en commun sont le principe initial de l'esprit, LE PRIMUM MOVENS *de la conscience.* L'hypothèse de William James devient dès lors très intelligible. L'âme est donc bien plutôt une *transmission*, dont l'origine est ailleurs, à notre avis dans la vie collective. Serons-nous forcés de reconnaître que, pour pousser l'analyse le plus loin possible, nous avons abouti à une *quasi-confirmation* de quelques-uns de ces axiomes infiniment suggestifs, qui sont familiers au lecteur du Nouveau Testament? En effet, prétendre que l'esprit est un flambeau qui s'allume à la vie commune, qu'est-ce, sinon reproduire de manière inattendue le mot qu'a répété le Sauveur : *Toutes les fois que vous vous assemblerez, l'Esprit Saint planera sur vous.* Et en effet, l'esprit est bien l'œuvre de la vie collective. C'est cette vie en commun qui le forme et nous *le transmet* tout constitué. Si l'on voulait approfondir cet ordre de réflexions, bien des choses que notre scientifisme outré — et par cela même superficiel — repousse et dont il se scandalise, sembleraient acceptables et claires; et on arriverait à une intelligence, qui nous surprendrait fort, de ces vérités symboliques, répandues à profusion dans les livres saints. Puissions-nous être obsédés par ces réflexions, lorsque nous contemplons, dans la *Chapelle Sixtine*, la série des neuf tableaux immortels, où Michel-Ange traça les scènes de la création d'après la Bible, en particulier celui qui représente l'acte par léquel Dieu infuse l'esprit au corps du premier homme. Nous ne manquerons pas de distinguer, dans la figure antique et sereine du Dieu de Michel-Ange, les traits mystiques, allégoriques et expressifs de *ce milieu humain* qu'ils symbolisent. Ce bon vieux Dieu ne peut être que le symbole, l'image poétique *du principe* de la vie mentale, qui est *la vie en commun, le milieu social.*

III

Quitter le point de vue de la psycho-physiologie, réduire d'une façon si complète et si tranchante la conscience et ses lois aux simples rapports inter-individuels, qui constituent la structure sociale, c'est ce qu'il sera bien difficile d'admettre. Cette tentative n'est qu'une exagération déjà prévue par M. Espinas, en vertu d'un principe qui lui est cher, et d'après lequel les thèses absolues, toujours contradictoires et instables, arrivent à un équilibre exact par le seul moyen d'une longue série d'oscillations [1]. Par suite notre tentative sera réduite, avec le temps, à sa portée exacte. Tout au plus, soutenue avec insistance, provoquera-t-elle une réaction également exagérée de l'opinion contraire. Le temps seul peut avoir raison de ces théories trop absolues. Aussi les gens sensés négligent-ils de les repousser.

Mais, il se pourrait aussi que notre thèse soit un effort pour atteindre un équilibre de pensées, une harmonie logique, auxquels toutes les sciences de l'esprit aspirent fortement, puisqu'elles les ont perdus par les progrès mêmes qu'elles ont tout récemment réalisés. Il nous reste donc à montrer que tous les éléments de notre thèse existent indéniables dans la littérature sociologique contemporaine, que ces éléments marquent les derniers progrès des sciences de l'esprit, et, par suite, qu'ils s'affirment comme les symptômes, aussi sûrs que possible,

1. *Les sociétés animales*, 2e éd., 1874, p. 529.

de la direction que suivra ce progrès. Mais, nous y constaterons aussi les pénibles contradictions qu'ils suscitent, entre le point de vue nouveau et l'ancien point de vue des sciences de l'esprit, qu'on ne s'est pas donné la peine d'écarter du champ d'action. Le hasard a fait que notre attention ait été attirée surtout par ces contradictions. Nous nous sommes efforcé de comprendre leur principe, pour voir s'il était impossible de s'en débarrasser. C'est même ce qui nous a conduit à la conception de la thèse que nous venons d'exposer précédemment.

*
* *

Ce dont tout le monde convient jusqu'à présent, c'est que la Psychologie ne peut plus être conçue à un point de vue exclusivement physiologique. On a déjà reconnu qu'il en est toute une partie où le point de vue social s'impose nécessairement à ceux qui cherchent les lois de la conscience. M. Espinas[1] nous assure qu' « un bon tiers de la Psychologie traditionnelle passera *mutatis mutandis* dans la science supérieure : la Sociologie ». Mais ne craint-il pas que par la brèche ainsi ouverte, les deux autres tiers ne s'échappent aussi de la Psychologie pour suivre les traces de la première, laissant ainsi la bergerie vide?

Mais, on répondra peut-être : c'est un sociologue qui parle de la sorte; citez-nous un psychologue qui soit de cet avis. A cela nous répondrons que M. Höffding[2] est là, pour témoigner dans ces termes en notre faveur : « Le point de vue strictement psychologique doit être complété par l'étude physiologique et sociologique. La *psychologie* sociologique considère la vie psychique, en tant qu'elle se révèle par le mouvement et l'action, par la parole et l'image... pour mettre en lumière le vaste enchaînement historique, au sens duquel la conscience individuelle se développe ». La plupart des psycho-

1. Article cité, p. 453.
2. *Esquisse d'une Psychologie fondée sur l'expérience*, tr. franç., Paris, F. Alcan, 1900, p. 30 et 32.

logues, cependant, ne poussent pas si loin l'imprudence; ils ne veulent rien savoir de la Sociologie; ils en ont une crainte significative.

A côté de la Sociologie, considérée comme science fondamentale, il faut étudier les Psychologies collective, sociale ou des peuples, qui toutes signifient la même chose, et qui sont autant de noms particuliers qu'on se plaît à donner à la Sociologie. Car ici nous sommes bien d'accord avec M. Andler[1], lorsqu'il dit que « la psychologie sociale ne peut être que la Sociologie proprement dite », ou plus exactement que « la Sociologie ne peut être qu'une psychologie sociale ». Aussi, tient-on les rapports de cette psychologie sociale avec la psychologie pour semblables à ceux qu'a cette dernière avec la Sociologie.

Nous devons examiner, en passant, les deux conceptions courantes de la Sociologie dans leurs rapports avec la psychologie individuelle, pour étudier si notre thèse se trouve vérifiée par les contradictions insurmontables et inhérentes à ces conceptions.

1° *a*) M. Espinas serait le dernier à se compter parmi les partisans de la Sociologie psychologique. Par suite, il conçoit une Sociologie exclusivement objective et naturelle, ce qui est inconciliable avec le point de vue psychologique. Tout au plus lui accordera-t-il ceci : « La Psychologie prépare l'avènement de la Sociologie »[2]. Remarquons donc que la Psychologie précède la Sociologie et la rend possible. Il serait donc logique que les plus hautes formes de la vie psychique fussent les éléments immédiats, qui donneraient directement naissance à la Sociologie; que, par suite, la conscience individuelle et la personnalité soient également les facteurs de la conscience sociale et qu'elles la précèdent. Le contraire semblerait au moins inintelligible, pour quiconque sépare la Sociologie de la Psychologie, en faisant de cette dernière la science qui doive précéder

1. Sociologie et Démocratie, *Revue de Métaphysique et de Morale*, 1896.
2. Article cité, p. 452.

et préparer l'autre. Cependant, c'est encore M. Espinas qui viendra nous affirmer que « la conscience individuelle doit beaucoup à la conscience sociale »[1], ou bien que « c'est par le devenir de la conscience collective, au sein de laquelle *toutes nos facultés* proprement humaines sont écloses, que s'expliquera le développement de l'esprit individuel »[2]. C'est bien là que devait aboutir celui qui nous concède déjà qu'un bon tiers de la Psychologie passera *mutatis mutandis* à la Sociologie. Nous devons le citer encore pour dissiper toute équivoque : « Dans la société humaine, c'est l'*ensemble des relations* domestiques, juridiques, économiques... qui fait que chaque homme est ce qu'il est. C'est sa situation et son rôle dans cet ensemble qui le définit »[3].

Alors, qu'en résultera-t-il? C'est la conscience individuelle qui dérive de la conscience sociale, ce sont nos facultés et notre esprit individuel qui dérivent de « l'ensemble des relations sociales »; par suite également, c'est la Sociologie qui doit précéder et préparer l'avènement de la Psychologie. Mais de ces deux thèses, si différentes, quelle doit être la vraie? M. Espinas a-t-il raison lorsqu'il considère la Psychologie comme devant préparer la voie à la Sociologie, ou bien lorsqu'il attribue le rôle préparateur à la Sociologie? Question bien difficile. Il semble avoir également raison et tort. D'ailleurs, M. Espinas a répondu lui-même de la sorte à la question que nous venons de poser : « A partir de l'invention du langage, *la part qui vient de l'action sociale dans la formation de la personnalité est tellement considérable qu'il devient difficile de délimiter les domaines respectifs de la Psychologie et de la Sociologie* »[4]. Impossible plutôt que difficile, et le contraire aurait été de nature à nous surprendre. Pour peu que l'on pousse l'analyse de ces questions, et qu'on possède un esprit d'une sincérité et d'une profondeur scientifique égales à celles de M. Espinas, il est impossible de ne pas reconnaître que les

1. Article cité, p. 467.
2. *Ibid.*, p. 453.
3. *Ibid.*, p. 467.
4. *Ibid.*

rapports de la Psychologie et de la Sociologie sont tellement enchevêtrés que l'on ne peut plus les dissocier. Aussi les avons-nous toujours considérées comme inséparables, et M. Espinas vient confirmer notre idée. La seule difficulté consiste en ce que cette confirmation fait partie d'une étude de polémique remarquable, précisément écrite contre la conception psychologique de la Sociologie. Mais, comme on le voit, c'est en combattant cette thèse qu'on a fini par l'adopter, à vrai dire, un peu sans s'en apercevoir.

b) Revenons à M. Durkheim, cet autre maître de la pensée sociologique française. S'il existe une caractéristique de sa sociologie, c'est bien le fait qu'il attribue à cette science une situation à part, c'est qu'il en exclut, de la manière la plus nette, toute trace de psychologie individuelle. Le règne social est un règne nouveau [1], supérieur au règne psychologique, tout comme ce dernier est supérieur au règne biologique. M. Durkheim s'en tient exclusivement au point de vue de Stuart Mill. En conséquence, les faits sociaux « existent en dehors des consciences individuelles » [2]. Ils ne sauraient donc se confondre « avec les phénomènes psychiques, lesquels n'ont d'existence que dans la conscience individuelle et par elle » [3]. Ces faits « prennent un corps, une forme sensible qui leur est propre et constituent une réalité *sui generis* très distincte des faits individuels qui la manifestent » [4]. Pour conclure, la Psychologie est essentiellement différente de la Sociologie, et, pour M. Durkheim comme pour M. Espinas, elle la doit précéder.

Mais cette conclusion se concilie très mal avec ces autres conclusions qui sont également de M. Durkheim. « Sans doute, c'est une vérité évidente qu'il n'y a rien dans la vie sociale qui ne soit dans les consciences individuelles. » L'auteur semble atténuer cette contradiction en ajoutant : « Seulement, presque

1. *Règles de la Méthode sociologique*, Paris, F. Alcan, 1895, p. 141.
2. *Ibid.*, p. 6.
3. *Ibid.*, p. 8.
4. *Ibid.*, p. 12.

tout ce qui se trouve dans ces dernières vient de la société »[1]. Mais qu'est-ce à dire sinon que la Psychologie ne se laisse pas si facilement séparer de la Sociologie; et, qu'alors même qu'elle s'en laisserait séparer, elle devrait constituer une science qui lui serait supérieure, puisqu'elle en est le succédané, au lieu de lui donner naissance. Et cela parce que l'individu « est beaucoup plus un produit de la société, qu'il n'en est l'auteur »[2]. De là résulte, semble-t-il, que le règne psychique se rapporte au règne social, alors que M. Durkheim l'a rapporté, comme tout le monde d'ailleurs, au règne biologique. Qu'est-ce à dire, sinon que la Sociologie prépare la voie à la Psychologie? C'est là une contradiction par trop brutale de l'opinion courante.

Et maintenant, en plus de cette contradiction qui seule aurait suffi à ébranler la conception de M. Durkheim et à effacer toute limite entre le psychique et le social, il s'en trouve une autre encore. En effet, puisqu'il est vrai que les natures individuelles se présentent « plutôt comme résultantes de la vie sociale », puisque « les faits psychiques ne sont en grande partie que le prolongement des faits sociaux à l'intérieur de la conscience »[3], que doit-il en résulter? Il nous semble qu'il ne nous reste plus qu'une alternative : classer ces phénomènes psychiques individuels dans l'ensemble des phénomènes sociaux, ou bien les mettre dans une catégorie supérieure à celle de ces derniers et en faire un groupe nouveau, postérieur au groupe social. Le premier terme de l'alternative nous semble tout naturel — car il n'a jamais été impossible de ranger les effets à côté de leurs causes immédiates, dans une même catégorie fondamentale de phénomènes —, mais le second terme nous paraît inacceptable. Il serait encore moins admissible de rejeter *ces effets* psychiques — qui sont des produits supérieurs de la vie sociale — entre la Biologie et la Sociologie, ce qui équivaudrait presque à ranger les phénomènes de la cérébralité — produits derniers du règne organique — dans la science de la Chimie, ou bien dans une science spéciale intermédiaire entre

1. *Division du travail social*, p. 390.
2. *Ibid.*, p. 391.
3. *Ibid.*, p. 390.

les deux. Remarquons aussi que M. Durkheim a indiqué lui-même le moyen de sortir de ce pénible dilemme en admettant « une autre science positive, qu'on pourrait appeler socio-psychologie »[1]. C'est bien à ce point que nous eussions désiré le voir arriver, car ce serait là la science fondamentale qui doit synthétiser toutes les sciences de l'esprit. Malheureusement, il n'en est pas resté là.

2° Voyons maintenant cette autre conception de la Sociologie qu'on appelle la psychologie sociale collective ou *Völkerpsychologie*.

a) Étudions tout d'abord ce grand logicien et psychologue, M. Wundt[2], et spécialement ce qu'il dit dans le chapitre : *Die Logik der Psychologie*. Nous devons avouer qu'il nous est absolument impossible de dire, d'une manière précise, comment cet auteur arrive à concevoir et à établir une *Völkerpsychologie* différente de la psychologie individuelle, car voici tout ce qu'il lui accorde de particulier : « La psychologie sociale doit rendre compte des propriétés générales de l'individu qui résultent de l'influence du milieu social, tout en faisant abstraction des propriétés psychiques générales de cet individu, de même que la psychologie rend compte des qualités générales de l'individu, sans se préoccuper de celles qui apparaissent par l'effet de la vie sociale. »

Mais, si les propriétés psychiques générales des individus étaient les mêmes que celles qu'ils acquièrent sous l'influence du milieu social, que resterait-il de cette différence essentielle entre la psychologie et la psychologie sociale? J'entends que si ces propriétés communes (*allgemeingultige Eigenschaften*) des individus dérivaient précisément de cette vie en commun (*Gemeinschaft*), comme cela est très probable et même très intelligible, il semble bien acceptable que cette différence entre la psychologie et la psychologie sociale devient au moins

1. *Division du travail social.*
2. *Logik*, 2° édit., II, p. 232.

inutile et embarrassante. Aussi l'auteur ne manquera-t-il de le reconnaître : « Il n'est pas permis pour cela de considérer la psychologie individuelle comme une science générale, dont la psychologie sociale ne serait qu'une simple application, comme c'est le cas des autres sciences sociales. Au contraire, on ne doit pas perdre de vue que la psychologie sociale est, en même temps, la connaissance des régularités, des lois psychologiques; de sorte que c'est bien plutôt la psychologie individuelle qui pourrait être envisagée comme une application de la psychologie sociale[1]. » Cependant, à la même page, M. Wundt écrit : « Dans tous les cas (*allerdings*) la psychologie individuelle est en même temps une science générale, tandis que la psychologie sociale présente plutôt le caractère d'une discipline appliquée[2]. » Et cela parce que « aussi loin que la psychologie sociale pourrait découvrir des lois, celles-ci ne seront que des simples applications des lois générales déjà connues dans la psychologie individuelle[3] ». Ne sont-ce pas là des contradictions aussi fortes que celles que nous venons de rencontrer chez M. Durkheim? En effet, avec ce dernier, Wundt reconnaît que « l'individu et la société sont des termes corrélatifs, qui se supposent réciproquement, de sorte que la psychologie sociale, d'après son contenu, ne doit pas signifier quelque chose qui diffère de la psychologie individuelle, mais seulement une certaine manière abstraite d'observation, qui vient la compléter[4] ». « La Psychologie proprement dite se complètera seulement par la réunion de la psychologie sociale avec la psychologie individuelle... parce que la psychologie sociale ne fait que rechercher l'apparition et le développement des propriétés psychiques, dont les conditions sont liées à la vie en commun. » Encore une fois, il est donc affirmé que la psychologie individuelle est la science générale (*allgemeine*), tandis que la psychologie sociale (*gemeinschaftliche*) n'est qu'une science particulière, spéciale, subordonnée. Nous aboutissons là presque à l'absurde,

1. *Logik*, 2e édit., II, p. 233.
2. *Ibid.*
3. *Ibid.*
4. *Ibid.*, p. 132.

car, en dernière analyse, cela veut dire à peu près que la science de l'*individuel* est une science du *général*, celle-ci n'étant qu'une science du particulier, partant de l'individuel.

Ne semble-t-il pas bien plus naturel que la psychologie sociale du *gemeinschaft* soit la vraie science générale, et que l'autre reste tout simplement telle qu'elle a été conçue par Kraepelin et son école?

b) Voyons enfin les déductions dues à l'ingéniosité vraiment merveilleuse de M. Tarde? Celui-ci a pris Mill au pied de la lettre. Le phénomène social dérive du phénomène psychique, comme celui-ci dérive à son tour du phénomène biologique, mais chacun diffère essentiellement du phénomène qui le précède. Pourtant *le phénomène social est entièrement psychologique en chacun de ses points essentiels*[1]. Mais n'est-il pas tout biologique en ce qu'il a d'essentiel, pour pouvoir résoudre l'antinomie *Tarde-Espinas*? Après cela nous ne voyons pas pourquoi le phénomène social ne serait pas tout aussi bien physique en ce qu'il a d'essentiel. C'est pourquoi M. Durkheim avait bien raison de couper court à toutes ces digressions, en tenant le règne social pour *sui generis* et irréductible.

M. Tarde nous dira, par exemple, que « les trois conceptions possibles de la société sont : l'une physique, celle de Comte; la seconde biologique, celle de Spencer; et enfin la dernière psychologique, et plus précisément la *Psychologie sociale*; » — « la troisième seule est assez compréhensive et pénétrante[2] ». Ensuite il viendra nous dire encore : « Il est bien certain que la Sociologie est quelque chose de nettement distinct de la psychologie collective; il y a déjà du lien social là où il n'y a rien de psychologique ». Et pour pousser la contradiction à l'extrême, il trouvera en même temps que : « directement ou indirectement l'action inter-spirituelle a pour effet le lien social[3] ». Or, c'est précisément la Psychologie sociale « qui étudie les rapports spirituels des individus associés », alors

1. *Études de psychologie sociale*, p. 11.
2. *Ibid.*, p. 92.
3. Réalité sociale. *Rev. phil.*, 1901, p. 457.

que la Sociologie étudie « des groupements d'organismes humains[1] ». Et cependant ces groupements ne sont que l'effet des rapports spirituels. Dans ce cas la seule explication possible est que la psychologie sociale ne concerne « qu'une partie des phénomènes sociaux, à savoir les phénomènes inter-spirituels » ; et cependant « le processus social consiste essentiellement à rendre l'action inter-spirituelle de plus en plus prépondérante, comparée à l'action inter-corporelle[2] ».

Qu'est-ce donc à dire, sinon que la Sociologie, qui diffère essentiellement de la psychologie sociale, menace cependant de s'évanouir pour ne laisser place qu'à celle-ci?

Le problème du *moi* et de l'esprit social est encore plus confus. M. Tarde admettra bien, par exemple, « qu'il existe un moi national », « que l'esprit social est une réalité » ; seulement « il n'est pas distinct du moi des nationaux[3] », car, somme toute, « l'esprit individuel lui-même est en partie social d'origine[4] ». Pour simplifier, il existe bien un esprit social, mais il se confond avec l'esprit individuel, parce que celui-ci « devenu tout verbal est devenu tout social[5] ». Mais alors que reste-il de cette différence notable entre le psychique individuel et le psychique social? C'est de ce point que dérive aussi la longue controverse qui existe entre M. Tarde et lui-même au cours de sa *Logique Sociale*. En étudiant la logique et la téléologie individuelle, et la logique et la téléologie sociale, il affirmera tantôt que « la logique et la téléologie individuelle sont distinctes de la logique et de la téléologie sociale[6] », tantôt qu'elles se complètent l'une et l'autre, car « le point de vue individuel se complète par le point de vue social[7] ». Mais, après avoir démontré leur différence essentielle, M. Tarde aura cependant l'ambition de démontrer leur identité, car « la logique sociale et la logique individuelle cherchent à se réunir », jusqu'au jour lointain « où

1. Réalité sociale, *Rev. phil.*, 1901, p. 458.
2. *Ibid.*, p. 470.
3. *Ibid.*, p. 476.
4. Article cité, p. 477.
5. *Logique sociale*, Paris, F. Alcan, 1898, p. 30.
6. *Ibid.*, p. 73.
7. *Ibid.*, p. 75.

la première ne sera plus qu'un prolongement extra-individuel de la seconde, et la seconde qu'une réduction de la première[1] ». En outre, l'auteur nous dit que la tendance est « de faire en sorte que les deux logiques se réduisent à une seule et *qu'il n'y ait plus analogie seulement, mais identité* entre les catégories de l'une et de l'autre confondues[2] ». De la confusion de ces deux logiques et téléologies dérive pour M. Tarde la conception du crime. La preuve dernière que ces deux logiques sont essentiellement différentes et radicalement opposées, c'est *le crime*. Cependant « la noblesse humaine et la prospérité rendent compte de leur coïncidence[3]. » Mais alors qu'en déduira-t-on? A les regarder de près, ces deux logiques ne sont pas radicalement différentes; et leur différence est plutôt un accident. En effet, à côté de la loyauté et de l'honnêteté, qui sont générales et qui rendent compte de la coïncidence entre ces deux logiques, le crime, qui rend compte de leur opposition, est un accident, qui n'est encore que temporaire. C'est donc l'identité de ces deux logiques qui est radicale. D'ailleurs toute cette théorie du crime, si chère et si personnelle à M. Tarde, n'est-elle pas basée sur le postulat de l'identité entre les individus et la société, par suite, entre les deux logiques que nous venons d'exposer?

Il nous paraît curieux qu'il ait pu ne pas s'en apercevoir.

Et, en fin de compte, qu'est au juste le fait social d'après M. Tarde? « Un fait psychique individuel, projeté à l'extérieur et, de la sorte, objectivé, puisqu'il est reproduit dans une généralité quelconque[4]. » Mais alors qu'est-ce que le fait psychique? Un fait social devenu intérieur et assimilé, car « si les choses sociales commencent par être extérieures à chaque nouveau venu, elles entrent réellement en lui, à mesure qu'il s'y incorpore, et finissent par être ce qu'il y a de plus intime, de plus propre[5] ». Si l'on admet que le social et le psychique changent si intimement de rôle, c'est une preuve bien évidente

1. *Logique sociale*, p. 79.
2. *Ibid.*, p. 113.
3. *Philos. pénale*, p. 100.
4. *Psych. soc.*, p. 47.
5. *Ibid.*, p. 73.

que l'un est l'effet dont l'autre est la cause, et que celui qui est cause, tout d'abord, devient l'effet de son effet, devenu par suite cause à son tour. Mais, depuis quand est-il admis que les causes doivent être érigées en une science essentiellement différente de la science qui contiendrait leurs effets? A supposer même qu'on soit arrivé à cette idée bizarre, elle serait en l'espèce inapplicable par suite de ce changement de rôle, caractère inhérent aux phénomènes psycho-sociaux. D'ailleurs, à cet égard, les rapports qu'on doit concevoir entre la Psychologie et la Sociologie, n'ont pas échappé à M. Tarde : il a dit à ce propos le mot le plus heureux que je connaisse : « la Sociologie est le microscope solaire de la Psychologie[1] ». « Les catégories individuelles (psychiques), dira-t-il par ailleurs, apparaissent de plus en plus comme étant elles aussi sociales au premier degré. » Et, pour compléter cette déduction admirable, il ajoute : « La tendance de la civilisation est de réaliser la socialisation des esprits la plus haute, par leur individualisation la plus complète[2] ». Ce qui semble dire que les limites idéales de la Psychologie s'identifient avec celles de la Sociologie, ou bien que la Psychologie doit se confondre avec la Sociologie pour devenir elle-même une science.

*
* *

Il nous semble désormais inadmissible qu'après un tel ensemble de contradictions et d'échecs, on puisse maintenir une psychologie individuelle, distincte d'une psychologie sociale, et toutes les deux distinctes de la Sociologie. Le spectacle de ces contradictions nous rappelle cette lutte sans trêve qu'ont avec eux-mêmes les grands esprits dont nous venons de parler. La droiture et la profondeur de leurs vues les poussent à reconnaître une science sociale fondamentale, en face de laquelle l'échafaudage de la Psychologie devrait s'écrouler à jamais; mais ils restent à mi-chemin, paralysés par le spectre de cette

1. *Philosophie pénale*, p. 118.
2. Article cité, p. 477.

psychologie agonisante. Aussi leurs conceptions, malgré leur vigueur exceptionnelle, sont-elles revêtues d'une tunique de Nessus.

Seule la Psychologie inter-individuelle et inter-spirituelle de M. Tarde, qui pour cet auteur est et doit être « la clé de la psychologie sociale, une des clés de la sociologie[1] », existe encore au milieu de toute cette débâcle. Mais à cette seule condition, qu'on la considère aussi comme la clé de ce qu'on a appelé la Psychologie individuelle; ou bien qu'elle prenne la place de cette dernière, en s'identifiant, du même coup, avec la Sociologie. Car cette psychologie inter-individuelle n'est rien autre qu'une intuition (incapable de rendre compte d'elle-même), de ce que nous avons conçu *par la conscience produit des rapports inter-individuels?*

Quelle qu'ait été notre attitude envers MM. Espinas, Durkheim, Wundt et Tarde, en signalant leurs contradictions, nous leur sommes quand même très reconnaissants d'avoir été sur la bonne voie, et, si tant est que nous y sommes pour notre part, c'est à eux que nous le devons. Mais, il faut, en même temps, rappeler un autre penseur, M. de Roberty, qui, voici bientôt trente ans, avait aperçu et suivi pour son compte le bon chemin. Là où les autres se sont combattus eux-mêmes par des contradictions flagrantes, il est plus clair et plus net : « La Psychologie, loin d'être considérée comme une science indépendante de la science supérieure, pourrait être au contraire regardée comme un prolongement de la Sociologie, qui ne saurait devenir une science constituée que lorsque la Sociologie aura atteint son plein développement[2] ». « Le phénomène social se confond avec le phénomène mental[3]. » « Faut-il rayer du dictionnaire scientifique le mot Sociologie?[4] » Non pas, « car on peut assigner à chacun de ces deux termes une matière différente ». « La Psychologie est une science hybride, concrète et abstraite à la fois; » « la Sociologie descriptive doit

1. L'action inter-mentale. *La Grande Revue*, nov. 1900, p. 305-306.
2. *Sociologie*, p. 188.
3. *Constit. de l'Éthique*, p. 119.
4. *Ibid.*, p. 120.

confondre ses limites avec celles qu'on assigne d'habitude à la Psychologie[1]. » Au contraire « la Sociologie proprement dite est une science abstraite[2] », « par rapport à laquelle la Psychologie, qui en dérive, doit être tenue pour une science concrète[3] ». « Les idées et l'évolution des idées forment le contenu unique, la seule matière de la Sociologie[4]. » — En face de ces affirmations, assez catégoriques et caractéristiques, on ne peut que négliger les contradictions, si notables qu'elles puissent être. Même chez M. de Roberty ces contradictions viennent toujours de ce que cet auteur admet encore un psychique d'origine biologique.

Une de ces affirmations révélatrices se trouve dans une note de sa *Sociologie*, où il est dit qu' « il paraît donc naturel de rattacher l'étude des propriétés psychologiques à l'étude des structures sociales et d'en faire le bien commun des diverses analyses sociologiques[5] ». Nous sommes heureux de pouvoir citer ces lignes à l'appui de notre thèse, que nous n'exposions qu'en hésitant, parce qu'elle différait des opinions scientifiques courantes. Nous sommes encore plus heureux de pouvoir citer ces lignes de Karl Marx, l'ancêtre du Socialisme, et par suite de toute une nouvelle conception de la mentalité et de la société humaines : « L'ensemble des conditions de production forme la structure économique de la société, à laquelle correspond une forme déterminée de la conscience sociale. Ce n'est pas la conscience de l'homme qui détermine son être, c'est la façon d'être sociale qui détermine la conscience[6]. »

N'est-ce pas dire, en effet, que la mentalité et la conscience dérivent de la structure qu'adoptent les rapports inter-individuels organisés en société? Et, s'il était besoin de recourir à des autorités plus marquantes, nous n'aurions qu'à remonter vers cette source inépuisable qu'est Platon. Celui-ci, en effet, avait envisagé « les formes de l'esprit comme correspondants

1. *Constit. de l'Ethique*, p. 62.
2. *Ibid.*, p. 23.
3. *Le Bien et le Mal*, p. 179.
4. *Psychisme social*, p. 13.
5. *Sociologie*, p. 190.
6. Cité par Jankelevitch, *Nature et Société*. Paris, F. Alcan, 1906.

aux types politiques et sociaux », faits bien compréhensibles pour celui qui trouve que « la morale, la science du bien, est comme la lumière centrale de toutes les sciences, y compris les mathématiques[1] ». J'emprunte ces citations à M. Bosanquet, qui adopte, lui aussi, le point de vue de Platon, et qui, de plus, émet cette théorie à laquelle nous pouvons souscrire très volontiers : « Les lois de l'association avec laquelle commence la Psychologie peuvent servir comme problème général de la Sociologie abstraite. » Malgré notre ère de progrès, il semble bien que les modernes ont plutôt reculé depuis Platon. Combien nous faudra-t-il encore de temps pour arriver, dans les sciences de l'esprit, au point où le philosophe grec était parvenu ?

*
* *

Concluons que les sciences sociales doivent se substituer à la psychologie dans l'étude de l'esprit et de la conscience. La Sociologie — ce microscope solaire, pour user de l'heureuse expression de M. Tarde — serait la vraie méthode qui convient aux phénomènes psychiques, si l'on admet que les formes de l'esprit dérivent des formes et des structures sociales, et que la morphologie sociale est le principe des lois de la conscience. Grâce à ces lois et en suivant leurs traces, nous pourrions descendre au fond de la conscience humaine, en saisir le secret et en connaître la nature en soi, malgré ce qu'en a pensé Kant. Nous devons donc utiliser la théorie de Montesquieu, mais après avoir mis à profit les enseignements de Kant, et nous dire que : *la nature des choses est l'ensemble de leurs lois, qui dérivent nécessairement des rapports des choses entre elles.* Le fait est clair, car « le premier caractère des lois est, selon M. Ribot, d'être identiques aux faits. Lois et faits ne sont que deux aspects de la même chose[2] ». De plus « la loi empirique est le type de la loi immanente[3] ». Par conséquent, les lois de l'esprit

1. *Mind.* January 1897. *The relation of Sociology to Phylosophy*, p. 8.
2. *Évolution des idées générales*, Paris, F. Alcan, p. 223.
3. *Ibid.*, p. 225.

seront immanentes, c'est-à-dire identiques à cet esprit lui-même. Et comme ces lois dérivent des rapports inter-individuels organisés — de la structure sociale — la conscience et l'esprit dérivent des rapports inter-individuels organisés en société.

CHAPITRE II

IMPOSSIBILITÉ DE LA PSYCHOLOGIE INDIVIDUELLE

A nous en tenir à l'état actuel des choses, il serait fort possible de démontrer l'incohérence des soi-disant lois psychologiques et le chaos sans issue des recherches du domaine de la psychologie qui, pour être expérimentales et même très rigoureuses, n'en sont que beaucoup plus éloignées de tout ce qui pourrait présenter ici le caractère de loi. A l'appui de cette assertion il existe autant de preuves que de traités de psychologie ou de recherches expérimentales, fût-ce le travail d'ouvriers obscurs ou celui d'autorités de tout premier ordre comme Wundt, Ribot, James, etc.

Car, en somme, on ne peut trouver la plupart du temps, dans les traités et les monographies de ces psychologues, que l'aveu de leur impuissance à établir des lois concernant les phénomènes psychologiques proprement dits, qu'ils ont voulu déterminer. Qu'ont-ils donné de plus que des descriptions expérimentales, et, nous l'admettons volontiers, méthodiques? A vrai dire, qui pourrait bien se flatter d'avoir établi ou de connaître une seule loi psychologique? Par suite d'insuccès avec la psychologie introspective, les efforts se sont dirigés du côté de la physiologie. Mais ici également, après un demi-siècle de travail rude et obstiné, on s'aperçoit qu'en fait de psychologie proprement dite et de lois mentales, on est aussi peu avancé qu'auparavant. Sans doute, nous ne méconnaissons pas la valeur des lois de Weber, de Fechner, de Wundt, etc., pas plus que celle de la loi de l'évolution et de la dissolution progressive des états psychiques, établie par M. Ribot. Il nous semble, cependant, que ces lois ne sont rien moins que psychologiques, et seul un esprit réduit à ses dernières ressources peut voir en elles autre chose que des lois physiologiques, où se révèle le mécanisme du fonctionnement physico-chimique du système nerveux. En d'autres termes, seule la nécessité de justifier le titre d'une science, qui n'existe que de nom, a pu conduire les esprits à se tromper sur la nature réelle de ces lois. Si encore ces lois physiologiques pouvaient expliquer quelque chose sur les phénomènes mentaux, dont elles sont d'ailleurs l'accompagnement très sûr et très fidèle! Bien loin de là, ces corollaires physiologiques des actes de conscience ne disent rien de ces derniers; ne peuvent, d'aucune manière, fournir une interprétation, et l'on est même allé jusqu'à dire que ce seraient les phénomènes psychiques qui, en dernier ressort, pourraient expliquer les processus physiologiques qui les accompagnent[1]. De l'avis de M. Boutroux, non seulement les conditions physiologiques ne nous dévoilent pas le secret de notre vie consciente, mais on devrait chercher si « ces conditions n'ont pas été présentées par la conscience elle-même[2] ».

Le cadre de cet ouvrage ne nous permet pas de nous arrêter longuement sur ce point; nous l'avons fait par ailleurs[3].

Ce que nous nous proposons de faire ici, c'est de montrer comment la psychologie, en tant qu'elle s'est basée seulement sur l'étude de l'homme considéré en lui-même comme une machine automate, n'a pas pu et ne pouvait pas faire de progrès réels. L'objet de cette étude est de montrer que la science des phénomènes de conscience doit envisager l'homme seulement dans ses rapports avec ses semblables, et de faire voir que cette science n'arrivera jamais à quelque chose de positif et

1. Sigwart, *Logik*, V, II, passim.
2. *De la contingence des lois de la nature*, Paris, F. Alcan, p. 106.
3. Voir *Du Rôle de l'individu*, ch. I, liv. II; *le Problème du déterminisme social*, Paris, 1903.

solide, si elle ne considère pas l'homme concret, tel que l'histoire et la société, au milieu de laquelle il se développe, l'ont formé et modelé. Bref, il s'agit de montrer qu'une science de la psychologie individuelle est impossible, et que seule une psychologie inter-individuelle pourrait établir des propositions scientifiques dans le domaine des phénomènes conscients.

Pour ce faire, il nous faut rendre frappant l'échec de la psychologie individuelle sur des points précis. Il est certain que dans les conditions de cette étude limitée nous ne pouvons pas aborder l'examen complet, minutieux et décisif de la psychologie. Nous nous limiterons à l'examen critique de quelques aspects principaux de cette science, à des indications précises mais sommaires et nous insisterons seulement sur quelques-uns des problèmes primordiaux qu'elle a posés sans avoir pu les résoudre.

On peut dire, d'une manière générale, que la psychologie individuelle s'est présentée jusqu'ici sous ces deux aspects différents : psychologie introspective et psychologie expérimentale et physiologique. Nous allons examiner, dans leurs traits généraux et essentiels, ces deux modalités de la psychologie.

I

Que la psychologie introspective ait été insuffisante pour l'étude des phénomènes conscients, la preuve sommaire mais suffisante est la présence d'une psychologie expérimentale et physiologique qui devrait la supplanter. Pour les spécialistes auxquels ces essais sont adressés, il est inutile de recommencer ou même de résumer ici le procès fait par les psycho-physiologiques aux psychologues introspectifs.

Arrêtons-nous cependant sur l'échec que subit la psychologie introspective, lorsqu'il s'agit de baser scientifiquement ces deux lois primordiales qu'elle a pu formuler : 1° l'activité synthétique de la conscience, 2° l'association des idées.

a) La loi de l'activité synthétique de la conscience est admise par tous les psychologues contemporains, sous des titres différents, et elle a été annoncée, pour la première fois semble-t-il, par Kant. De même, Auguste Comte l'a supposée et exprimée souvent dans ces propres termes : « L'unité, la conformité de l'esprit humain avec lui-même ». Les psychologues comme Wundt[1], Höffding[2], William James[3], etc., en ont fait la loi primordiale et dernière de l'activité psychique, le grand principe générateur, le fait unique général, qui domine la phénoménalité mentale. Mais, lorsqu'on s'est essayé à donner à ce principe une base rationnelle et à le réduire lui-même à quelque chose de plus simple et d'intelligible qui puisse l'expliquer, on n'a abouti qu'à des pétitions de principes.

Avec M. Höffding, la psychologie individuelle a essayé d'expliquer l'activité synthétique de la conscience par le principe de l'association des idées. Mais lorsqu'il a fallu expliquer ce principe lui-même, on s'est arrêté tout court à la loi de l'activité synthétique, totalisatrice de la conscience[4]. Les efforts de M. Höffding ont abouti à un cercle vicieux. On a essayé de donner à ce principe comme base rationnelle l'élément de la ressemblance qu'il y a entre les états d'âme. D'après James, l'explication de l'activité synthétique de notre esprit serait « une certaine ressemblance perçue par la pensée dans les choses », qui, elles-mêmes, se basent sur la ressemblance personnelle[5]. En d'autres termes, la ressemblance perçue dans les choses et qui expliquerait l'activité totalisatrice de la conscience, dérive de ce fait que le moi (la conscience) est semblable à lui-même. Or, l'unité de la conscience, est, en d'autres termes, l'activité synthétique et unitaire de cette même conscience. Fonder le principe de l'activité synthétique de l'esprit sur le fait de la ressemblance, c'est aboutir à une vraie *tautologie*. L'effort de James n'a pas été plus heureux que celui de Höffding. Wundt, pour sa part, s'est également essayé à trouver une base explicatrice, causale de la loi de la conscience, et il nous a donné le principe de l'aperception. Ce fait de l'aperception est « une

1. *Psychologie physiologique*, II, p. 220.
2. *Esquisse d'une Psychologie*, II, p. 61, 179.
3. *Principes of Psychology*, 1re éd., I, p. 237, 238, 278.
4. *Op. cit.*
5. *Op. cit.*, p. 278.

fonction constante, qui, au milieu de l'alternance des représentations, est sentie par nous comme concordante[1] ». Cette fonction constante, concordante, en laquelle se révèle l'aperception, n'est point autre chose que le principe lui-même de l'activité synthétique de l'esprit. L'aperception non plus ne fournit pas une explication rationnelle pour la loi de la conscience. On voit donc bien à quel résultat stérile conduit la psychologie introspective et dans quels tautologies et cercles vicieux se débattent les excellents esprits, qui se sont appliqués à fonder, à rendre rationnelle la première loi qui régit toute la phénoménalité mentale.

b) L'association des idées, la Loi de l'Association, le fruit le plus mûri et le succès le plus apprécié de la psychologie introspective, est-elle davantage une loi incontestable et incontestée? Il s'en faut encore de beaucoup. Elle est si peu une loi incontestable qu'au dire de M. Ribot il n'y a plus personne aujourd'hui pour croire en elle[2]. Pourtant, elle a paru s'approcher tellement d'une véritable loi qu'il s'est trouvé des philosophes psychologues pour la comparer à la loi de la gravitation. En effet, elle se présente comme un principe explicatif merveilleux. Avec l'école écossaise, tout spécialement avec les deux Mill, H. Spencer et Bain, elle a procuré plus d'une interprétation heureuse et vraisemblable des phénomènes conscients.

Par cela même que nous ne pouvons pas nous tenir exclusivement à la psychologie physiologique et expérimentale, comme le fait M. Ribot, nous croyons un peu à la loi de l'association des idées. Pour nous l'association des idées est vraie comme fait constatable, sinon comme loi. Nous dirons plus : en droit elle est une loi, si elle ne l'est pas en fait. C'est dire qu'elle pourrait devenir une loi réelle, rationnelle, d'empirique qu'elle est à présent. Mais à quelle condition? C'est là que la psychologie introspective a échoué. Elle n'a pas pu trouver une base rationnelle et causale de cette loi empirique qu'est l'association des idées, car elle n'a pas pu donner les raisons évi-

1. *Op. cit.*, vol. II, ch. XVII.
2. *Rev. phil.*, l'Association des Idées, p. 536, 1903.

dentes et suffisantes de cette loi, permettant de la faire passer de la phase empirique à la phase rationnelle. La psychologie introspective, en un mot, n'a pas su dire pourquoi les idées s'associent; elle n'a pas montré dans quelles conditions leur association peut s'accomplir avec une sûreté comparable à celle des lois naturelles.

Pour prouver l'échec de cette méthode, il suffit de donner ici le résumé très succinct de l'impasse dans laquelle se débattent, sur ce point, les psychologues introspectifs.

Et d'abord cet échec a été si longuement prouvé et rappelé par les psychologues qui inclinent plutôt vers la psycho-physiologie [1], qu'il ne faut plus insister que sur certains points précis, qui ont été peu ou point du tout mis en évidence. On a voulu voir dans les faits de la *contiguïté* et de la *ressemblance* le ciment réel qui relie les idées et les états d'âme en général. C'est-à-dire qu'on a considéré les états d'âme et les idées comme des entités indépendantes isolées, qu'il fallait souder entre elles par un principe quelconque. Et l'on a conçu de la sorte bien des associations qui, toutes, se réduiraient aux deux types de contiguïté et de ressemblance.

On s'est très vite aperçu que cette explication de l'association des idées, par contiguïté et par ressemblance, est ou une tautologie ou un mystère. Car nous ne voyons pas par quel charme particulier et précis la ressemblance peut, à elle seule, relier es idées. D'où tient-elle ces vertus évocatrices? Avec James [2] et M. Bergson [3] nous mettons en doute que la similitude des objets ou des idées ait cette force causale, qui conduit d'une pensée à une autre. Cela est d'autant moins intelligible, semble-t-il, que le contraste, par suite le manque complet et la négation de toute similitude, peut avoir la même vertu évocatrice pour les idées que cette similitude elle-même. Cela nous semble tout simplement absurde. Car dire que la ressemblance, au même titre que la négation de la ressemblance, peut évoquer les idées,

1. James, Höffding, Wundt dans les ouvrages cités. M. Bergson, *Matière et Mémoire* (Paris, F. Alcan).
2. *Op. cit.*, p. 591.
3. *Op. cit.*, p. 177, 178, 179

c'est reconnaître implicitement que la force évocatrice de la similitude est bien illusoire.

Mais il y a une objection plus radicale encore faite à l'association par ressemblance. Loin de pouvoir évoquer ou rapprocher les pensées, la ressemblance tient ce rapprochement pour indispensable. Car elle ne peut être aperçue qu'en comparant des objets ou des pensées semblables. Pour les comparer, il faut que ces objets soient rapprochés au préalable. Donc, c'est bien l'association des idées qui conduit à la constatation d'une ressemblance entre ces idées, et non pas l'inverse, comme il devient absurde de le soutenir. Par suite, si les idées semblables s'évoquent, se rappellent et se tiennent ensemble, c'est parce qu'elles ont déjà été ensemble et contiguës. La ressemblance n'a donc aucune vertu évocatrice pour les pensées.

Tout, dans l'association des idées, semble revenir à la contiguïté. Faut-il alors dire que les idées s'associent par contiguïté? Ce serait être trop affirmatif. Si les idées s'associaient dans l'ordre de la contiguïté de leurs objets, cette association serait bien embarrassante pour notre activité mentale. Cela n'est pas exact, car nos idées ne reproduisent pas exactement les images que nous transmet le monde extérieur. Mais, si, d'une part c'est trop dire, d'autre part c'est dire trop peu. Dire que le mécanisme associatif repose sur la contiguïté entre les représentations elles-mêmes, contiguïté qui les relie, c'est presque une vérité de La Palisse, une tautologie, car cela revient à dire que pour être associés, deux phénomènes doivent être liés entre eux[1]. Les impressions produites par des objets contigus ne peuvent s'associer dans notre esprit et y reproduire l'ordre de leur contiguïté, que lorsqu'elles se sont répétées plusieurs fois et lorsque leur enchaînement est simple et bien fixe. Dans la contiguïté $a + b + c + d$... pour que a puisse s'associer avec $b + c + d$... il faut qu'il se *présente toujours dans cet ordre, et que cette contiguïté revienne et se répète, telle quelle*, un

1. Th. Ribot, *Rev. phil.*, 1903.

assez grand nombre de fois. Car si a se présentait encore dans d'autres combinaisons : $a + x + y + z + v$, $a + b + g + q + v$, $a + h + j + p$, etc., il n'y aurait alors plus aucune raison pour que ce même a ne rappelle pas plutôt $x + y$, ou $b + v$, ou $h + j$ que $b + c$...

Il s'ensuit donc que la contiguïté ou la similitude ne sont pour rien dans l'association des idées. Les nombreux efforts qu'ont tentés les psychologues, pour procurer à ces associations des idées une base rationnelle sur ces deux éléments : similitude et contiguïté, se montrent infructueux. La *répétition*, la *simplicité* et la *fixité* de l'ordre dans lequel se présentent les représentations contiguës auraient dû servir de base à l'explication de l'association des idées. Et encore, pour trouver ces éléments, il eût été nécessaire de sortir du domaine de la psychologie introspective, de chercher ailleurs, et d'employer une autre méthode. Où aurait-il fallu chercher, quelle méthode eût-on dû employer? Les psychologues n'y ont même pas réfléchi. Aussi leurs recherches ont-elles complètement échoué, et leurs efforts ont-ils été vains.

Faire de telles constatations, en tirer cette conclusion qui paraîtra peut-être hâtive, en raison de sa gravité, c'est affirmer cependant et par suite vérifier et renforcer les critiques qu'Auguste Comte avait adressées à la psychologie voilà bientôt un siècle. Puisque l'on a pu dire, dans bien des occasions et dans bien des discussions : « retournons à Kant », toutes les fois qu'on se permet d'examiner l'insuccès ou les efforts pénibles de la psychologie, il serait juste de dire : « retournons à Comte ». Or, A. Comte avait complètement rejeté la psychologie de la liste des sciences. Selon lui, on ne peut pas étudier les phénomènes mentaux par l'observation de soi-même, par l'analyse du contenu de sa propre conscience. On y arrive seulement en observant les autres. « Notre intelligence peut observer toutes les autres choses, mais elle ne peut pas s'observer elle-même, car nous ne pouvons pas nous observer en observant ou en raisonnant. L'attention dans un pareil cas tue son objet ». Il est vrai que Stuart Mill a fait une réponse assez plausible à cette critique, en rappelant que nous pouvons étudier notre action mentale par l'intermédiaire de la mémoire. Mais le reproche le plus juste qu'il ait adressé à Comte c'est d'avoir attribué les phénomènes conscients à la science de la biologie, à la physiologie [1]. Cependant, Comte ne mérite qu'en partie ce reproche, car, à côté de la biologie, il fonde la sociologie, science qui devrait étudier précisément le développement historique de l'esprit humain. M. de Roberty, ayant mis à profit l'expérience de Comte, compléta la pensée du Maître et transmit l'étude des phénomènes psychologiques à la science sociale, à une sociologie descriptive.

II

La psychologie purement introspective n'a pas réussi à donner une base rationnelle aux lois essentielles de l'esprit. Elle n'a pas pu dire pourquoi l'activité de la conscience est synthétique et pourquoi les idées s'associent par contiguïté et par ressemblance. Voyons maintenant si la psychologie physiologique et expérimentale a été plus heureuse sur ces points essentiels.

On doit remarquer, tout d'abord, que la psychologie physiologique se prétend objective. A la bien considérer, elle est, à tort, toujours introspective; seulement, elle l'est de façon non plus philosophique, mais physiologique. Elle non plus ne sort pas de l'individu. Bien au contraire, elle s'y installe très solidement pour n'en plus bouger. Cette psychologie, qui n'est, après tout, qu'une nouvelle méthode de la psychologie introspective, emploie également l'analyse; mais non pas tant que celle des états d'âme que des états physiques et physiologiques qui accompagnent les premiers. Ce fait semble prouver qu'elle se met dans un état d'incontestable infériorité vis-à-vis de la psychologie introspective, spéculative. S'il est déjà difficile de pouvoir apprendre par les voies internes immédiates quelque chose du dédale qu'est notre conscience, la complication

1. *Auguste Comte et le Positivisme*, trad. française, Paris, F. Alcan.

augmentera encore si l'on recourt aux voies médiates, indirectes, et si l'on met entre l'investigateur et la réalité transparente des phénomènes de l'esprit le mur de la matière et du physiologique.

En outre, le physiologique, à proprement parler, ne nous dit rien sur le psychique. De sorte que ce dernier s'explique aussi bien et aussi mal par le physiologique que le physique s'expliquerait par le psychique. Si l'on arrivait à nous montrer les phénomènes de conscience en fonction de leurs conditions physiologiques, on ne nous en aurait donné que l'illusion d'une explication propre à séduire facilement notre inconcevable naïveté. Car, ces conditions — les processus physiologiques cérébraux — qui constituent la base des processus de notre idéation, doivent être elles-mêmes expliquées. Pourquoi ces processus se sont-ils liés de telle manière précise, pour donner naissance à tel courant d'idées déterminées? Ne peut-on admettre que la source de ces pourquoi peut résider, non plus dans l'organisme, mais dans les diverses situations sociales où s'est trouvé l'individu dont il s'agit?

Non seulement la psychologie physiologique est encore plus inapte à interpréter les phénomènes conscients, mais elle aboutit à la négation même de la conscience. Son incompatibilité avec l'étude des phénomènes de l'esprit la porte même à rejeter et à nier obstinément la réalité de la conscience. Pour les physiologistes qui se sont occupés de la psychologie, et y ont introduit leur méthode et leurs recherches, la conscience n'est qu'un simple épiphénomène[1]. Ce en quoi, ils sont d'ailleurs tout à fait logiques avec eux-mêmes. Car, interpréter la conscience en fonction de ces conditions physiologiques, inconscients, c'est l'anéantir, c'est faire d'elle un réel épiphénomène, un phénomène illusoire. Qu'en conclurons-nous, sinon que la psychologie physiologique est, par principe, et de par sa nature même, dans l'impossibilité absolue de nous dire quoi que ce soit de relatif aux lois de notre vie consciente. Elle ne peut rechercher qu'une certaine catégorie de phénomènes, qui, tout en étant

1. Maudsley, *La Physiologie de l'Esprit*, p. 26, 230. — Th. Ribot, *Les Maladies de la Volonté*; — Le Dantec, *Déterminisme biologique*, 36, 156.

condition des faits de conscience, sont tangents tout au plus à la sphère des phénomènes conscients.

Examinons maintenant un peu si la psycho-physiologie a pu fournir une explication rationnelle, causale, aux deux principes de la psychologie. Cette étude fera voir à quel point elle échoue dans cette tâche, que nous avions considérée comme une vraie pierre de touche.

On a dit d'abord que l'activité de la conscience ne pouvait être que synthétique parce que la conscience est le produit fonctionnel de l'ensemble de l'organisme, et que l'organisme est une synthèse de fonctions. L'unité de la conscience est seulement le reflet de l'unité organique du corps, dont la conscience n'est qu'un simple reflet épiphénoménal. Et plus spécialement encore, comme la conscience est la fonction du cerveau et que celui-ci est un organe bien centralisé et hiérarchisé, on a cru pouvoir expliquer l'activité synthétique de la conscience en la faisant dériver de la constitution même du cerveau. Seulement, on pourrait se demander si la conscience est le produit nécessaire et, par suite, le reflet de l'organisme. L'unité de la conscience s'explique-t-elle par l'unité organique du corps? En pareil cas, il faudrait prouver que la conscience, telle qu'elle existe chez l'homme, se trouve aussi chez les animaux. Or, sur ce point, quoiqu'on dise, Descartes a eu raison. Les animaux, alors même qu'ils ne manqueraient pas de quelque intelligence, ne peuvent pas être tenus pour doués d'une conscience réfléchie et qui ait connaissance d'elle-même.

> Si la bête pensait
> La bête ne réfléchirait
> Ni à l'objet, ni à sa pensée.

D'autre part, peut-on réellement soutenir que la conscience est un produit assez nécessaire de la vie organisée, pour que si cette conscience n'était pas, la vie en souffre? Les psycho-physiologistes eux-mêmes nous ont montré que cela ne peut pas être. D'aucuns ont prouvé que la conscience avec ses analyses mentales est même nuisible à la vie, et entrave la santé biologique[1], que la vie proprement dite est meilleure, lorsqu'elle n'est pas accompagnée de réflexion. Quant au cerveau, organe immédiat de la pensée, avec sa constitution hiérarchisée et centralisée, il ne peut pas non plus nous donner l'explication de l'unité de la conscience. Mais alors, quelle a été la déterminante de cette constitution elle-même du cerveau. S'il a été nécessaire absolument que l'activité de l'esprit soit synthétique, le cerveau, instrument direct de l'expression extérieure de la conscience, a dû, de toute nécessité, se constituer centralisé. Mais quelle est cette nécessité? Ce n'est pas l'économie de la vie proprement dite, car, par rapport à cette dernière, l'encéphale est un accident, puisqu'on ne le trouve développé que chez un très petit nombre d'espèces animales. Et même chez ces animaux, même chez l'homme, on a pu constater que l'encéphale n'est pas toujours indispensable, car on a cité des cas où l'organisme humain dépourvu d'encéphale a pu subsister quelque temps. De là les physiologistes ont tiré cette conclusion qu'on peut considérer le cerveau comme un luxe par rapport à la vie. La nécessité de l'économie vitale n'aurait provoqué ni le cerveau ni par suite la façon dont il est constitué.

Qui donc a façonné le cerveau? Si les psycho-physiologistes avaient répondu à cette question, nous n'aurions plus à reprocher à leur science son complet insuccès.

Mais, la psycho-physiologie expérimentale a-t-elle dit quelque chose qui vaille sur l'association des idées? Nous a-t-elle procuré une base rationnelle pour ce principe? On a voulu voir l'explication causale de l'association des idées dans le principe dit de l'habitude, ou de l'assimilation fonctionnelle. D'après ce principe, si les courants nerveux se propagent très facilement dans les voies qui ont été déjà plusieurs fois parcourues, c'est parce que les voies cérébrales ou nerveuses deviennent plus perméables lorsqu'elles sont plus fréquentées. Les impressions laissent alors, dans l'organe cérébral, des traces persistantes qui les conservent et les reproduisent en quelque

1. Vaschide et Vurpas, *L'Analyse mentale*, Paris, 1903.

manière. Toutes les fois qu'un centre cérébral sera mis en branle, le mouvement se propagera forcément dans la direction des centres avec lesquels il a été plus souvent mis en relation. L'idée correspondante sera alors nécessairement évoquée.

Certes, il n'y a rien à dire contre ce principe de la matière nerveuse, qui rend possible l'association des idées, lorsque les voies cérébrales ont été utilisées par des courants nerveux concomittants d'une association d'idées quelconque. Seulement, il faut remarquer que seul, le passage *fréquent* et *répété* des mêmes courants nerveux, sur les mêmes voies, explique l'association des idées; car si ces courants ne passent qu'une fois, il n'y a aucune disposition fonctionnelle qui conduise à l'association sûre. C'est dire, en des termes plus précis, que ce qui explique, au fond, l'association, c'est *la fréquence, la répétition* des impressions extérieures. Or, la propriété nerveuse n'a rien à faire avec cette répétition. Si les impressions se répètent ou non, cela dépend de causes absolument étrangères au cerveau et à la propriété de la matière nerveuse de conserver les traces d'une impression reçue. Par conséquent, le tout pour l'explication de l'association des idées est la répétition, la fréquence des impressions extérieures. Et comme les psycho-physiologistes ne sortent généralement pas de l'organisme, il s'ensuit qu'ils ont méconnu complètement la cause, le fondement rationnel de l'association des idées.

Entre la psychologie introspective spéculative et la psychologie physiologique expérimentale, il n'existe pas de différence essentielle, en ce qui a trait à leur procédé général, ou bien à leurs résultats. La seule qui existe peut-être, c'est que l'insuccès de la dernière est encore plus complet. La psychologie expérimentale est elle-même introspective, mais physiologiquement introspective. Elle recherche, non plus dans la vie consciente, mais dans la vie physiologique, qui constitue le substratum de la première. Elle n'emploie plus le sens interne, l'observation intérieure, mais les sens extérieurs, et des instruments de mensuration précise. Aucune d'elles ne veut sortir un peu de l'individu pour l'étudier, non pas seulement en lui-même, mais dans ses rapports avec le monde, avec le milieu humain qui l'entoure. De là leur faillite imminente et fatale.

Ces deux sortes de recherches, ces deux méthodes de faire de la science physiologique reposent sur un postulat tellement faux qu'il les a complètement stérilisées. On peut l'énoncer de la sorte : l'organe crée la fonction. Mais qui crée l'organe lui-même? D'après ce postulat, l'homme est, et a été de tous les temps, une sorte de mécanisme exact, fixé dans ses traits principaux, qu'il suffit d'étudier en lui-même, dans ses principaux ressorts et rouages. Une fois l'agencement de ces ressorts et de ces rouages connu, on a cru qu'on pouvait facilement établir par déduction sa manière de fonctionner dans des situations précises, sans qu'il soit plus indispensable d'étudier comment il se comporte dans ces situations. En un mot, on s'est attaché seulement à la construction interne de notre mentalité ou de sa base physiologique, et l'on a complètement négligé les phénomènes extérieurs, dans lesquels cette mentalité vit et se développe, et sous l'effet desquels elle se forme.

« Cette psychologie a trop considéré l'organisme comme une boîte à musique, dont le milieu extérieur se bornerait à mouvoir le ressort.... comme si le milieu ne compte plus qu'à titre de cause occasionnelle, ou comme fournissant à l'organisme la simple possibilité de vivre ou d'accomplir une destinée anatomiquement écrite, des actes et des séries d'actes organiquement prédéterminés. »

Nous ne pouvons pas nous empêcher de citer plus longuement la critique très judicieuse et formulée en termes nets et lapidaires, que M. Manouvrier a, le premier à notre connaissance, adressée à la psychologie individuelle.

« De même, dira cet auteur, que les organes des mouvements obéissent à des influences issues des centres nerveux, l'appareil cérébral obéit autant et plus encore aux influences extérieures qui dirigent son action. Le milieu extérieur joue vis-à-vis du cerveau le même rôle que celui-ci joue vis-à-vis du reste du corps. Car si l'on cherche la raison des actes dans les membres, ceux-ci nous renvoient au cerveau, qui nous renvoie aux organes des sens, et ces derniers nous renvoient au milieu extérieur. La physiologie nous met seulement en possession du déterminisme intra-organique des faits psychiques et l'explication complète de ces faits nécessite l'analyse des relations externes correspondantes à des relations internes. Limiter l'analyse psychologique à la physiologie cérébrale, sans s'occuper des influences extérieures, ce serait commettre une erreur peut-être plus grande encore que si l'on négligeait les influences organiques extra-cérébrales dans la psychologie des besoins, des sentiments et des passions [1]. »

La manière dont fonctionnera le cerveau est déterminée exclusivement par les conditions externes dans lesquelles il est forcé de se manifester. Le sens et les causes de sa fonction, par suite ceux de la conscience et de ses lois, sont à chercher non pas dans le cerveau lui-même, mais dans l'ensemble des conditions et des circonstances qui l'entourent. Par rapport aux idées, aux sentiments, qui s'expriment par le cerveau, ce dernier constitue une simple possibilité, dont la mise en jeu dépendra presque entièrement du monde extérieur.

Il est vrai qu'il existe dans notre organisme des lignes fixes, pour ainsi dire définitives, et, par conséquent, des fonctions simples et immuables, qui, en raison même de leur fixité relative, dépendent seulement de ces lignes : mais ces fonctions immuables sont assez réduites. Ce sont seulement les instincts, les réflexes, et tous les actes de la vie organique végétative. Or la mobilité de la complexité inextricable des états psychiques conscients, qui dépendent exclusivement des influences externes, jure avec la fixité et la simplicité des réflexes et des instincts. Et par suite, ce qui est vrai des uns est absolument faux des autres. Mais les psycho-physiologistes n'ont pas fait ces distinctions. Rien donc n'est plus naturel que l'échec total de leurs investigations.

1. Actes et Aptitudes, *Rev. scientifique*, 1891.

III

S'il doit exister une méthode qui puisse conduire à des lois psychologiques rationnelles, et qui puisse procurer une base rationnelle aux lois psychologiques empiriques, elle doit, paraît-il, prendre le contrepied de la psychologie individuelle. Cette méthode doit sortir de l'individu, et ne l'étudier qu'en le considérant seulement dans ses rapports avec ses semblables. Elle doit le saisir dans l'inextricable réseau des rapports qu'il entretient avec le milieu social humain, et suivre les traces de ces rapports pour pénétrer, peu à peu, dans l'intérieur de sa vie psychique, au fond de sa conscience.

Puisque, à vrai dire, ce sont ces rapports — somme des circonstances et des influences extérieures — qui déterminent les actes de notre vie consciente, rien n'est plus logique que de chercher dans les lois et dans l'ensemble de ces rapports les lois et l'ensemble de nos états d'âme. Car il est évident qu'à nous en tenir à l'homme conscient, vivant dans nos sociétés civilisées, le vrai et seul milieu dans lequel il se meut, vit et se forme, c'est le milieu humain. Par rapport à ce dernier, le milieu cosmique est tout à fait insignifiant. Les causes déterminantes de nos états d'âme, comme de nos actes, sont données dans ce milieu humain seul, dans l'ensemble des rapports par lesquels il nous enserre, nous fixe dans notre état social et détermine notre manière d'être mentale.

Ceux qui se rendront bien compte de ces faits peuvent souscrire, si audacieuse qu'elle paraisse, à la proposition suivante, que nous estimons d'une portée capitale pour les études psychologiques : la psychologie, pour pouvoir mériter le nom de science, doit être non individuelle, mais inter-individuelle ou sociale. Elle ne doit plus commencer par l'étude des individus en eux-mêmes, mais par celle des rapports inter-individuels ou sociaux. La forme de notre mentalité est déterminée par la forme des sociétés où nous vivons. Il existe une si étroite corrélation entre la forme que prend la vie psychique des hommes et la forme des sociétés dans lesquelles ils vivent et se développent, qu'on pourrait parfaitement exprimer l'une en fonction de l'autre. Nous avons ailleurs[1] longuement développé cet ordre d'idées, nous ne nous y arrêtons ici que pour résumer très brièvement les résultats qui doivent corroborer la thèse que nous venons de formuler.

La conscience étant un phénomène d'origine purement sociale, il eût aussi fallu que les lois, ou les soi-disant lois qui la régissent soient les mêmes que les lois qui régissent les sociétés. Les soi-disant lois psychologiques, du moins ce que nous en connaissons, devaient trouver leur explication, leur base rationnelle dans des principes ou lois sociales correspondants. De sorte qu'il suffirait de trouver les lois sociales correspondantes, desquelles les soi-disant lois psychologiques ne seraient que des succédanés directs et visibles, pour que ces dernières passent de l'empirique au rationnel. En ce qui concerne la loi de l'activité synthétique de la conscience, on peut se rendre facilement compte qu'elle ne fait que reproduire, pour ainsi dire, atomiquement, la loi qui régit, dans des proportions *immensifiées*, les sociétés humaines civilisées. Si l'activité de la conscience est synthétique et intégrante, c'est que les sociétés humaines ont développé elles aussi, à travers l'histoire, une activité d'unification et d'intégration de tous les peuples dans une société unique et universelle. Nous avons déjà fait voir par quel processus l'activité synthétique de la conscience dérive de l'activité intégrante des sociétés[2].

De même, l'unité de la conscience dérive également de la continuité qui doit être gardée dans toute société, pour éviter de sombrer et de se désorganiser.

Quant à l'association des idées, pour résumer brièvement, les pensées s'associent plus ou moins étroitement dans notre esprit, parce que nous sommes groupés plus ou moins étroitement en sociétés. La cohérence et la cohésion de nos idées

1. *Du Rôle de l'individu*, p. 263-271.
2. *Op. cit.*, p. 189.

reflète exactement la cohésion de nos rapports avec nos semblables. De plus, les formes de l'association de nos idées reproduisent fidèlement les formes de la solidarité sociale. Aussi, l'association par contiguïté correspond-elle à ce qu'on appelle la solidarité sociale organique, contractuelle; et, à l'association par ressemblance, correspond la solidarité sociale, mécanique ou statuaire.

Ce qui fait le lien véritable d'un ordre d'états d'âme est, nous l'avons vu, la répétition fréquente de cet ordre d'états assez simple et fixé. Or, l'ordre de nos impressions, dans une société relativement plus fixe, uniforme et moins compliquée, est, lui-même, plus simple et plus fixe. Par suite, le lien qui attache les unes aux autres se trouve forcément plus fort. Dans nos sociétés civilisées, il y a des institutions de culture : la Famille, l'Ecole, l'Eglise, etc., qui, en nous élevant, nous communiquent un certain nombre d'idées relativement stables, et qui trouvent, grâce à diverses peines et sanctions, le moyen de nous les faire répéter et conserver fidèlement. Ces institutions sont d'autant plus puissantes et plus capables de réunir solidement nos pensées entre elles, qu'elles sont elles-mêmes plus harmonieusement agencées et que la société qui les contient est plus solidement établie. Ainsi, l'harmonie et la cohésion de nos états d'âme dérivent de l'harmonie et de la solidarité qui règnent dans les sociétés où nous vivons. La loi de l'association de nos idées trouve, dans les formes de la cohésion et de la solidarité sociale, cette base rationnelle qui l'explique et qui peut seule la faire passer de la phase empirique à la phase rationnelle et scientifique. Qu'est-ce à dire, sinon que la psychologie scientifique ne peut être qu'une psychologie sociale, une science qui recherche, non plus l'homme en soi, mais les rapports des hommes réunis en société, une science enfin, qui tâchera d'étudier les influences réciproques des hommes, et celles de la société sur chaque membre en particulier.

Quoique la psychologie individuelle, introspective ou physiologique, soit toujours en grand honneur, et qu'il y ait peu de gens qui s'aperçoivent de ses insuccès, il existe pourtant un courant de psychologie sociale inter-individuelle qui commence à peine à se manifester et à s'étendre dans le sens de la thèse que nous défendons ici. Ce courant est parti tantôt des sociologues, tantôt des psychologues eux-mêmes. M. Tarde, ce penseur à la fois vigoureux et original, dont la mort est si regrettée, avait déjà soupçonné ce courant, et, dans diverses petites monographies de psychologie inter-individuelle ou inter-mentale, il avait tenté de lui donner une formule précise. Il ne voyait cependant pas l'importance capitale de cette inter-psychologie. Pour lui, la psychologie individuelle restait tout entière en vigueur.

Les recherches de psychologie sociale de toutes sortes, les études sur les foules, et tous les essais faits jusqu'ici pour expliquer nos états de conscience et nos pensées par l'histoire et par la société, doivent compter comme des contributions précieuses à la création de ce courant. D'autre part, certains psychologues, MM. Baldwin[1], Binet et Henri[2], Vaschide, ayant étudié longuement et méthodiquement la suggestion et l'hypnotisme, se sont trouvés, à leur insu sans doute, sur le terrain même de la psychologie sociale inter-individuelle. Car dans leurs études sur la suggestion, ils ont recherché précisément ces rapports entre les individus, autant que les influences qu'ils exercent, leur-vie durant, les uns sur les autres. Ce sont ces rapports et ces influences suggestives qui constituent le fait principal, sinon unique, de la vie sociale d'où est sortie la vie consciente. Il ne restait plus qu'à saisir ce courant de plus près, pour l'imposer à l'attention et en formuler les traits les plus généraux. C'est bien la tâche que nous nous sommes donnée dans ce court aperçu.

On ne pourrait pas trop attirer l'attention du monde scientifique sur l'importance de ce courant de recherches inter-individuelles. Il est, à notre point de vue, la preuve suprême que la conscience et ses phénomènes ne peuvent être étudiés dans l'individu, pris en lui-même, comme le fait la psychologie tra-

1. *Le développement mental*, Paris, F. Alcan.
2. *La suggestion.*

ditionnelle, mais qu'il faut en sortir, et considérer l'homme seulement dans ses rapports avec les autres hommes et avec l'ensemble du milieu historique et social.

Il prouve aussi que la psychologie individuelle est devenue peu utile et qu'il faut la remplacer par une psychologie sociale, inter-individuelle.

CHAPITRE III

IMPOSSIBILITÉ DE LA SOCIOLOGIE OBJECTIVE

Nous avons assez insisté pour faire voir l'impossibilité de la psychologie individuelle, tant qu'elle continuera à se cantonner exclusivement dans l'individu et à méconnaître l'influence décisive de la société sur la formation de la conscience. Maintenant, nous nous proposons de montrer qu'une sociologie, qui, à son tour, exclurait de ses recherches l'individu conscient, pour ne s'en tenir qu'au concept de la société, est frappée, dans ses résultats, de la même stérilité et de l'impuissance qui frappent la psychologie individuelle.

On a pu voir que la science de la psychologie, pour mériter ce nom, doit tendre vers une psychologie inter-individuelle ou sociale. Il nous reste à prouver que la sociologie sera stérile et contradictoire, jusqu'à ce qu'elle ait évolué, elle aussi, vers une sociologie psychologique, individuelle. C'est dire que notre tâche est de montrer que l'examen critique de la sociologie objective nous conduit absolument au seuil de cette même science, où nous a conduit la critique de la psychologie individuelle. Il devient possible, dès maintenant, de concevoir une science qui puisse embrasser l'ensemble des études corrélatives de la société et de la conscience. Cette science ne sera ni la psychologie, ni la sociologie, mais une *psycho-sociologie*, une sorte de *psychologie sociale*.

Voyons tout d'abord les insuffisances de la sociologie objective.

I

Le pays d'origine de cette méthode sociologique objective est l'Allemagne. Elle est passée en France, introduite par M. Durkheim, qui lui a donné des développements considérables et une tournure originale et plus serrée. Il suffit, pour faire l'examen critique de la sociologie objective, de se restreindre à l'étude de cette science telle que l'entendent M. Durkheim et son école. D'autant que cette école paraît gagner du terrain dans la pensée française.

Or, en quoi consiste-t-elle et quels en sont les principes essentiels?

Son premier point d'orientation consiste en ce que les phénomènes sociaux doivent être « détachés des sujets conscients qui se les représentent » et « qu'il faut les étudier du dehors comme des choses extérieures »[1]. Et cela parce que la vie sociale, étant trop changeante, « n'offre que des points de repère qui sont eux-mêmes très variables. Elle consiste en libres courants qui sont perpétuellement en voie de transformation et que le regard de l'observateur ne parvient pas à fixer »[2]. Ainsi, grâce à cette méthode « on peut écarter les données sensibles qui risquent d'être trop personnelles à l'observateur pour retenir celles qui présentent un suffisant degré d'objectivité[3] ». A considérer de plus près le sens de la méthode objective et à le rapprocher de l'application qu'on en fait et des résultats qu'elle donne, on s'aperçoit bientôt qu'elle est remplie de contradictions pénibles et irréductibles.

En effet, considérer les faits sociaux sous leur aspect objectif et extérieur, n'est qu'un moyen de tourner les difficultés des recherches sociologiques au lieu de les résoudre.

M. Durkheim n'emploie cette méthode que dans ce but précis, dont il faut se rendre bien compte, que le côté subjectif des faits sociaux est trop fuyant et insaisissable et par suite ina-

1. *Règles de la méthode*, p. 36.
2. *Ibid.*, p. 56.
3. *Ibid.*, p. 55.

bordable scientifiquement. Pour éviter cet inconvénient il recommande de « substituer au fait interne qui vous échappe un fait extérieur qui le symbolise et d'étudier le premier à travers le second[1] ». La solidarité sociale, par exemple, et ses formes, sont des faits sociaux qu'on ne peut bien connaître et étudier qu'à travers leurs aspects extérieurs, les lois juridiques.

Qu'on remarque donc bien que cet objectivisme n'était qu'un artifice de méthode bon surtout au commencement des recherches. D'ailleurs, l'éminent sociologue le reconnaît lorsqu'il nous apprend lui-même que la méthode objective « placée au commencement de la science, *ne saurait avoir pour objet d'exprimer l'essence de la réalité*; elle doit seulement nous mettre en état d'y parvenir ultérieurement. Elle a pour *unique fonction* de nous faire prendre contact avec les choses[2] ». C'est donc de propos délibéré pour tourner les difficultés du commencement qu'on substitue, par « artifice de méthode », les caractères superficiels, extérieurs, qui n'expliquent rien, aux caractères intérieurs, subjectifs qui sont l'essentiel. M. Durkheim le reconnaît en propres termes, « ceux qui sont situés plus profondément sont, sans doute, plus essentiels, leur valeur explicative est plus haute, mais ils sont inconnus à cette phase de la science et ne peuvent être anticipés[3] ». C'est seulement ensuite qu'il sera possible de pousser plus loin la recherche et, par des travaux d'approche méthodiques, d'enserrer peu à peu cette réalité fuyante[4].

Pourtant, je ne sais par quelle étrange méprise, M. Durkheim ne s'en est pas tenu là. Il oublie bientôt qu'il n'avait exclu le côté individuel et psychique des faits sociaux que provisoirement, et par « artifice de méthode », et on le voit arriver, peu à peu, à le bannir pour tout de bon et avec intransigeance. Il va jusqu'à fonder sur cet oubli curieux tout un système de sociologie objective, qui, des recherches sociologiques, exclut l'individu et élimine des faits sociaux toute trace de psycho-

1. *De la Division du travail social*, p. 66.
2. *Règles de la méthode*, p. 53.
3. *Ibid.*, p. 44.
4. *Ibid.*, p. 58.

logie, à tel point que nous le voyons affirmer que « les faits sociaux sont des manières d'agir... qui existent en dehors des consciences individuelles[1] » et qui « n'ont pas l'individu pour substratum mais la société ». Cette sociologie pousse la contradiction au comble lorsqu'elle vient ensuite nous dire, elle-même, « que les choses sociales ne se réalisent que par les hommes et qu'elles sont un produit de l'activité humaine[2] ».

Commencer par éliminer, par simple artifice de méthode, le psychique qu'on reconnaît pourtant comme plus essentiel, s'arrêter au côté objectif comme à un pis-aller, et finir, comme le fait M. Durkheim, par nier le psychique pour attribuer toute l'importance explicative des faits sociaux à leur côté extérieur, est d'une logique relâchée. La nécessité de l'objectivisme comme artifice de méthode paraît s'être emparée de l'esprit de l'auteur. Elle lui a fait oublier que la méthode objective n'a qu'un rôle d'intermédiaire provisoire. Elle s'est érigée elle-même en fait essentiel et a fini par nier l'importance et l'explication des faits avec lesquels elle devait seulement nous mettre en contact. Toute la sociologie objective nous fait l'impression d'un calcul algébrique, où l'on a introduit, par artifice, des valeurs abréviatives, adjuvantes, que l'on vient de perdre de vue et qui font que l'on ne peut plus en sortir.

Après avoir pris contact avec les faits, par le moyen de cette méthode, la sociologie objective, au lieu de tâcher de pénétrer leur côté psychique qu'elle reconnaît être l'essentiel des faits sociaux, s'en est éloignée, jusqu'à le nier et à le bannir complètement de leur explication causale. Ainsi, ces « travaux d'approche progressifs », que M. Durkheim nous laissait espérer, deviennent des travaux d'écartement progressif. Pourtant toute une école s'est constituée sur ces bases et un groupe de bons esprits a porté ses efforts dans cette direction logiquement fausse et nécessairement stérile.

Cette méprise initiale du fondateur de la sociologie objective en France a été provoquée et même fortifiée par des erreurs et

1. *Règles de la méthode*, p. 6.
2. *Ibid.*, p. 24.

des illusions complémentaires. M. Durkheim s'étant plu à concevoir la science sociale aussi méthodique et objective que les sciences naturelles, a voulu appliquer ici, toutes proportions gardées, tout ce qui est valable comme méthode dans les sciences de la nature. Ainsi, puisque dans les sciences du monde physique, le subjectivisme et l'anthropomorphisme ont été écartés, pour le plus grand progrès de ces sciences, il faut également bannir tout subjectivisme et tout anthropomorphisme des recherches faites sur les hommes sociaux. L'imitation est ici d'une naïveté décevante. Comment éliminer le subjectivisme et l'anthropomorphisme d'une science qui s'occupe précisément des *anthropoi* conscients, des *sujets*. M. Durkheim recourt ici à une logique étrange, qui tendrait à dire que la science du monde subjectif doit être objective parce que celle du monde objectif n'a pas pu être subjective. A la suite de M. Durkheim, M. Lévy Brühl, adepte un peu tardif, nous propose très nettement de *désubjectiver* la science des sujets. Ne voit-il pas qu'il reconstitue là les erreurs de l'anthropomorphisme des sciences physiques d'autrefois?

Qu'est-ce que le savant élimine dans ses recherches objectives sur le monde physique? Il n'exclut que le coefficient psychique de ses sens qu'il remplace par des instruments de précision, qui doivent fixer, pour lui, les variations des phénomènes. Cela signifie que le physicien exclut le psychique de l'observateur. Or, M. Durkheim, M. Lévy-Bruhl, etc., excluent, eux, le psychique du sujet observé qui est, nous le savons bien, l'attribut essentiel des faits sociaux. Tandis que le savant, au moyen du thermomètre, veut écarter les variations subjectives de ses sens, M. Durkheim, par sa méthode objective, écarte non pas ses variations personnelles, mais celles des sujets observés. Cette méthode devient alors l'équivalent d'un thermomètre sur lequel on étudie, dans le vide, la température d'un pays, rien que par le simple examen des chiffres marqués sur le tube. Le mercure en serait éliminé pour écarter ainsi la mobilité et l'inconstance des phénomènes de température.

Puisque les sciences de la nature s'occupent des choses inanimées, pour lesquelles le savant observe et garde une certaine attitude, la sociologie objective a cru suffisant d'adopter cette attitude vis-à-vis des phénomènes sociaux pour arriver à des résultats aussi édifiants que ceux auxquels sont arrivées les sciences naturelles. Alors, elle a traité les hommes sociaux conscients, et leurs actions, comme des choses. Elle identifie les hommes et leurs passions et actions avec les phénomènes naturels. Ce procédé est encore des plus irréfléchis. Il consiste à considérer la science comme possible seulement sous la forme des sciences naturelles. De ce que les sciences naturelles ont été les premières à prendre leur essor, faut-il déduire que toutes les sciences doivent être identiques à elles, en ce qui touche et leur méthode et leur esprit? Ce serait vraiment là une induction par trop naïve. Surtout, lorsque la nature des objets est tout à fait différente des objets physiques, il serait absurde à la science, qui s'en occupe, d'imiter simplement les sciences naturelles. Identifier l'homme social, ses idées et son activité aux choses, afin d'en faire une science objective à l'exemple des sciences physiques, nous paraît incompréhensible.

Les conséquences de ce péché originel, qui d'ailleurs semble faire toute l'originalité de la sociologie objective, sont très graves et très fâcheuses. Elles sont en même temps contradictoires. Sortir l'individu de l'explication causale, qu'il faut trouver au progrès de la société, et à l'enchaînement des phénomènes sociaux, est une conséquence directe de la méthode dont use la sociologie objective. Éliminer le côté psychique des faits sociaux, n'en tenir aucun compte dans leur interprétation scientifique, n'est qu'un corollaire de l'élimination de l'individu. Il reste à voir si ces conséquences de la sociologie peuvent, tout au moins, se soutenir par elles-mêmes. L'école de la sociologie objective peut-elle s'accorder, dans ses résultats, avec les conséquences directes de son postulat?

Il est vrai que M. Durkheim pense que la société est quelque chose de *sui generis*, quelque chose de plus que le nombre de membres qui la composent. Nous irons, pour notre part, jusqu'à admettre qu'il a raison en un certain sens. Mais il lui aurait fallu faire des distinctions capitales, qu'il n'a pas faites. A notre avis, si l'on considère les membres de la société sous leur aspect purement physiologique, — et nous trouvons qu'il est de toute nécessité de distinguer dans l'homme social conscient, d'une part, la vie consciente, l'esprit, et de l'autre, la vie végétale, purement physiologique, — on peut dire, en effet, que la société est plus que les hommes qui la composent. Mais, lorsqu'on a en vue les hommes sociaux conscients, qui le sont devenus précisément sous l'influence directe, formatrice de la société, il est tout à fait arbitraire de séparer cette société de ses membres, et d'en faire quelque chose d'hétérogène. Du fait même qu'elle a formé et modelé à son image les hommes qui y vivent, elle s'est identifiée à eux, est descendue en eux dans la mesure du possible. Ses institutions et ses lois positives n'existent et n'évoluent qu'en fonction de l'activité et de la pensée des hommes. Il n'est plus possible, dès lors, de dire que la société est quelque chose de *sui generis* et, par suite, de différent de ses propres membres. On pourrait l'affirmer si l'on dissociait l'homme biologique de l'homme conscient, et alors la société différerait seulement de l'homme biologique. Mais telle n'a pas été la pensée de M. Durkheim.

Cependant, personne n'a eu aussi nettement que lui l'idée que la conscience de l'homme est nécessairement formée par le milieu social, où cet homme s'est développé. Citons, pour le prouver, ses propres expressions : « L'homme, dit-il, dépend de causes sociales[1] ». « La majeure partie, ajoute-t-il, de nos états de conscience ne se seraient pas produits chez des êtres isolés et se seraient produits tout autrement chez des êtres groupés d'une autre manière. Ils dérivent donc... de la façon dont les hommes, une fois associés, s'affectent mutuellement, suivant qu'ils sont plus ou moins nombreux, plus ou moins rapprochés[2]. »

Pourquoi ne pas compter alors l'individu conscient, lorsqu'il s'agit de déterminer la causalité des faits sociaux? S'il est l'effet de la vie sociale, il en devient nécessairement cause. En général,

1. *Division du travail social*, p. 385.
2. *Ibid.*, p. 390, 391.

tous les effets deviennent causes et toutes les causes ont commencé par être des effets.

On ne pourrait pas, sans manquer à la logique la plus élémentaire, dire que l'individu, en tant qu'il est le produit de la vie en société, ne peut pas devenir, à son tour, agent actif de la société, cause efficiente de phénomènes sociaux. La sociologie objective de M. Durkheim, pour être conséquente avec elle-même, doit réintégrer l'individu conscient dans la causalité sociale, et le réintroduire dans ses recherches. Elle doit en tenir compte.

En ce qui concerne le phénomène de la conscience, et par suite, du subjectivisme, dans les recherches sociologiques, on ne pourrait mieux faire que répéter tout simplement les mêmes raisons pour légitimer ce subjectivisme. La conscience est, en effet, le résultat des influences que le milieu humain exerce sur l'homme. Elle est une sorte de vie *sui generis*, que la vie sociale vient greffer sur la vie biologique des hommes. Alors, non seulement elle ne doit pas être écartée de l'interprétation scientifique des phénomènes sociaux, mais elle contient sans doute la base, le principe même de ces faits, puisqu'elle est le grand fait *sui generis* et essentiel, auquel aboutit la vie des hommes constitués en société. D'autant plus que le fondateur de la sociologie objective a reconnu lui-même que le côté intérieur des faits sociaux est le caractère le plus essentiel et possède une plus haute valeur explicative.

II

Examinons maintenant quels rapports précis existent entre les faits sociaux, tels que les définit M. Durkheim, et les phénomènes psychiques. Tout d'abord, cette définition est-elle juste? Définit-on le fait social quand on dit que toute manière d'agir, de faire et de penser, est un fait social? Une manière générale de faire, d'agir, de penser, par cela seul qu'elle est générale, n'est-elle pas quelque chose de plus qu'un fait, qu'un phénomène social particulier? Un fait individuel est quelque chose d'unique, de particulier, d'irréductible. Inversement, une manière de faire n'est plus un phénomène particulier. Elle rentre dans une autre catégorie que la logique connaît sous le nom de loi, ou, ce qui revient au même, de faits généraux.

Est-ce que par hasard M. Durkheim, ayant voulu définir la notion du fait social particulier, n'aurait pas défini la notion de loi sociale? Cela est très certain, si étrange que cela paraisse.

Un fait particulier est ce qui se produit une seule fois. Car si ce fait se répète, et en tant qu'il se répète, si on le considère sous l'aspect même de sa répétition, il n'est plus un fait individuel, mais plutôt une loi, un fait général. Fait général et loi sont équivalents. La loi est un fait général, un phénomène qui se répète, ou, pour employer la terminologie de M. Durkheim, une manière d'agir.

Il est donc bien évident que ce que M. Durkheim a voulu définir comme fait social rentre dans la catégorie des lois. Par rapport au fait social ainsi compris, les phénomènes psychiques en sont la matière concrète, élémentaire. Les phénomènes sociaux, individuels, irréductibles sont donc ceux qu'on entend à l'ordinaire par phénomènes psychologiques. Et alors, nous devons dire que le rapport qui existe entre le psychique, d'une part, et le social tel que l'entend la sociologie objective, de l'autre, est le même que celui entre la loi et sa matière concrète, ou les cas particuliers qu'elle résume. Le psychique et le social se pénètrent l'un l'autre, comme toute loi se confond finalement avec les faits particuliers qu'elle régit. Les lois qui régissent les phénomènes psychiques sont donc sociales. Entre le social et le psychique individuel, il y a juste la différence qui existe entre une notion abstraite et les faits concrets d'où elle est tirée. Le fait social, à un certain point de vue, ne peut pas s'identifier avec l'aspect concret et individuel des faits. Il est au-dessus et en dehors des faits concrets. Or, c'est là précisément le rapport que M. Durkheim a établi entre les phénomènes individuels et le fait social tel qu'il le définit.

Cette dernière erreur de la sociologie objective a eu cependant le grand mérite de mettre le sociologue sur les traces des vraies lois sociales, et sur la voie de la seule méthode qui pourrait y conduire. Autrement, les sociologues, ayant toujours les yeux fixés sur les sciences naturelles, perdent leur propre terrain et se contentent, dans leur domaine, de vagues analogies. La sociologie objective ayant, par méprise, identifié les faits sociaux aux lois sociales, a eu à traiter ensuite seulement avec ces dernières. Ses méthodes ne pouvaient être, en ce cas, que la satistique et le droit. La statistique, en effet, ne travaille que sur des faits généraux et avec des séries de faits qui se répètent. Le droit ainsi que ses formules, sont l'expression formelle de séries infinies de faits individuels. M. Durkheim, qui a préconisé ces deux méthodes, les a employées avec beaucoup de succès. Ainsi, en usant de la statistique, il a fait une étude très remarquable sur le suicide. Le droit lui avait permis d'étudier objectivement les conséquences de la division du travail social.

Mais, comme l'auteur de ces études ne se rendait point compte que ce qu'il définissait comme faits sociaux, ce sont précisément des lois sociales, il a continué à chercher, avec les autres sociologues, les lois naturelles auxquelles les faits sociaux doivent obéir. Il ne faisait alors que chercher les lois des lois sociales. Ayant abandonné les vraies lois sociales et les règles positives du droit, il a voulu y trouver le reflet de lois naturelles. Le péché originel de la sociologie objective l'a empêché, sur ce point encore, de voir la réalité, et l'a conduit, une fois de plus, dans le monde du mirage naturaliste, projeté sur le terrain des faits sociaux humains.

L'individu une fois éliminé de l'explication des phénomènes sociaux, et les règles du droit étant bien évidemment instituées par les hommes, on ne pouvait plus concevoir que les lois sociales fussent précisément ces règles du droit. Tel a toujours été le grand tort de la sociologie objective. Aussi n'a-t-elle réussi à saisir aucune loi sociale précise. Car, pour y arriver, elle aurait dû renoncer à ses principes essentiels et réintroduire la conscience individuelle dans l'interprétation des faits sociaux. Nous allons voir que si l'on fait sa part à l'individu, dans les recherches sur les phénomènes sociaux, les règles juridiques positives et les données de la statistique deviennent, du même coup, l'équivalent des vraies lois sociologiques.

III

Et maintenant, considérons en elles-mêmes les deux méthodes dont la sociologie objective se sert dans ses recherches : 1° la statistique; 2° le droit.

I. La statistique. — Peut-on considérer la statistique comme une méthode qui conduit, tout objectivement, à des lois sociales? Le rôle de celui qui en use doit-il être réduit à celui d'un enregistreur impartial, pénétré du culte des faits, les recueillant tels quels, sans les altérer et sans pouvoir intervenir un tant soit peu? En un mot, la statistique absolument objective peut-elle aboutir à des lois?

La réponse est simple. La statistique conduira à des lois, elle constatera des régularités, de l'uniformité, toutes les fois que les faits recherchés seront réguliers et uniformes. En ce cas, plus elle est objective, plus l'investigateur qui en usera aura le respect des faits, plus aussi les résultats seront sûrs et édifiants. Mais il en est tout autrement, lorsqu'il s'agit de rechercher, au moyen de la statistique, des faits où tout le monde confesse le manque absolu de régularité. Or la vie sociale faite de « libres courants qui sont perpétuellement en voie de transformation » est justement dans ce cas. Ici la statistique, bien qu'il soit possible de l'appliquer, ne peut conduire qu'à la constatation de l'irrégularité, du manque total des lois. Plus elle sera objective et fidèle à la réalité, plus sur ce terrain elle s'éloignera de l'idée de loi.

La statistique objective, en ce cas, est aussi inutile que la simple observation superficielle des choses. Et, si l'on tient compte du temps qu'on lui aura inutilement consacré, on la tiendra pour inutile et embarrassante. Or, il n'en sera pas de même lorsqu'on aura fait les recherches tout en conservant une attitude volontaire, lorsque l'investigateur ne se sera pas borné à enregistrer tout simplement l'irrégularité des faits, mais qu'il aura tenté d'uniformiser le variable, de régulariser l'irrégulier, en modifiant les faits, pour en réglementer le cours. C'est de cette façon seule que la statistique pourrait, dans notre cas, conduire à ce qu'on doit appeler une loi sociale. Mais alors elle ne sera plus objective. Elle n'est qu'un instrument entre les mains de l'investigateur, qui s'est érigé en législateur, en créateur de loi. Ce dernier découvre les lois qu'il recherchait, malgré la statistique ou contre elle-même.

L'objectivité de la statistique est donc un véritable artifice dans les recherches sociologiques, l'essentiel étant le subjectif, la volonté de l'investigateur. Elle n'en est cependant pas moins indispensable. Car, sans elle, il est difficile et même impossible de connaître exactement la matière des lois sociales. La nature et l'étendue des phénomènes est, au fond, ce qui doit conditionner la formule de leur uniformité imposée comme loi. On ne saurait estimer trop les efforts de ceux qui préconisent et appliquent la statistique à l'étude des phénomènes sociaux.

Cependant, il ne faut pas exagérer. Séparée de la volonté rationnelle de l'investigateur, la statistique ne peut conduire qu'à la négation des lois sociales. Mais aussi, la volonté rationnelle légiférant sur les faits constatés par la seule observation personnelle, ne peut aboutir qu'à un empirisme grossier. Dans ce dernier cas, les formules, décrétées *a priori*, sans l'exacte connaissance de l'extension et de l'irrégularité des faits, seront insuffisantes et, par suite, les faits ne leur obéiront pas. Ils resteront aussi irréguliers qu'auparavant.

Prenons un exemple. Soit la production d'une marchandise quelconque, celle des étoffes par exemple. Qu'on imagine une statistique faite sur la production de cet article dans une grande société donnée. Que pourrait-elle enregistrer sinon une anarchie, une variabilité et une oscillation qui défient toute idée de régularité et de loi. Ce n'est donc pas par la statistique qu'on arrivera à découvrir la courbe de la régularité, la loi de cette activité industrielle, particulière, par la raison très simple que cette loi n'existe pas. Admettons qu'on veuille réglementer cette production des étoffes, rationnellement et *a priori*, pour établir ainsi une régularité que la statistique pourrait constater ensuite. La tentative serait inutile, tant qu'on aurait réglementé sans une connaissance minutieuse de l'état actuel des choses, acquise au moyen précisément de la statistique. Les faits n'obéiront pas à une réglementation qui n'a pas tenu compte d'eux.

Puisque ni la statistique seule, ni le rationalisme *a priori* d'un législateur mal informé ne sont à même de résoudre le problème, il ne nous reste qu'à combiner les deux méthodes.

On commence d'abord par la statistique objective aussi exacte que possible. Celle-ci donnera une copie fidèle de l'irrégularité réelle des faits. Ensuite, la raison et la volonté de l'individu s'appliqueront à ces données et réglementeront leur cours, en leur prescrivant une formule, une loi rationnelle. Cette loi sera rationnelle, c'est-à-dire en conformité avec les faits, avec leur étendue et leurs conditions de production ; dans la mesure même où la recherche a été objective, la formule, imposée aux faits par la volonté raisonnable de l'investigateur, sera une loi réelle. Les faits lui obéiront. L'uniformité et l'ordre seront introduits au milieu de l'irrégularité.

Dans l'exemple donné, la statistique la plus exacte devrait connaître deux choses : le nombre et la force productrice de tous les producteurs, d'une part, et de l'autre le nombre des consommateurs et la force consommatrice, non seulement des hommes qui composent en un moment le marché proprement dit, mais de tous les individus qui constituent la société donnée. Par la connaissance de ces deux éléments, l'esprit, dans un acte de volonté rationnelle, proportionnera la production à la consommation totale, réelle et possible. Il aura ainsi créé des rapports doubles et précis entre l'un et l'autre des facteurs. Dès cet instant même, l'irrégularité, le chômage des producteurs, la gêne des consommateurs seront abolis. Le cours des affaires sera régulier et conforme aux nécessités. N'est-ce pas là l'idéal des socialistes?

Mais, pour arriver à créer une telle loi par la statistique exacte et objective, le régime socialiste doit être supposé établi.

Quoi qu'il en soit, il nous semble évident que les lois qui

doivent régir les faits sociaux, si anarchiques et si irréguliers, ne peuvent être établies que par la conscience et la volonté de l'homme, qui s'est informé de leur état réel, au moyen d'une statistique objective. Il est vrai qu'en un certain sens, on dispose des choses comme on veut, dans la mesure même où on les connaît. Cependant, la connaissance n'aboutit à rien de positif, si elle n'est pas mise au service d'un esprit résolu et volontaire. L'important, en ce cas, est cette attitude subjective, volontaire. Une fois acquise, elle ne tardera pas à instituer jusqu'à ces recherches statistiques, qui conditionnent son efficacité.

En accordant à la méthode objective toute l'importance qui lui est due, nous sommes bien obligés de reconnaître son inévitable insuffisance. Seule la conscience volontaire de l'homme raisonnable, introduite dans la recherche et dans l'interprétation des faits sociaux, peut aboutir enfin à des lois sociales. Réduite à elle-même, la méthode objective ne peut découvrir des lois que là où ces lois existent et sont préalablement connues. En ce cas elle est inutile. Là où il n'existe aucune régularité, elle ne peut rien découvrir et ne fait que consacrer l'incohérence des phénomènes.

Que s'ensuit-il? C'est que la sociologie objective défendue par l'école de M. Durkheim est alors doublement impossible. Elle n'acquiert de valeur que lorsqu'on la complète par l'intervention de la conscience individuelle. Autrement, elle est un pur artifice de méthode, destiné à nous mettre en contact avec les faits. On doit ensuite s'en débarrasser au plus vite et la remplacer par une méthode subjective volontaire.

II. Le droit. — Les règles juridiques, d'une manière plus sûre encore que les résultats de la statistique, nous mettent sur la voie des lois sociologiques. Elles sont les ébauches, ou tout au moins les indications précises de ces lois.

C'est à la sociologie objective que revient le mérite d'avoir attiré l'attention sur les règles juridiques. Une science, comme on a coutume de le dire, est, avant tout, une science des lois. Elle ne s'occupe des faits que pour arriver, par eux, à des lois. Or, la sociologie objective a été pour la première fois une science des lois. Mais elle a commis une inversion fâcheuse, en prenant les lois pour des phénomènes élémentaires, dont elle devait découvrir les règles. Elle se présente alors comme une science qui s'occupe, à son insu, avec les lois des lois. Cette méthode dirige des efforts au delà de l'objectif. Son grand défaut est de mettre ainsi un obstacle, une obscurité complète entre l'investigation et son but. Si on avait pris les règles juridiques pour ce qu'elles sont, c'est-à-dire pour des lois sociales, la tâche de l'investigateur aurait été tout autre que celle que lui assigne la sociologie objective. Au lieu de spéculer sur ces règles, prises comme faits sociaux, il en eût fallu chercher les titres et la légitimité. On les aurait considérées alors plutôt comme des points de départ ou comme des points de repère des recherches, ou bien encore comme des hypothèses qu'il faut vérifier, infirmer ou confirmer par des recherches.

Telles que les règles juridiques se présentent avant ce travail de rectification scientifique, elles ne sont que des formules grossièrement empiriques, des *à peu près*. Ce sont cependant ces formules inconsistantes qui ont été prises comme base inébranlable par la sociologie objective. C'est sur cette base qu'elle a voulu construire l'édifice solide de la science sociale. Sans doute, la construction, si ingénieuse soit-elle, ne peut que crouler en étant bâtie sur un tel fondement de sable. La logique la plus stricte ne peut aboutir à rien en s'appliquant aux matériaux que nous fournit tel quel le droit positif. Ses constructions, même les plus rationnelles, n'auront rien qui rappelle les lois des sciences naturelles.

Pour devenir efficace, le travail du sociologue doit s'appliquer à confronter le texte de la loi positive avec la réalité psychique qui y correspond. Il doit chercher à voir si le texte répond encore aux besoins, aux opinions et aux aspirations des hommes qui obéissent à la formule de ce texte, et aux rapports qui existent entre eux. En un mot, le sociologue, par un travail de vérification impartiale, devrait voir si les lois positives représentent toujours l'ordre actuel des choses. Il aurait pu constater ainsi si elles sont justifiées, légitimes, si elles ont leur raison d'être, c'est-à-dire si elles sont ou ne sont pas rationnelles. Et si le texte de la loi ne correspond plus à la réalité psychologique à laquelle elle est censée s'appliquer, la tâche du sociologue serait alors de corriger le texte de la loi, de l'accorder avec la réalité psychique. Par là même, et alors seulement, il aurait pu remplir son rôle d'homme de science dans le domaine des faits sociaux. Car, en accommodant la loi aux aspirations, aux nécessités et aux rapports des hommes entre eux, il lui donne un fondement causal rationnel, il la rationalise pour ainsi dire.

D'ailleurs, c'est à cette seule condition que les règles juridiques peuvent s'approcher des lois scientifiques proprement dites. Autrement, elles n'ont qu'une valeur scientifique très secondaire et le sociologue ne doit s'en servir qu'au début. Elles doivent être, pour lui, des esquisses très sommaires, des indications approximatives pour délimiter, par à peu près, les catégories plus ou moins homogènes de faits entre lesquelles se distribue la vie sociale. Arrivé, par leur intermédiaire, en contact avec des faits, besoins, opinions et aspirations, il reste au sociologue à appliquer à ceux-ci la méthode statistique, qui est le meilleur moyen de confronter la loi avec les faits. Ensuite par l'examen des faits globaux et de leur condition de production, l'investigateur peut rectifier l'ancien texte ou en établir un autre en conformité parfaite avec les faits et leurs conditions. Les règles juridiques, ainsi obtenues, seront nécessairement rationnelles, sûres, et, en un certain sens, très comparables aux lois naturelles, scientifiques. Elles seront donc les vraies lois sociologiques.

Le chemin conduisant aux lois sociologiques est, par conséquent, l'inverse de celui que suit la sociologie objective. On doit descendre des faits objectifs vers les faits subjectifs qui en constituent le fondement et l'essence, et, par une recherche systématique de ces derniers, remonter vers les lois sociales au sens propre du mot. Le côté psychique subjectif et concret doit être ajouté au côté objectif et abstrait des faits, et l'être humain conscient doit participer à nouveau à l'explication des faits et des lois sociales. Car c'est lui qui les décrète et les exécute par un acte de volonté rationnelle.

Dans ce cas, il est vrai, le sociologue doit se confondre un peu avec le juriste, un peu avec l'économiste, un peu avec le politicien et un peu avec le pédagogue. Sa tâche restera pourtant toujours différente de celle du juriste, du politicien et du pédagogue empiriques de nos jours. Tandis que ces derniers ont à appliquer les lois telles quelles ou à en créer de très grossières, de très empiriques, le sociologue doit diriger les formules vers la réalité sociale, les confronter avec celle-ci, et, sur leurs traces, découvrir les vraies lois scientifiques qui doivent régir la société.

Le droit, la science économique, la politique, sont des présciences par rapport à la science sociale. Leurs formules doivent être reprises, comparées aux nécessités et aux rapports qui relient les hommes, et rectifiées dans le sens de ces nécessités et de ces rapports. Les sociologues qui les élaborent, les rendent de la sorte scientifiques; on peut s'en tenir exclusivement à ces formules empiriques, il est inutile d'y rien changer. C'est pourquoi il nous semble que la méthode objective, en sociologie, doit être corrigée et complétée par une méthode subjective et la sociologie remplacée par une sociologie psychologique.

Comme nous l'avons déjà dit, les recherches sociologiques des dernières années ont été dirigées dans ce sens, du moins pour une bonne partie. La sociologie ne peut être, pour M. Charles Andler, qu'une psychologie sociale. En Allemagne, Lazarus et Wundt font de la Völkerpsychologie et remplacent par elle la sociologie proprement dite.

En France, MM. Gustave Le Bon [1], Tarde [2], et Sighele [3] se sont particulièrement appliqués à la psychologie sociale. M. Tarde surtout nous a laissé des œuvres de premier ordre sur le droit pénal et sur la psychologie sociale. Sa sociologie est de la vraie psychologie sociale; elle avait évolué, dans ses dernières années, vers une psychologie inter-individuelle.

Si donc la psychologie individuelle, comme il résulte de

1. Voir *Psychologie des foules*, 12e édit.; *Lois psychol. de l'évolution des peuples*. 8e édit.; *Psychologie du socialisme*, 3e édit., Paris, F. Alcan.

2. *Lois sociales*, 2e édit.; *Lois de l'Imitation*, 4e édit.; *Logique sociale*, *Psychique sociale*, *L'opinion et la Foule*, *Psychologie économique*.

3. *La Foule criminelle*, 2e édit., Paris, F. Alcan.

certains travaux plus récents, tend vers une inter-psychologie sociale, la sociologie, de son côté, évolue dans ce même sens. La conscience et ses lois n'étant que la pure reproduction cérébrale des rapports inter-individuels organisés en société, l'étude de la conscience, la psychologie, ne peut être que sociale. D'autre part, la science de la société ne peut être que la science de la conscience, c'est-à-dire une sorte de psychologie sociale. Et nous verrons dans les chapitres suivants que la science et la conscience tendent à se confondre et qu'elles doivent s'identifier à la fin de leur évolution.

CHAPITRE IV

LA PSYCHOLOGIE ET LA SOCIOLOGIE SE CONCILIENT SUR LE TERRAIN DE LA MORALE

La psychologie individuelle, mentalement ou physiologiquement introspective, s'est montrée, jusqu'à présent, contradictoire et incapable de découvrir des lois rationnelles proprement dites. Ses derniers efforts ont été pour étudier les rapports et les influences inter-individuels. A titre d'exemple citons les études de M. Binet sur la suggestion; les enquêtes psychologiques; la psychologie génétique et inter-individuelle de M. Baldwin.

Quant à la sociologie objective, elle s'est également révélée impuissante, en tant que strictement objective. Elle n'a pu réaliser rien de bien solide qu'en se contredisant. Car, si en droit elle a exclu l'individu, elle l'a constamment admis en fait, implicitement et même explicitement. Aussi s'est-elle efforcée de se diriger, avec MM. Tarde et Baldwin, du côté de la psychologie. Le premier a mis en circulation, dans l'opinion scientifique contemporaine, l'idée précise d'une *psychologie sociale* et d'une *logique sociale*. Ce fait lui a donné l'occasion d'émettre des théories fécondes, qui ont tout l'avenir pour elles.

Pourtant, la psychologie introspective admet toujours une sociologie dans son voisinage, et, quoiqu'elle se sente entamée par cette dernière, elle ne la conteste plus. Quant à la sociologie, tout en arrivant à s'identifier (chez M. Tarde) avec la psychologie, elle ne continue pas moins d'admettre à côté d'elle une psychologie essentiellement distincte.

Nous nous proposons ici de montrer que la sociologie doit exclure toute idée d'une psychologie science à part, et qu'elle est destinée à s'y incorporer définitivement, pour y puiser la vie et la vigueur qui lui manquent. Enfin, nous allons montrer pour quelles raisons ces deux sciences restent encore distinctes l'une de l'autre, et quelles sont les conditions de leur rapprochement.

I

1° Wundt a magistralement posé le problème des rapports de la psychologie individuelle avec la sociologie, dans le problème du rapport entre *l'interprétation* (*Beurteilung*) *subjective des phénomènes de l'esprit* et leur *dépendance du milieu social spirituel*. En démontrant que l'interprétation subjective doit s'identifier avec l'interprétation sociologique, il a démontré en même temps que la psychologie, pour être une science, doit nécessairement se compléter par la sociologie, et inversement. De plus, selon lui, chacune des deux sciences ne fait qu'envisager absolument le même problème à deux points de vue différents. L'une, l'interprétation sociologique, n'est que la dissociation du point d'attaque de l'interprétation subjective, « une extension de celle-ci sur les nombreux individus qui se trouvent dans des relations spirituelles »[1]. Et cette manière de voir est facilement concevable, parce qu'une catégorie de faits peut être traitée à deux points de vue contraires : ou bien au point de vue de la généralité des phénomènes, ou bien à celui des individus en particulier. Il n'y a là aucune contradiction, mais bien une intégration réciproque de deux recherches également nécessaires[2]. La raison d'être de ce problème se trouve dans l'origine et la nature des individus. Comment doit-on expliquer les phénomènes manifestés par l'individu humain? Par des qualités internes, inhérentes, ou par les conditions extérieures?

1. *Logik*, II, p. 34.
2. *Ibid.*, p. 37.

Si cette question ne se posait pas, le problème des rapports des deux interprétations ne serait pas posé non plus. « Mais, en psychologie et en pédagogie, non moins que dans l'Économie politique et la jurisprudence, se pose le vieux problème : si ce sont les influences extérieures, ou bien les qualités internes qui jouent le rôle dominant dans le développement caractéristique des individus [1]. » A cette question l'auteur répond en ces termes : « la personnalité individuelle ne saurait jamais être détachée de ses rapports avec le milieu spirituel, puisqu'elle est déterminée par celui-ci dans ses actions, tout comme elle intervient pour influencer ce dernier » [2].

Wundt résume, de cette façon, les fautes capitales de l'interprétation subjective, qui faisait abstraction du milieu et ne tenait pas compte de ce fait, que « même cette somme de personnes, que nous comptons dans le milieu spirituel d'un homme, est inanalysable pour nous; ou elle n'est analysable que dans la mesure où nous concevons le milieu comme un tout, dont les propriétés peuvent être accessibles, non pas par l'examen particulier des individus, mais par l'observation de l'œuvre et des propriétés caractéristiques du tout, en lui-même ». Le défaut de l'interprétation subjective est qu'on oublie que « le milieu spirituel ne peut pas être envisagé comme une somme indéterminée, dont l'analyse devrait se réduire aux recherches faites en dernière instance sur les facteurs individuels. Les phénomènes de la vie et les actes de la communauté possèdent des propriétés qui sont liées très étroitement à la multiplicité organique des individus, de sorte qu'elles sont soumises, par suite de cette liaison, aux lois du développement social, qui dépendent, en première ligne, de la vie et de la destinée de la communauté, et seulement d'une manière précaire de l'œuvre de certains individus » [3].

Cependant, bien que Wundt ait posé le problème dans des termes très nets, il n'est pas arrivé à sortir de la confusion où

1. *Logik*, II, *loc. cit.*
2. *Ibid.*, p. 38.
3. *Ibid.*, p. 38, 39.

l'on est toujours sur la seule solution que ce problème comporte. Car la question qui se poserait maintenant serait la suivante : « ces dispositions qui ne peuvent être actives dans la communauté sans être présentes dans chaque individu, qui en fait partie », viennent-elles de la communauté, ou sont-elles inhérentes à la nature individuelle? ou bien sont-elles, d'une façon générale, des propriétés qui apparaissent exclusivement du fait de la vie générale de la communauté, et qui sont soumises aux lois de celle-ci, ou bien elles sont dérivées de la nature présociale de l'individu. Dans l'individu, en effet, il y a deux sortes de qualités et de dispositions : les unes, qu'il a en commun avec les autres individus et qui sont, par suite, générales; les autres qu'il a en propre, et qui sont irréductibles à celles d'autrui.

Un esprit, libre de toute idée préconçue, qui examinerait la question de l'origine de ces deux sortes de qualités, ne pourrait concevoir les qualités communes, générales, que comme un simple produit de la vie *en commun*, de *la généralité* des individus, qui forment la communauté; et les qualités proprement individuelles, que comme un produit naturel de la nature de l'individu en soi, placé dans des conditions sociales particulières. Nous ne pouvons pas comprendre comment Wundt, et tous ceux qui se sont posé ce problème, ne sont pas arrivés à cette solution, qui s'impose d'elle-même par sa simplicité. C'est la solution contraire, pour nous inintelligible, qu'on a adoptée ordinairement. On croit que les qualités générales dérivent de la nature subjective des individus. Et alors, l'interprétation subjective « est la plus fondamentale, que l'on suppose également lorsqu'on emploie le principe de la dépendance du milieu social, l'interprétation sociologique ». Probablement, cette solution, puisqu'elle est contre nature, a paru plus profonde. N'est-il pas beaucoup plus simple et plus naturel, pour le vulgaire, que le ciel tourne autour de la terre? et cependant c'est le contraire qui est le vrai. Ce préjugé, cette idée préconçue dénote une phase, pour ainsi dire, astrologique, où se sont trouvées et se trouvent encore les sciences de l'esprit, dans le stade de la psychologie individualiste. L'individu est fixe et immuable, comme la terre. C'est la Société entière qui tourne autour de lui et en tire ses lois, comme dans l'astrologie c'est le ciel qui tourne autour de la terre et en tire aussi ses lois.

Aussi, Wundt trouvera que les phénomènes et « les principes de l'interprétation subjective sont les fondements généraux de la science de l'esprit », et que « les forces actives de la communauté doivent être conformes aux phénomènes de la conscience individuelle[1]. » Pour qu'au contraire, les principes généraux, fondamentaux, de la science de l'esprit soient en effet ceux de l'interprétation sociologique, il faudrait que les qualités les plus générales et communes des individus eussent résulté de la vie en commun, de la généralité des individus. Or, il est vrai que le tout a des propriétés qui ne peuvent plus être réduites aux individus qui le forment. Il est également vrai que ces qualités, « dispositions » du tout, doivent se trouver forcément « présentes dans chaque individu qui en fait partie ». Mais ces qualités qui dérivent du tout, sont générales, en tant qu'elles sont forcément « présentes dans tous les individus » ; et par suite, elles sont complètement indépendantes de leur nature propre. Il nous semble bien étrange alors que les principes fondamentaux appartiennent à la psychologie individuelle, et non pas à la sociologie. En effet, par la vie en commun il a pu arriver que certaines qualités de certains individus se soient synthétisées et incorporées, sous une forme précise, dans l'un, ou quelques-uns de ceux-ci, et qu'elles se soient de là propagées dans toute la masse. Ces qualités n'existeraient pas dans chaque individu, si la communauté n'avait pas existé. Elles sont apparues du fait même de la vie en commun, et ne sont devenues individuelles que par suite de cette vie en commun. *Le commun et le général, qui sont dans l'individu, lui viennent de la communauté.* Il n'y a du commun et du général psychologique dans l'individu que ce qu'il a pu détourner et s'assimiler de la généralité des autres individus, avec lesquels il vit en communauté. Par quel miracle de logique soutenir que tout ce qui est général et commun dans l'individu tient à sa nature individuelle?

1. *Op. cit.*, p. 39.

N'est-il pas beaucoup plus intelligible que le commun et le général, le côté par où l'individu coïncide avec l'ensemble des autres, provienne précisément de ceux-ci; et que c'est précisément pour cela qu'il leur est commun, et que ce caractère est général? Dans notre esprit, dans nos opinions, nous n'avons de commun avec les autres que ce que ceux-ci nous ont transmis, inculqué, suggéré. Et presque toutes nos manières de voir ont cette même origine. Cependant le sens de l'interprétation subjective, que Wundt conçoit comme étant la seule fondamentale, suppose, à peu près, que ces opinions sont inhérentes à notre nature proprement et exclusivement individuelle. Est-ce la société : nos professeurs, nos maîtres, nos parents, nos aînés qui les ont prises en nous et se les sont assimilées?

Cette manière de voir est encore rendue plus inacceptable par suite du principe émis par Wundt sous le nom de synthèse créatrice (schöpferische Synthese). D'après ce principe, le tout, résultant de la combinaison d'un certain nombre de facteurs (que ce soit par exemple une communauté d'êtres humains, d'abord purement biologiques), manifeste des qualités absolument originales, irréductibles à celles des individus. Cette puissance créatrice d'aspects et de faits originaux est le propre de la synthèse chimique et psychique. Nous pensons que la société est aussi une de ces synthèses. Wundt et surtout M. Durkheim[1] le pensent également. Mais, nous pensons, de plus, que la création complètement originale et absolument irréductible de cette synthèse est la *conscience*, avec ses formes et les lois générales de l'esprit. Maintenant, cette synthèse, comme toute synthèse d'ailleurs, contient un ensemble de molécules ou cellules; et c'est dans ces cellules que le processus de la création s'est effectué. SO^4Ca est un corps composé de molécules, où le processus de la synthèse entre $SO^4H^2 + Ca$ s'est passé. Le corps entier est un nombre considérable de ces molécules, dont il n'est que la somme, l'ensemble. Les propriétés de ces molécules, propriétés qu'il manifeste, ne sont ni celles du soufre,

1. *Règles de la méthode sociologique*, préface, 2e édition.

ni celles de l'oxygène, ni celles du calcium, mais bien celles de ces molécules. Par suite, dans le composé SO^4Ca, le tout manifeste des qualités propres à ses molécules, qui ne sont nullement réductibles à celles des composants, dont chaque molécule est formée.

De même, dans la société, qui est une synthèse *sui generis*, les propriétés du phénomène de la conscience et les lois de la société seront celles de ses molécules respectives : les individus conscients. Mais, les individus conscients sont également ici des composés, dans lesquels sont entrés les individus biologiques, inconscients, qui sont les vrais éléments initiaux de la synthèse. Par suite, de même que les propriétés du SO^4Ca sont irréductibles à chacun de leurs composants originaires, la conscience, avec ses lois, est irréductible à la nature physiologique de l'homme. Elle dérive de la synthèse de ces individus réunis dans une vie en commun; elle en est un produit *sui generis*, une création originale, irréductible, qu'on ne peut éclairer et expliquer que par le fait même de la synthèse. Wundt et M. Durkheim pensent presque de même, mais seulement en principe, et d'une manière indistincte, parce qu'en fait, l'un, Wundt, subordonne et réduit les qualités de la synthèse, le principe de l'interprétation sociologique, à celui de l'interprétation inhérente aux qualités des composants. Nous verrons de plus près l'attitude prise par l'autre dans cette question.

*
* *

2° Mais, si les lois générales de la conscience sont réductibles, non plus à celles de la nature physiologique de l'individu, mais aux qualités de la société, comme un tout synthétique, quels doivent être maintenant les rapports de la psychologie avec la sociologie? La réponse franche et logique, — mais il faut un certain héroïsme pour l'affirmer —, c'est que *la Psychologie est un simple dérivé de la Sociologie*. La sociologie est la science abstraite, la science des lois; à côté d'elle, la psychologie n'est que la science concrète, qui contient la matière à laquelle s'appliquent les lois sociologiques. C'est dire que la psychologie et la sociologie se confondent comme une science abstraite avec sa matière concrète. *La sociologie est la science des lois, dont la matière est contenue dans la psychologie individuelle.*

Il est certain qu'une loi psychologique ne peut être que l'expression du côté individuel qui est commun à plusieurs individus ou bien à tous. Mais le point par où le psychique des individus coïncide, est un fait social par excellence, d'après la définition de MM. Durkheim et Tarde. D'après M. Tarde le fait social est le phénomène psychique généralisé et, par suite, *objectivisé* dans une multiplicité d'individus; le phénomène psychique est l' « individualisation d'un fait social ». Ce qui distingue le fait social c'est donc, en tout cas, sa généralité psychique. Or un fait psychique généralisé est à la fois une loi psychique et un fait social. Ou, pour sortir de cette définition contradictoire, toute loi psychologique ne peut être qu'une loi sociologique et inversement. Et pour être encore plus clair, les lois psychologiques appartiennent à la science abstraite de la sociologie, dont la matière concrète est contenue dans la psychologie. En un mot : *la sociologie est la science des lois psychologiques.* On ne peut plus distinguer nettement la psychologie de la sociologie.

Cette manière de voir a été conçue, de fort près, par M. Worms, dans une très intéressante étude sur les rapports de la psychologie individuelle avec la psychologie collective. « La dualité de la psychologie collective et de la psychologie individuelle n'est point irréductible, nous dit-il. Cette psychologie est en un sens encore une psychologie individuelle, seulement dans laquelle interviennent, à titre d'explications, des faits sociaux[1]. » Ce qui est très intelligible, parce que « même les facultés réputées les plus personnelles : sens et intelligence, émotion et volonté, ne se créent que par la vie sociale et ne se perfectionnent que grâce à elle[2] ». « La formation des sens et surtout des perceptions est un phénomène d'adaptation au milieu,

1. *Revue internationale de Sociologie*, 1901, p. 269.
2. *Ibid.*, p. 252.

et ce milieu est social en grande partie ». Il en est de même pour la raison, qui, d'après M. Worms, serait « une faculté sociale dans son origine ». Et nous pouvons citer les lignes suivantes de M. Worms, en faveur de tout ce que nous aurions pu affirmer de plus hasardé : « *la faculté de concevoir le général semble née surtout de l'exercice de la vie sociale*, de la répétition des phénomènes qui se déroulent devant nos yeux, surtout la répétition des faits sociaux ». En ce cas la répétition n'a même pas besoin de se dérouler devant nous. Puisque c'est en nous-mêmes qu'elle s'accomplit, elle s'inscrit tout naturellement dans notre conscience. L'idée générale, qui en résulte, en est une sorte d'écho cérébral. Or c'est la société qui nous force à nous répéter, et c'est donc elle-même qui nous détermine et nous oblige à concevoir le général. D'où il s'ensuit que le social est, de toute manière, le psychique général.

C'est aussi ce qui fait dire à M. Worms que la psychologie individuelle doit prendre un aspect véritablement sociologique, parce que « à son tour elle ne se comprend qu'éclairée par l'action de la vie en commun exercée sur les hommes ». Puisque, de l'avis de l'auteur, « les facultés telles qu'elles sont chez tous les hommes indifféremment » appartiennent à la psychologie individuelle, « y-a-t-il dès lors rien de moins individuel qu'une semblable psychologie [1] ». A coup sûr alors, « toute psychologie est donc à la fois individuelle par un côté, et collective, par un autre, et il n'y a pas lieu de distinguer deux sortes de psychologie », sinon en ce sens que l'une doit être celle qui s'occupera du collectif, du social, et ce sera la sociologie, l'autre celle qui s'occupera du particulier, par où l'individu « se distingue même des membres de son groupe et qui constitue son individualité intime, et ce sera la psychologie ». Seulement, elles ne sont quand même pas séparables, car comment peut-on concevoir la séparation de la science des lois d'avec la science de la matière de ces lois? En conséquence, M. Worms aurait bien raison de confondre tout à fait la psychologie collective avec la psychologie individuelle. Mais, malheureusement

1. *Revue internationale de Sociologie*, p. 269, 270.

ce serait altérer la pensée de l'auteur que de lui attribuer la conscience nette de cette manière de voir et la franche acception de cette thèse. Nous devons ajouter à ce que nous venons de citer de lui, ces lignes révélatrices : « nous ne cherchons pas à expliquer, par des influences sociales, toute la partie de la vie psychique de l'homme, qui peut, à la rigueur, s'expliquer autrement[1] ». Le contraire aurait été tout à fait surprenant de la part d'un partisan de la conception biologique de la société.

3° Seul à notre connaissance, M. de Roberty a déjà adopté ce point de vue, de façon plus nette qu'à l'ordinaire, quoique sa conception en soit encore à se dégager de certaines rechutes et de réminiscences de psychologie individuelle. Il y a longtemps qu'il a dit que « l'homme social et l'homme psychologique, étudiés par les savants modernes, ne font qu'un en réalité ». En conséquence la sociologie est une science abstraite dont les lois sont le point de départ des lois psychologiques. Et il nous dira plus précisément encore que « la psychologie sera non une science abstraite, mais une science concrète » ; en d'autres termes, elle est une science qui fournit la matière concrète à la Sociologie, qui en recherche les lois. Cela équivaut presque à dire que les phénomènes de l'esprit sont concrets en tant que psychiques et individuels et sociaux en tant que lois.

Il est vrai que M. de Roberty entend cela d'une manière un peu différente de la nôtre. « La psychologie, nous dit-il, réunira en un seul foyer les lumières qu'elle tirera tour à tour de la connaissance des lois de la vie et des conditions organiques de la pensée, de la connaissance des lois sociales et des conditions historiques de la croissance et de l'évolution psychiques. Elle sera formée, au même titre, par ces deux ordres distincts de connaissances abstraites[2] ». Et « le caractère essentiellement descriptif, qui lui appartient dès aujourd'hui, la psychologie est destinée à le conserver toujours en tant que science complémentaire et concrète[3] ». Il en résulte que M. de Roberty, pour

1. *Revue internationale de Sociologie*, p. 261.
2. *Sociologie*, p. 187.
3. *Ibid.*, p. 188.

rendre évident le caractère concret de la psychologie, le conçoit comme une application des lois abstraites de la biologie et de la sociologie. Cela est vrai, mais cela s'entend de soi. Nous tenons le phénomène psychique pour un phénomène social concret, indépendamment de toute considération, qu'il soit ou non le produit des lois biologiques et physico-chimiques. Il l'est parce qu'il forme la matière concrète des lois sociales, et parce qu'il est un produit concret de la vie sociale, par conséquent de l'application des lois sociologiques. En tant qu'on envisage la sociologie comme une science indépendante, *sui generis*, il devient même inutile d'introduire le point de vue de la biologie et des autres sciences, et cela surtout parce qu'il est toujours sous-entendu. A cette simple différence près, notre thèse devient absolument identique à celle de M. de Roberty. Il nous a même donné le courage, par l'exemple de la hardiesse de ses vues, d'affirmer cette thèse, qui, même si elle dérive de la science, est beaucoup plus avancée. Ce n'est pourtant pas une thèse absolument insoutenable. Nous allons voir qu'il existe encore des conceptions, précisément sociologiques, qui la confirment et la vérifient, alors même qu'elles n'y ont jamais pensé.

*
* *

4° Considérée sous cet angle, la sociologie objective de M. Durkheim, qui nous a paru si contradictoire, prend une netteté et une portée vraiment surprenantes. Cette conception est aussi l'intuition bien plus nette de ce qu'il y a de vrai et de solide dans la thèse de M. de Roberty. Mais elle pèche par un autre côté. La distinction rigoureuse, ainsi que nous l'avons vu établie par M. Durkheim, entre le psychique individuel et le social, équivaut, au fond, à la distinction que nous venons de faire entre le fait concret et sa loi, entre le concret et l'abstrait. Le fait social abstrait, étant par définition une loi, il s'ensuit qu'il doit exister, en effet, une sorte *d'antinomie* entre le social et le psychique, comme il en existe une entre toute loi et le fait particulier. Mais il y a aussi une identité, comme il y en a toujours entre le fait et sa loi. M. Durkheim s'est arrêté sur l'antinomie et a perdu de vue l'identité entre le psychique individuel et le psychique social.

Toute objectivité coïncide avec une abstraction, et toute abstraction avec une loi. Or, qu'est-ce que l'abstraction sinon l'élimination de l'individuel, du particulier? Le fait social, en tant que concret, particulier, sera individuel et psychique; et en tant qu'abstrait et loi, il sera en dehors et au-dessus de l'individu. Confondre ces deux faits, l'*individuel* et le *social*, c'est une confusion susceptible des pires conséquences, qui n'est comparable qu'à cette autre confusion : séparer complètement l'individuel psychique de l'abstrait social, pour en faire deux ordres de choses essentiellement différents. M. Durkheim rachète l'une au prix de la seconde. Cependant, la tentative qu'il a faite constitue un progrès fondamental dans la méthode sociologique. Se confiner dans l'abstrait, c'est la première condition pour aboutir à une science proprement dite. Malgré le désavantage de sa théorie, M. Durkheim a évité un écueil auquel tout le monde s'est heurté. En éliminant le psychique concret, il a pu donner aussi à la sociologie une méthode scientifique, et en faire une science véritable. Il a, par cela même, condamné, du moins implicitement, et d'une façon définitive, la psychologie traditionnelle. Car il nous est maintenant possible de concevoir que tout ce qui est seulement du psychique individuel ne peut être abstrait ni érigé en loi. Par contre, tout ce qui peut être abstrait et érigé en loi n'est plus du psychique individuel, mais du social. Cela veut dire qu'une science psychologique proprement individuelle devient chose inconcevable. *Les lois de l'esprit deviennent ainsi des lois sociologiques élémentaires et la psychologie individuelle n'a plus aucune raison d'être comme science abstraite.*

Il faut pourtant avouer que c'est là une conclusion que M. Durkheim ne tire pas de sa conception. Il en déduit une, qui nous contredit et qui contredit même sa propre théorie au point de l'ébranler et de la rendre impossible. Plus fidèle au fond de sa pensée, nous nous sommes permis d'en tirer cette conclusion. En effet, d'une manière explicite, M. Durkheim affirme une psychologie abstraite individuelle[1], qui précède la sociologie, et dont il place le siège, comme tout le monde, dans l'individu psychique, quoiqu'il soit forcé de reconnaître que cet individu est le produit de la société, et que son psychique n'est, après tout, que le prolongement des faits sociaux. Il s'en est suivi que, pour avoir occupé la conscience de l'individu avec cette psychologie individuelle, il a été forcé de suspendre la science des faits sociaux dans le vide d'une réalité sociale indépendante et extérieure aux individus. Aussi, les reproches qu'on lui a adressés de toutes parts conservent-ils leur portée. Au prix de cette confusion déroutante, il a pourtant pu racheter la conciliation avec la psychologie individuelle, puisqu'il ne l'a pas rejetée, comme A. Comte s'était vu forcé de le faire. Si l'on essayait de mettre d'accord avec elle-même la sociologie de M. Durkheim, en lui faisant admettre le psychique comme étant l'aspect concret des faits sociaux, et repousser, à l'exemple d'A. Comte, la psychologie individuelle, et si on la mettait ensuite d'accord avec les faits, en lui faisant admettre que ce qu'elle entend par des faits sociaux objectifs sont des lois proprement dites, cette sociologie s'identifierait avec la thèse que nous défendons. Ce serait lui faire admettre que la psychologie individuelle est une sociologie concrète, descriptive, qui, par ses descriptions, fournit des matériaux à la sociologie. La sociologie abstraite n'aurait en définitive qu'à analyser ces matériaux pour en déduire les lois, qui seraient des lois psycho-sociologiques.

5° Un des sociologues contemporains les plus distingués, M. Simmel, nous offre le point de vue, peut-être le plus voisin de notre thèse, celui du moins qui lui prête l'appui le plus précieux. « Une sociologie proprement dite n'étudiera, dit-il, que ce qui est spécifiquement social, la forme et les formes de l'association, en tant que telles, abstraction faite des intérêts et des objets particuliers qui se réalisent dans et par l'association. » « Les causes particulières et les fins sont, comme les corps, la matière du processus social, la réalisation de ces

1. *Règles de la méthode sociol.*, 1895, préf., p. VII.

fins entraîne nécessairement une action réciproque entre les individus, voilà la forme que revêt cette matière. Séparer cette forme de son contenu, au moyen de l'abstraction scientifique, telle est la condition de toute science spéciale de la société.[1] »

Il est vrai, dira l'auteur, que « le contenu et la forme sociale constituent, en fait, une combinaison indissoluble », mais cela « n'empêche pas la science de les dissocier par l'abstraction : c'est ainsi que la géométrie ne considère que la forme spatiale des corps, qui cependant n'existent pas pour elle seule, mais toujours dans et avec une matière, laquelle est l'objet d'autres sciences. La sociologie, comme science particulière, abstrait pour en faire l'objet d'une observation spéciale le côté purement social de la totalité de l'histoire humaine, c'est-à-dire de ce qui est arrivé en société[2] ». Or, pour M. Simmel, le psychique n'est pas banni des recherches sociologiques, bien au contraire. Il a compris que ce psychique peut être concret et abstrait à la fois, comme il l'est en réalité. Le fait social extérieur, le texte de la loi positive peut s'identifier avec un état psychique qui la reproduit textuellement, et qui l'interprète dans son vrai sens. « Il y a une science propre de la société, continue à nous dire M. Simmel, parce que certaines formes spécifiques, à l'intérieur de la complexité de l'histoire, se *laissent ramener à des états et à des conditions psychiques, qui sortent directement de l'action réciproque des individus et des groupes, du contact social.* La sociologie, comme science spéciale, s'enfermerait dans la série des phénomènes et dans leur explication *psychologique* ».

Remarquons que, d'après M. Simmel, la sociologie est parfaitement conçue comme une science des formes, dans lesquelles s'organisent les rapports inter-individuels; c'est-à-dire telle que nous l'avions déjà supposée. Mais, s'il est évident pour cet auteur, que de ces rapports dérivent certains états psychiques, on est loin de leur attribuer l'importance que nous leur avons donnée. Aussi, M. Simmel a-t-il toujours continué à concevoir une psychologie individuelle abstraite, à côté de cette sociologie

1. Le problème de la sociologie. *Rev. de Métaph.*, 1894, p. 499.
2. *Ibid.*, p. 500.

abstraite, car il nous parle du problème de la psychologie comme « opposé à celui de la sociologie ».

Il ne s'est, pas plus que les autres, aperçu que la régularité sociale provient de la régularité individuelle.

II

Cette conception d'une science sociale abstraite s'est montrée, sous une autre forme encore, et précisément sous la forme d'une science morale abstraite. Elle avait déjà touché, avec Kant, le point de vue auquel nous nous efforçons de l'amener aujourd'hui.

1° En effet, la conception de la morale kantienne est l'intuition la plus nette et, en même temps, la plus profonde de la thèse que nous défendons ici, et elle résume et complète merveilleusement toutes les thèses que nous venons de passer en revue. L'idée que se fait Kant du « devoir », considéré par lui comme « la loi suprême du monde moral », se présente absolument avec les mêmes caractères que ceux qui sont attribués, par MM. Durkheim et Simmel, à l'objet de la sociologie. « Une action, faite par devoir, ne tire pas sa valeur morale du but qu'elle doit atteindre, mais de la maxime qui la détermine... abstraction faite de tous les objets de la faculté de désirer[1]. » L'idée, comme on le voit, est semblable à celle de M. Simmel, que nous venons de citer plus haut. Si nous remplaçons les mots « valeur morale » par ces autres mots « forme de l'association », la morale de Kant s'identifie avec la sociologie formelle de M. Simmel. Car cette dernière fait, elle aussi, abstraction des intérêts et des objets particuliers, pour ne s'en tenir qu'à leur côté formel et abstrait. La forme de l'association a pris le rôle de la morale formelle, qui consiste à déterminer le contenu des états psychiques et des actions, sans qu'à leur tour ils soient déterminés par elle. « Les lois pratiques universelles » sont

1. *De la métaphysique des mœurs*, p. 19.

des principes « qui déterminent la volonté, non pas par leur matière, mais simplement par leur forme ». De même que chez M. Simmel, une recherche cesse d'être proprement sociologique, lorsqu'elle s'occupe du contenu des formes sociales, de même, chez Kant, une action n'a plus de valeur morale, du moment que « son principe déterminant n'est plus la loi formelle, mais un penchant, c'est-à-dire la matière ou le contenu même de la volonté,... qui n'est pas pour cette raison le principe déterminant[1] ».

En outre, l'effort considérable de séparer le social de l'individuel psychique n'est qu'une autre manière de rééditer la distinction faite par Kant entre *une action morale* et *une action amorale ou immorale*. Le fait social de M. Durkheim n'est tel, qu'en tant qu'il n'est pas psychique, individuel, et en tant qu'il est une loi, une manière de faire commune dans un groupe social, c'est-à-dire en tant qu'il est « universalisé », pour employer la terminologie de Kant. De même, pour ce dernier, l'amoralité ou l'immoralité des actes se traduit par leur subjectivité. « Les principes pratiques, a dit Kant, sont subjectifs, ou forment des axiomes, quand la condition est considérée par le sujet comme valable seulement pour sa volonté; mais ils sont objectifs et fournissent des lois pratiques, quand la condition est valable pour la volonté de tout être raisonnable[2] ».

Avec M. Durkheim, nous ne sommes pas plus avancés sur ce point, sinon en précision; mais cet avantage est racheté par un recul peut-être plus sérieux, qui consiste en ce que M. Durkheim ne s'est pas aperçu que ce qu'il tenait pour un fait social était en réalité une loi. Au contraire, Kant avait très bien compris que les actions morales sont législatrices, généralisatrices, de véritables lois formelles, comme toutes les lois. Au demeurant, l'abstraction a été chez Kant, comme elle est chez M. Durkheim, le véritable signe distinctif du social et du moral. Car dès que le moral se confond avec le psychique, c'est-à-dire dès que « la matière de la volonté intervient dans les lois pratiques, il en résulte une hétéronomie », qui altère le caractère moral de

1. *Critique de la raison pratique*, édit. Picavet, p. 57, Paris, F. Alcan.
2. *Ibid.*, p. 27.

l'action, ou, selon les propres termes de M. Durkheim, il en résulte un fait psycho-social, qui n'est déjà plus un fait purement social.

2° Voyons maintenant comment se présente la morale kantienne chez les néo-kantiens.

a) Avec Renouvier, la morale se rapproche — jusqu'à s'identifier presque — de la sociologie, surtout de celle de M. Simmel. « La morale et les mathématiques, dit-il, ont cela de commun que pour exister à titre de sciences, elles doivent se fonder sur des purs concepts. De même qu'il y a des mathématiques pures et des mathématiques appliquées, il doit y avoir une morale pure et une morale appliquée. La morale appliquée, c'est le droit[1] ». M. Simmel pourrait être content de cette conception, qui est identique à la sienne. « Le fond de la morale, du juste, continuera Renouvier, est rendu dans ces deux points essentiels : 1° chercher la règle des actes; 2° généraliser la personne de l'agent; et ce second point dérive du fait de l'association. » Après quoi, il ajoutera : « Il est remarquable que l'*abstraction et la généralisation, qui sont les conditions nécessaires pour construire une science, quelle qu'elle soit, sont, en outre, des conditions spéciales pour rendre la morale possible*, et cela même dans la pratique[2] ». Donc, chez Renouvier, comme chez MM. Durkheim et Simmel, l'important c'est l'objectif, l'abstrait, la loi. Car « il n'y a de morale pratique en effet, dit cet auteur, que par l'obéissance volontaire à une loi; et il ne saurait y avoir de loi, pour qui ne considère que le cas particulier ».

b) La conscience qu'on a du caractère abstrait de la morale et de la sociologie se révèle un peu de tous les côtés. « Si la loi morale, dira M. Beaussire[3], dans son principe propre, est complètement indépendante de toute conception métaphysique, comme de tout fait psychologique ou historique, elle ne peut être qu'une loi formelle, *à la façon des lois mathématiques*;

1. *La science de la morale*, I, Paris, 1869, p. 1.
2. *Ibid.*, p. 99, 100.
3. L'Indépendance de la Morale, *Rev. phil.*, 1884, II, p. 136.

c'est-à-dire une loi qui puise toute sa valeur dans la forme même sous laquelle elle est conçue, quel que soit son contenu. » L'auteur attribue à Kant l'honneur d'avoir le premier reconnu et rigoureusement établi le caractère formel de la morale.

c) Ce même trait formel du fait éthico-social est aperçu et exprimé par M. Henry Michel, dans les termes suivants : « Les idées se *vident* en partie de leur contenu antérieur, quel qu'il ait pu être, *purement physique* ou *purement psychologique*, pour recevoir et loger l'*apport de la conscience morale et de la raison* ». M. Michel accentué ensuite le caractère intentionnel et volontaire, parce qu'il trouve qu'à ce stade des idées « on quitte le domaine du *spontané*, pour entrer dans celui de l'*intentionnel*... de ce qu'il y a de plus *voulu* dans les sociétés humaines ». On y arrive, en effet, par « une *méditation* consciente qui s'empare des idées, leur fait subir une *élaboration* qui les transforme[1] ». C'est, sans doute, le travail d'abstraction et de généralisation, qui aboutit aux lois et aux concepts ; mais c'est là un travail *intentionnel*, un effort *voulu*. Voyons de quelle manière.

3° Il résulte de l'examen des thèses précédentes, que la sociologie, à mesure même qu'elle tend à devenir science, s'identifie avec la morale abstraite. Tout au moins cette dernière semble être le point d'arrivée de la sociologie. Mais, par un autre côté, la morale est aussi le point d'arrivée de la psychologie. Si bien qu'il semble que la psychologie et la sociologie sont tout simplement deux méthodes, destinées à conduire également à la science de la morale, sur le terrain de laquelle, en outre, elles tendent à se concilier et à se confondre. La régularité des phénomènes psychiques, d'où résulte la conséquence avec soi-même et la cohérence des idées et des actes, n'est qu'un aspect de la régularité sociale, de la cohérence des rapports inter-individuels. Les règles et les lois morales paraissent être précisément ces points centraux, qu'on peut envisager sous deux angles différents. Ce sont ces lois qui se réalisent au

1. *Leçon d'ouverture*, broch., 1896, p. 13, 14.

moyen de l'activité psychique et d'après les rapports sociaux inter-individuels. De fait, *l'acte moral, en tant qu'individuel, devient psychique, en tant que général devient social.* On a reconnu, en effet, que « les règles morales sont les conditions d'existence, les lignes structurales de chaque société[1] », et que « la sociologie élémentaire s'identifiera de plus en plus avec l'éthique[2] ». On a également reconnu que « le conscient, c'est le moral[3] », que « les faits moraux s'identifient avec les faits psychiques[4] », et enfin « que les faits sociaux dérivent des faits moraux ».

Cependant, les phénomènes psychiques sont des faits concrets, particuliers, dont seule l'analyse sociologique peut découvrir les lois abstraites, qui ne seront plus psychologiques, mais sociologiques, ainsi que nous l'avions déjà dit. Mais, si le fait particulier individuel pouvait se généraliser, il cesserait d'être simplement psychique, il deviendrait, du même coup, moral et social. Par suite, la seule façon dont la psychologie, avec les actes psychiques individuels, puisse devenir scientifique, c'est-à-dire passer au rang de la morale et de la sociologie, sera de s'universaliser. Dans la mesure où le psychique individuel peut se généraliser, il devient moral et social. Si toute la phénoménalité psychique se généralisait un jour, la psychologie serait devenue une vraie science, sous l'aspect de la science éthico-sociale. Du moins, tout ce qui est *psychique et individuel* dès qu'il devient *psychique général*, social, est du même coup devenu un fait moral.

* * *

Alors ne semble-t-il pas que le social n'est que le psychique individuel rendu général? Or, cela n'est possible que de deux manières : effectivement, en pratique; idéalement, en théorie. Renouvier ne vient-il pas de nous dire que l'abstraction est

1. Espinas, article cité, 452, 453.
2. De Roberty, *Psychisme social*, p. 63.
3. *Id.*, p. 37, 38.
4. *Le Bien et le Mal*, p. 161, 162.

nécessaire en pratique, pour rendre la morale possible (généraliser la personne de l'agent) et en théorie, pour constituer la science de la morale? Or, la généralisation et l'abstraction théoriques ne sont possibles que par l'abstraction et la généralisation pratiques. On ne peut pas déduire, par l'analyse sociologique, des lois abstraites (éthico-sociales) de la matière concrète, du psychique individuel, si ce psychique n'a pas été préalablement généralisé par l'influence de la vie sociale. Si ces faits psychiques ne sont pas la dérivation de certains principes, l'application de certaines lois, nous n'arriverons pas à leur découvrir des lois et des principes. L'analyse et l'abstraction, propres à notre savoir abstrait, ne font que reproduire, à rebours, l'ordre de la genèse du concret. En réalité, ce sont quelques principes ou faits généraux, qui *engendrent* la multiplicité des faits concrets : la dialectique réelle descend des principes aux faits. Théoriquement, nous ne pouvons toucher aux principes qu'en prenant le chemin inverse, en remontant, au moyen de l'induction abstraite — c'est-à-dire au moyen du fil conducteur de la généralité — des faits particuliers à leurs principes. Mais, de la sorte, il arrive que le principe, concret en somme, qui est le générateur des faits concrets particuliers, se présente comme une réalité de raison, produit de notre opération abstraite. C'est seulement parce qu'il est découvert par l'abstraction, qu'il se présente comme une abstraction, comme un être de raison. Il est abstrait et général, parce qu'il est le générateur du concret et obtenu par l'abstraction. Les sentiments, qui se trouvent chez l'enfant à l'égard de son père, sont des dérivations de ce principe effectif : le rapport moral existant entre le père et le fils. Si nous procédons inductivement, en analysant les sentiments filiaux, nous arriverons à l'idée abstraite du rapport entre le père et le fils; mais nous n'avons fait que reprendre, inductivement, la voie déductive prise par la réalisation de ces sentiments. Au bout de notre chemin, nous trouvons un être de raison, d'abstraction, qui est cependant effectif : le rapport réel du père au fils, qui, précisément, détermine chez le fils la série des sentiments que nous avons analysés.

Il y a donc deux méthodes : l'une effective, réelle, créatrice;

l'autre abstraite. L'une crée la réalité, l'autre en prend connaissance : la méthode sociologique abstraite, par laquelle nous arrivons à découvrir les lois inductivement; la méthode psychologique concrète et déductive, et selon laquelle les principes sociaux et moraux engendrent les faits particuliers. Par conséquent, c'est cette dernière méthode qui nous procure les faits particuliers et, puisqu'elle les dérive des mêmes principes, elle nous les présente *semblables*. — Par le fil conducteur de cette *similitude*, la sociologie suit les traces des principes et arrive à les découvrir. Mais la sociologie n'est pas seulement théorique, abstraite, elle est aussi causale, effective. Qu'est-ce qui fait que les principes s'appliquent, ou que certains faits concrets deviennent des principes et que certaines *personnes-agents* se généralisent? C'est l'influence de la vie sociale. C'est la société qui crée et érige certains faits concrets en principes générateurs et généralisateurs. Ainsi, la société est ce qui met la machine psychique créatrice en mouvement.

A proprement parler, le moral n'est que le social devenu psychique ou le psychique devenu social. Car *le moral consiste tantôt dans l'érection de la conduite personnelle en loi universelle, tantôt dans la soumission de la volonté à une loi universelle, c'est-à-dire sociale.* Une action individuelle qui peut être généralisée et devenir morale devient, par cela même, une loi sociale; d'autre part, l'obéissance à une loi morale engendre un acte individuel qui est en même temps social. *La moralité rend sociaux les actes individuels et individualise les actes sociaux.*

C'est précisément pour ce motif que la sociologie et la psychologie trouvent le moyen de se concilier et de se confondre effectivement sur le terrain de la morale. La généralité de la conduite individuelle, l'accord de l'individu avec lui-même, qui sont le propre de la psychologie en tant que science, et qui sont envisagés, en même temps, comme les vrais principes de la morale, se confondent ici avec l'accord de l'individu avec les autres, ce qui est le propre de la sociologie. Si le principe de conduite d'une personne vaut pour la généralité des autres, il doit *a fortiori* valoir — et toujours — pour la même personne. Le psychique devenu moral, voilà du social pur. La généralité dans la société tend à se confondre idéalement avec la généralité dans l'individu : l'une ne paraît qu'exactement le symptôme de l'autre. Mais l'identification du psychique avec le social est un fait moral, c'est pourquoi on peut soutenir que la morale offre le seul moyen de concilier l'individuel avec le social.

S'il est vrai que les règles morales sont les lignes structurales de chaque société et s'il est vrai que la sociologie est une morale élémentaire, il doit être également vrai que les lois sociologiques sont aussi les lois primaires de la psychologie et inversement *que les lois psychologiques les plus générales sont à leur tour les premières lois sociologiques.*

Le critérium des lois sociologiques et psychologiques n'est-il pas le même? N'est-ce pas leur aspect universalisateur moral? Car, d'une manière générale, rendre la conduite d'une personne conséquente avec elle-même c'est déjà la rendre morale et en même temps l'universaliser, la rendre sociale. Inversement, rendre sociale et universelle une action individuelle, c'est la rendre, du même coup, une action morale, c'est mettre de l'accord, de la conséquence dans la conduite de cette dernière.

La faute de la psychologie individuelle, en déduisant les lois psychiques de la constitution physiologique de l'individu, sous prétexte que seule cette constitution est aussi universelle que le psychique lui-même, est de ne pas s'être aperçue que la société est elle-même aussi universelle que l'homme. La généralité des premières lois psychiques peut s'expliquer, en *droit*, aussi bien par la forme de l'organisme que par la forme de la société où vit l'individu. *En fait*, le psychique est variable dans les diverses formes sociales, bien que la forme de l'organisme reste partout absolument la même. La diversité du psychique est liée à la diversité des types sociaux. Ne s'ensuit-il pas que la constance, la généralité du psychique soit liée à ce qu'il y a de constant, d'élémentaire dans toutes les sociétés, si différentes qu'elles soient par ailleurs? Par suite, les lois psychiques pourraient être, à l'instar des lois morales, l'expression de ces conditions primaires, permanentes de toute société. Il en est ainsi, parce qu'une société n'est possible que par l'accord entre ses membres, par la quantité de psychique commun et semblable. C'est dire que sa réalité se mesure par l'extension et l'exiguïté des lois psychiques et morales.

Mais l'importance du rapprochement entre la psychologie et la sociologie, sur le terrain de la morale, est grande à un autre point de vue. De nos jours, nos actions ne sont pas toutes morales. Nous ne sommes pas toujours d'accord ni avec nous, ni avec les autres. Les lois psychiques n'existent guère, pas plus que les lois sociales. Comment veut-on alors identifier le psychique avec le social, et surtout comment prétend-on qu'il y a des lois psychiques et sociales? Puisqu'il n'y en a pas beaucoup, il en résulte que la psychologie et la sociologie n'ont presque rien de commun. Ce sont deux sciences à part. Elles le sont et le seront, en effet, tant qu'elles ne seront pas de vraies sciences. Et elles ne se seront identifiées qu'alors seulement qu'on aura découvert ou bien les lois sociologiques ou bien les lois psychologiques véritables. Car, si un fait psychique est général, susceptible d'être érigé en loi, comment se distinguerait-il d'un fait social, d'une loi sociale, qui a elle-même pour trait essentiel la généralisation. Si le fait psychique est absolument individuel, irréductible, il ne peut alors pas être converti en une loi. La psychologie doit donc se réduire à une simple biographie.

Si nous pouvions rendre notre psychique uniforme, nos actes conséquents, nos états internes d'accord entre eux, la psychologie serait, par cela seul, possible. Et, du même coup, la sociologie se réaliserait, si les considérations précédentes ne sont pas absolument dénuées de tout fondement. Or, la morale se présente, par ailleurs, comme un effort continuel pour mettre nos actes d'accord entre eux et avec ceux des autres, et pour rendre nos idées cohérentes et d'accord entre elles, par cela même, d'accord avec celles des autres. Le sens profond de la morale, conçue de la sorte, c'est que sur son terrain, la sociologie s'identifie avec la psychologie, le social avec le psychique, et en admettant qu'ils ne se soient pas déjà confondus, ils tendent à y arriver. Or, la morale étant la science du *devoir*, du *voulu* (de là son aspect actif et volontaire), il s'ensuit qu'elle représente l'effort pour arriver à l'identification du psychique avec le social. Et inversement, c'est parce qu'elle tend à cette identité du psychique avec le social, qu'elle ne peut être que la science du *devoir*, de *l'effort*, une science *pratique*, *active* et *impérative*[1].

III

Une brève analyse des deux principales tendances de la morale moderne pourrait montrer si notre thèse se vérifie ou non dans les systèmes les plus importants. La morale de Kant est celle qui doit nous arrêter en premier lieu. « *Agis de telle manière que la maxime de ta volonté puisse toujours valoir en même temps comme principe d'une législation universelle* ». Que veut dire cet impératif catégorique, sinon qu'il est précisément le seul moyen de concilier et d'identifier le psychique avec le social? Au cas où chaque action individuelle pourrait être érigée en maxime universelle, le fait psychique concret ne serait-il pas à la fois identique à la loi abstraite et au fait social? Quelle serait encore la ligne de démarcation entre l'individuel et le social? A chaque action subjective, on pourrait appliquer la définition que M. Durkheim donne du fait social : chaque *faire* serait *une manière de faire.*

En réalité, il n'en est nullement ainsi, mais on sent la nécessité d'y arriver. C'est aussi ce qui fait que la formule de Kant se pose comme un impératif. C'est un état de choses qu n'est pas réel, mais qui veut se réaliser : un état futur qui commande au présent de le réaliser, *un ordre irrévocable que l'avenir donne au présent.* De fait, l'accord avec soi-même et avec tous les autres, c'est tout ce qu'il y a de moins vrai et aussi de plus urgent à réaliser, tant au point de vue théorique,

1. Leslie Stephens, *Science of Ethics*, *passim*, de Roberty. M. Simmel, Wundt, etc., ont remarqué cet aspect des lois morales. De même, M. Lévy-Brühl, *La Morale et la Science des Mœurs*, Paris, F. Alcan.

car c'est de là que dépendra l'existence, la possibilité d'une science sociale ou psychologique, qu'au point de vue pratique, car les souffrances morales et psychiques entretenues par ce désaccord deviennent de plus en plus intolérables[1].

D'autre part, le désaccord entre la pensée théorique et l'activité pratique est la contrepartie du désaccord et de l'incohérence existant dans la pensée théorique elle-même; et inversement, le désaccord et l'incohérence de cette dernière reflète l'incohérence de l'activité pratique. Mettre la pensée d'accord avec elle-même, généraliser ou socialiser le psychique, ne serait guère réalisable qu'en rendant l'activité pratique cohérente, conséquente, d'accord avec elle-même, en la généralisant et en la socialisant, par suite en la rendant morale. Notre thèse ne pourrait se vérifier que par l'application et la réalisation de ces deux efforts combinés, à la fois théoriques et pratiques. Or, ces deux tentatives sont les deux grands faits qui dominent l'histoire de la pensée d'une part, et celle de la société, de l'activité pratique, de l'autre, au cours des deux derniers siècles.

I. — *a*) C'est l'auteur de l'admirable formule de l'impératif catégorique qui a accompli le plus notable effort théorique dans l'histoire de la pensée, pour créer l'accord de la pensée, du psychique avec lui-même. Pour nous exprimer selon les termes de notre discussion, Kant s'est bien aperçu que la science de la psychologie s'identifie avec celle de la société, et qu'on ne peut aboutir à la sociologie qu'au moyen de la psychologie (seule la critique de la raison pure rend la raison pratique possible). L'accord théorique seul peut conduire à l'accord pratique. Veut-on arriver à la morale? Qu'on réalise d'abord la psychologie. L'accord avec les autres individus est impossible en dehors de l'accord avec soi-même. De là, l'impératif catégorique, qui ne pourrait être qu'un principe de conduite pour l'individu, comme pour l'universalité des individus (de la société).

Mais comment créer la cohérence psychique, la psychologie?

1. G. Sorel, La morale du Socialisme, *Rev. de Mét.*, 1892, p. 291.

Certes, ce ne pourrait être que par le criticisme, principe destructeur de toutes les métaphysiques, et plus précisément par la *critique de la raison pure*, qui sera une sorte d'introduction à *la raison pratique*, à *la morale*. Le principe du désaccord entre les esprits et dans un même esprit, c'est le dogmatisme et la métaphysique. Nous ne discutons, et avec violence, qu'autant que nous avons des opinions inébranlables, dogmatiques. Le dogmatisme conduit à la destruction réciproque des conceptions et par suite au scepticisme moral. Seule la critique peut mettre d'accord les opinions et garantir du scepticisme. Le criticisme est une sorte d'équilibre mobile des opinions, le seul en état de réaliser la cohérence et l'unité relative des états internes. Si nous sommes convaincus que nous ne sommes pas le dépositaire de la vérité absolue, métaphysique, nous pouvons accepter, du moins en principe, l'opinion différente de notre voisin. Nous tombons ainsi dans une sorte d'accord avec lui. Et même, par un travail d'élaboration abstraite ultérieure, nous arriverons à créer l'accord et la cohérence dans notre propre esprit, en tâchant de concilier notre point de vue avec celui du voisin, en les subordonnant à un autre principe supérieur, ou en les subordonnant l'un à l'autre.

Kant à entrepris cette tentative sur les diverses opinions philosophiques de son temps. L'œuvre de cette conciliation universelle, au moyen de la méthode critique, forme la substance des deux volumes de la *Critique de la Raison Pure*. Sa plus haute ambition était de réaliser la cohérence, l'unité de l'esprit, seul moyen d'arriver à assurer les fondements de la morale et de rendre inébranlables les principes de celle-ci. En effet, l'unité de croyance rend possible, en principe, la cohérence morale, l'unité des actions; tout au moins, elle contribue énormément à la réalisation de l'accord pratique entre les individus. Mais cela ne suffit pas. Car, à côté de la croyance, il y a cet autre facteur psychique, fondamental : *le désir*, *le besoin*. Si nous pouvions mettre d'accord les désirs, les subordonner ou les généraliser, nous arriverions, par ce fait seul, à créer la généralité, l'unité psychique, la science de la psychologie, et, par contrecoup, l'accord des actions pratiques, la moralité et la science de la morale. Il est vrai que Kant a réalisé un certain accord des croyances, une unité et une cohérence réelles de l'esprit; mais il n'est pas arrivé à créer la science morale, parce qu'il n'a pas pu créer la moralité. Il a cependant indiqué le moyen d'y arriver : c'est d'immoler les désirs, les besoins individuels, à la raison; c'est d'universaliser, de réglementer et, par suite, de rationaliser les appétits. C'était là le seul moyen de rendre social le psychique, de généraliser l'acte individuel. Mais, lutter avec l'anarchie des appétits n'appartient pas aux efforts théoriques. Ceux-ci deviennent impuissants sur ce point. C'est une autre méthode qui pourrait ici être efficace. Et cette méthode serait, nous semble-t-il, une méthode socialement législatrice, volontaire, qu'il a d'ailleurs indiquée, et qui doit couper court au dogme de cette anarchie : le *laissez faire*.

b) La tentative théorique de Kant a été reprise et conduite plus loin par le fondateur de la philosophie positive et de la sociologie. Auguste Comte, à l'instar de Kant, s'est également déclaré ennemi acharné de tout dogmatisme forcément métaphysique. Le phénoménisme, qu'il a emprunté à Hume, est le pendant du criticisme de Kant. De plus, sa philosophie positive veut dire à peu près philosophie critique; car le positivisme est cette connaissance scientifique qui tient compte, en premier lieu, de la méthode.

Pour Comte également, les six volumes du *Cours de Philosophie positive* ne sont destinés qu'à rendre possible la création de la sociologie, et la cohérence, l'accord de l'esprit humain avec lui-même. Or, cet accord des opinions était aussi, pour Comte, le seul moyen d'arriver à la cohérence de l'activité sociale et politique. L'ordre social, la systématisation de l'activité pratique, ne saurait être atteint dans une société, où l'anarchie règne dans les esprits. Pour introduire l'ordre dans la société, il faut l'introduire d'abord dans nos connaissances, dans nos opinions. Or, l'accord de nos opinions est impossible tant que la philosophie régnante est la critique destructive, qui fut inaugurée par la philosophie métaphysique et par la Révolution française. L'accord de l'esprit, la cohérence de notre intelligence sont possibles dans les sciences positives. Dès lors, la tâche du positivisme devenait très précise. Il faut construire un système de philosophie essentiellement scientifique, sur le compte duquel il n'y ait plus d'opinions différentes, et qui s'impose aux esprits, avec l'inéluctable nécessité des sciences.

Pour atteindre ce but, Comte se proposa de couper les ailes de l'esprit humain. Il lui interdit l'essor ambitieux des problèmes insondables et, pour mieux le dominer, il imagina de le mutiler. C'est bien la spéculation sur des sujets inaccessibles qui engendre l'anarchie des opinions; dès lors, pour détruire le mal dans sa source, rien de plus simple que d'éliminer de la philosophie positive tout ce qui dépasse l'expérience possible. On n'en gardera que les connaissances sur lesquelles tous les gens s'entendent ou peuvent s'entendre. Aussi, l'objet proprement dit de la philosophie positive sera-t-il la systématisation des connaissances scientifiques, leur sériation et leur unification, surtout quant à la Méthode. L'unité de la Méthode sera la vraie unité de cette nouvelle philosophie. Comte espéra toujours avoir préparé, par son système de philosophie, la base d'une nouvelle croyance, d'un ordre nouveau. Dans ce système, à l'instar de Kant, il a subordonné l'individu à la société ou à l'humanité. Il substitue le concept de la société à celui de la raison de Kant, et, comme celui-ci d'ailleurs, il indique que le progrès doit se faire dans le sens de la prépondérance des facultés spéculatives et intellectuelles sur les facultés affectives; de l'empire des fonctions intellectuelles les plus éminentes et les plus élevées sur les appétits physiques. Le point central de cette philosophie est « l'ordre dans le progrès » et l'influence de la raison sur la conduite.

Évidemment, si Comte avait en effet réussi à interdire les spéculations de l'esprit sur des matières qu'il défendait, l'accord se serait réalisé dans l'esprit et entre les esprits, et l'activité politique et sociale s'en serait ressentie. Si tous les hommes arrêtaient leurs spéculations aux simples données de la science positive : mathématique, physique, chimie, etc., les opinions, confinées ici, ne manqueraient pas d'être pour la plupart harmoniques. Chaque pensée individuelle aurait été, en même temps, sociale au sens de M. Durkheim. Le psychique et le social deviendraient de la sorte inséparables. Chaque pensée et chaque acte, qui y correspondrait, serait « une manière de penser » et une « manière d'agir ». Ou bien, pour employer les termes mêmes de Kant « toute maxime de la volonté individuelle » serait alors « le principe d'une législation universelle ». A cette limite, la psychologie serait absorbée dans la sociologie ou inversement. Pas plus que celle de Kant, la tentative d'A. Comte n'a entièrement réussi. Nous en verrons ailleurs les motifs. Il suffit de remarquer ici que, pour avoir échoué sur beaucoup de points, le positivisme a bien réussi en sociologie. En tout cas, il contient, à l'égal du kantisme, le sens profond de l'impossibilité du progrès et de l'ordre social, en dehors de la prépondérance de la raison sur les états affectifs et en dehors de l'unité et de la cohérence mentale, qui est l'affaire de la science de l'esprit : *la psychologie.*

La question de la cohérence de l'esprit, de l'accord de la conscience avec elle-même, a été également traitée, et d'une manière admirable, par M. Tarde, qui a admis « la majoration et l'harmonie des croyances » et « la majoration et la conciliation des besoins ». M. Tarde a même vu que le processus de la totalisation des croyances et des désirs — processus logique et téléologique individuel — marche parallèlement à un double processus social, également téléologique et logique. Il a bien fait voir que le sens de ce processus est la totalisation, l'harmonie complète des opinions et des désirs dans l'individu, tout comme dans la société, c'est la totalisation des sociétés, la systématisation des systèmes sociaux qui est visée[1]. L'auteur du livre considérable qu'est *La Logique Sociale* a souvent identifié ces deux processus, il a révélé plus d'un cas où c'est la logique sociale qui détermine la logique individuelle. Il a trouvé des analogies entre « les grandes notions fondamentales de l'Esprit, auxquelles les logiciens donnent le nom de catégo-

1. *La Logique sociale*, p. 195.

ries, et les grandes institutions fondamentales de l'ordre social, auquel il a donné « le même nom »[1]. Ainsi nous trouvons traitée cette idée reprise par M. Durkheim, dans l'un des tomes de l'*Année Sociologique*[2], que les catégories de l'esprit sont copiées sur les catégories sociales. Cependant M. Tarde n'est pas arrivé à concevoir, d'une façon précise, les rapports effectifs de ces deux logiques, et il ne s'est pas aperçu que seule la logique sociale, la sociologie, peut réaliser indirectement la majoration des croyances et des désirs : la science psychologique.

II. — L'accord des esprits ne peut pas être définitivement accompli d'une manière théorique. Il demande le sacrifice des tendances inférieures, des besoins physiques exclusifs au principe de la raison, où l'on ne peut arriver que par la discipline de ces appétits, par leur universalisation, par l'élimination de leur anarchie. La théorie n'est pas suffisante. Elle ne se suffira même pas à elle-même, tant qu'elle sera contrecarrée par ces appétits individuels anarchistes. Par suite, si elle est de quelque utilité pour la discipline et l'harmonie de l'activité pratique, cette dernière à son tour est seule capable d'aider la théorie à atteindre son dernier terme, en disciplinant et éliminant les besoins inférieurs, qui la contrecarrent. Ainsi, la méthode active, volontaire, doit-elle nécessairement collaborer avec la méthode spéculative. Parallèlement aux efforts théoriques de Kant et de Comte, nous avons les efforts pratiques de deux mouvements historico-sociaux, qui vont dans le même sens et se confirment à merveille.

a) L'un de ces efforts pratiques commença avec la Révolution française et prit fin dans les plaines de Waterloo. En effet, le mouvement niveleur de la Terreur se continua par la tendance uniformatrice et législatrice de Napoléon. Le goût de l'uniformité, qui s'était emparé des esprits au temps de l'épopée napoléonienne, coïncide merveilleusement avec les tendances

1. *La Logique sociale*, p. 108.
2. *L'Année sociologique*, 1902-1903, p. 2, 5, 6, Paris, F. Alcan.

semblables du mouvement révolutionnaire. Le rythme du mouvement social, nécessairement concentré autour de la personne de l'empereur, devenu l'idole, l'objet de l'admiration générale et de l'accord presque général, fut comme un premier essai d'harmonie des esprits. Cette figure centrale procura effectivement, pour un trop court espace de temps, l'objet sur lequel l'accord des opinions était si complet et si net qu'il prenait la tournure d'une admiration illimitée. L'arbitraire individuel avait cessé devant le commandement supérieur du tyran, à qui l'on obéissait spontanément. La soumission, la discipline, qu'il demandait à tous, était le vrai fond de l'harmonie des opinions. Mais, il faut bien remarquer que l'uniformité des opinions et des actes ne peut réussir que dans les sociétés très étendues ou petites, mais alors complètement isolées. L'accord et la cohérence de la vie psychique et sociale paraissent être liés à ces deux conditions, qui d'ailleurs peuvent être réduites, en dernière limite, à une seule. Pour arriver à une société absolument isolée, il faut d'abord avoir ramené toutes les sociétés existantes à l'unité. C'est seulement de cette manière que l'isolement de la société deviendra définitif. Mais, quand la société universelle serait ainsi réalisée, l'uniformité des actes et des pensées pourrait y devenir universelle et définitive. De là le *leitmotif* de la Révolution, rêve de fraternité des peuples, avec le nivellement général et l'abolition de la tyrannie.

Napoléon hérita encore de cet idéal. Son rêve ambitieux d'une Europe unifiée, qu'il fut presque sur le point d'atteindre, était grandiose, bien qu'obscurci par des intentions et des procédés répréhensibles. Il est certain que si Napoléon avait réussi à abaisser les barrières entre les nations et à réaliser une société universelle, démocratique et nivelée, il aurait déjà accompli ce qui constitue le vrai fond des tendances socialistes. Mais *l'internationale* n'a pas été possible par l'action violente des armes. Il n'en est pourtant pas moins vrai que cette figure unique a été l'incarnation de la tendance pratique des sociétés qui poursuit, par la voie des faits, ce que le sociologue et le moraliste cherchent à réaliser théoriquement. L'Empereur a voulu, mais d'une façon brutale et empirique, rendre « ses procédés » « une manière de procéder », « sa pensée » « une manière de penser », et ériger « la maxime de sa volonté en principe de législation universelle ». Il a donc bien failli réaliser ou rendre possible cet impératif catégorique, que les gens tiennent encore pour utopique, seulement de par leur ignorance.

b) La tentative tyrannique, législatrice et nivelatrice des révolutionnaires et de Napoléon a été reprise et continuée par le mouvement créé par le socialisme et la démocratie. Par l'intermédiaire du Babouvisme, de Saint-Simon et de Fourier, l'œuvre socialiste se relie directement à la Révolution et à l'esprit napoléonien. Et, en effet, la tournure d'esprit de Saint-Simon, comme celle de Fourier, paraissent copiées sur celle du César. Ils sont tous les deux aussi despotes et absolutistes en théorie que le dernier l'était en pratique sociale, ainsi que nous assure M. Espinas. L'image de la vie sociale, qu'ils aiment à projeter dans l'avenir, ressemble trop à la marche uniforme d'un corps d'armée, à l'arrangement d'un régiment, d'une phalange.

Qu'est-ce que le phalanstère, se demande le savant historien français des doctrines sociales qu'est M. Espinas, sinon la société modelée à l'image de la caserne?

Mais ce qui fait le vrai fond du mouvement démocratique et socialiste, dans sa généralité, c'est ce désir et cette velléité de régularité sociale, cette poussée toujours plus vigoureuse d'un esprit volontairement législateur, incompatible avec l'anarchie du laissez faire, qui forme la base de la société actuelle. Ce mouvement progresse lentement, mais sûrement, abat les obstacles et se manifeste dans ce qu'on admire ou déteste le plus aujourd'hui : l'engouement législateur, la manie de fabriquer des lois. Certes, ce n'est pas sans raison qu'on a reproché au socialisme de ne nous présenter que la perspective d'un avenir de servitude et de négation de l'individu. On lui oppose là une objection insurmontable. Il faut seulement préciser quelle sorte d'initiative cette doctrine veut étouffer. Celle de l'individu raisonnable, qui est elle-même rationnelle, et par suite universelle, ou bien celle des gens capricieux? En aucun cas la première. Ce sera donc, dans tous les cas, seulement la dernière. Un acte de liberté, s'il est rationnel et d'essence générale, ne sera jamais entravé par le socialisme.

Mais, dans ce cas, le socialisme n'aurait rien innové, car la suppression des caprices individuels existe de nos jours, comme de tout temps. Seulement la démocratie se propose de chasser l'arbitraire et l'irrationnel un peu plus méthodiquement et plus efficacement qu'on ne le fait. De là le mirage de la servitude, de la tyrannie socialiste.

Un autre *leit-motif*, tout aussi important, du mouvement démocratique, c'est l'idée de l'Égalité des individus, inspirée par la noble intention d'assurer ainsi, dans la mesure du possible, la prospérité et le bonheur de tous. Le but de cette tendance égalitaire est de procurer à tout le monde la même chance et les mêmes moyens de se développer. Son point d'arrivée doit être la création d'un être moral et intellectuel dans chaque individu humain normal, et un être moral aussi complexe et complet que possible, de sorte qu'un individu en vaille un autre. Alors le développement intégral de la personnalité humaine, dans chaque homme, aura pour effet que chaque individu sera également susceptible de satisfaire à toutes les nécessités et à toutes les fonctions sociales quelles qu'elles soient. La vie sociale et la vie individuelle arriveront ainsi à coïncider.

Il reste bien entendu qu'on espère beaucoup du progrès des sciences et des techniques. Ce progrès doit s'accomplir dans le sens de la simplification rationnelle, idéale, des unes et des autres, comme dans les mathématiques. Les sciences et les techniques doivent devenir, par là, susceptibles d'être également assimilables par tout le monde. En ce cas, la spécialité et l'habileté des individus seront devenues inutiles. Grâce à cette simplification rationnelle des sciences et des techniques — qui ne rappelle que trop l'idéal du positivisme et du criticisme — le socialisme espère introduire, dans la vie sociale, la régularité et l'uniformité qui caractérisent les autres domaines de la nature. Par cela même il aurait rendu possible la science de la sociologie et de la psychologie.

L'homme étant si complètement formé, qu'il soit possible à chacun de remplir également tous les rôles, tous les devoirs et toutes les fonctions dans la société, il devient bien évident qu'un individu en vaudra un autre, que toute action d'un homme vaudra l'action correspondante d'un autre homme, bref que toute action individuelle sera accomplie d'après une maxime qui vaudra en même temps comme un principe de législation universelle. La belle formule de Kant est, en effet, le tréfonds, le postulat du mouvement démocratique. Et cependant combien y a-t-il de bons esprits qui ont eu la mauvaise chance de condamner chez les socialistes cette formule qui est l'objet de leur admiration inconditionnée, lorsqu'ils la tiennent de Kant.

Malgré toutes les apparences, il n'existe aucune antinomie entre ces deux idéals que se propose la culture démocratique : le développement intégral de la personnalité humaine et l'égalité effective des individus. Il est vrai que la culture accentue les différences, de telle sorte que plus les hommes sont cultivés, plus ils sont dissemblables. Or, d'une part, c'est justement de cette dissemblance que dérive l'égalité des hommes. Un homme en vaut un autre, parce que, étant irréductible, chacun est indispensable dans sa nuance spéciale. Mais il y a une autre sorte d'égalité, celle-là effective. C'est l'égalité des aspirations rationnelles et de la structure mentale, qui peuvent être les mêmes chez tous. Il se pourrait que les hommes soient aussi différents les uns des autres, que deux feuilles du même arbre, pourvu qu'ils soient, en même temps, aussi semblables que ces mêmes feuilles. L'homme a deux aspects : l'un social, l'autre individuel; la culture a cela de particulier qu'elle rend le social parfaitement homogène et universel, et l'individuel absolument irréductible. Mais qu'en résulte-t-il à notre point de vue? C'est que l'effet de la culture intégrale sera précisément de confondre la psychologie avec la sociologie (en universalisant le côté social de l'individu) et de rendre absolument impossible toute science psychologique proprement dite, car le psychique (le côté individuel), étant devenu essentiellement irréductible, est devenu, par cela même, absolument non-scientifique. La démocratie et l'impératif catégorique, voilà les deux négations efficaces de la psychologie individualiste destinées à être confondues avec la sociologie.

Le mouvement démocratique et socialiste est, sans aucun doute, la plus fidèle incarnation de l'impératif catégorique. Les socialistes n'ont fait que reprendre le problème que s'est posé Kant, le porter sur le terrain des faits et chercher à le résoudre pratiquement. L'homme, que la philosophie morale de Kant n'avait pas pu convaincre de l'excellence de l'impératif catégorique, en sera persuadé par la méthode socialiste et sera forcé de l'appliquer. L'égoïsme irréductible, les intérêts individuels, les penchants personnels anti-sociaux seront vaincus par la discipline d'une législation positive, rigoureuse et précise. L'homme inculte, libre physiquement, perdra sa liberté physique pour gagner la liberté rationnelle, supérieure. La discipline démocratique détruira, il est vrai, la spontanéité irrationnelle, capricieuse et inutile, mais non pas la spontanéité rationnelle, utile, qui constitue la vraie liberté. En somme, le socialisme paraît être une méthode sociale, qui prévient les inventions fausses, systématise les inventions spontanées et économise les efforts inutiles, infructueux, les tâtonnements. Par cette méthode, l'acte individuel est devenu nécessairement général, rationnel et moral : le psychique est rendu social.

Il est donc vrai que les deux méthodes, théorique et pratique, qui caractérisent l'histoire moderne de l'esprit et de la société, sont de nature à confirmer notre thèse. Le but des efforts, d'un côté comme de l'autre, est évidemment d'universaliser l'individu, de créer la généralité, la cohérence psychique intérieure dans l'homme, comme à l'extérieur entre les hommes. De fait, la cohérence psychique intérieure est en raison de la cohérence des rapports inter-individuels. Le mouvement socialiste et démocratique se propose d'intégrer la société humaine (l'internationalisme) et d'organiser les rapports inter-individuels (l'égalité, la coordination). C'est là une méthode sociologique active qui réalise la donnée de la science sociale. A ce mouvement extérieur correspond un mouvement intérieur, théorique, qui veut organiser les états d'âme, accorder les formes de la mentalité avec les formes et l'organisation que doivent prendre ces rapports extérieurs inter-individuels. Ainsi, la psychologie se crée en nous parallèlement à la création extérieure de la sociologie, et toutes deux aboutissent à la morale et la science de la morale.

Il reste seulement à préciser en quoi consistent et à quoi tiennent les différences entre la psychologie et la sociologie, quelles sont les conditions de leur identité, et quelle est la méthode qui seule pourrait y conduire.

CHAPITRE V

LES LOIS NATURELLES ET LES LOIS PSYCHOLOGIQUES ET SOCIALES

S'il est peut-être vrai que l'évolution de la psychologie fait voir une parfaite coïncidence finale de cette science avec la science de la Société, il est encore plus exact que, de nos jours, les lois sociologiques ne s'identifient nullement avec les lois psychologiques. La différence qu'on observe entre les unes et les autres est de nature à cacher, même aux esprits les plus avertis, ce que ces deux sciences pourraient avoir de commun. Or, il s'agit ici d'examiner de plus près si la différence qui sépare les lois psychologiques des lois sociologiques est une différence profonde, inhérente aux deux disciplines, ou bien si elle dérive de cette circonstance qu'on n'est pas arrivé, jusqu'à présent, à connaître les vraies lois qui régissent le monde moral. Peut-être n'est-on parvenu qu'à de simples apparences ou à des velléités de lois. Il résulterait de là que la différence entre les lois de l'esprit et celles de la société tient exclusivement à la connaissance insuffisante qu'on en a, et qui précisément cache l'identité, à supposer qu'elle existe, entre la psychologie et la science sociale[1].

1. Voir G. Tarde, *La Logique sociale,* Paris, F. Alcan, 1898, p. 187-231, et Wundt, *Logik,* II, Leipzig, 1895, p. 232, 233, qui tous les deux soutiennent qu'entre la Psychologie sociale et la Psychologie individuelle il n'y a aucune différence; il s'agit seulement de deux aspects différents des mêmes faits.

Nous nous proposons ici : 1° de résumer les raisons qui nous déterminent à contester la connaissance actuelle de lois psychologiques et sociologiques d'une valeur scientifique égale à celle des lois naturelles; 2° de rechercher quel est le défaut de méthode qui rend les recherches infructueuses, et quelles doivent être les modifications à apporter. Ces modifications, à mesure qu'elles rendront la découverte des lois plus aisée, nous mettront à même d'établir s'il y a, en effet, une identité réelle entre la psychologie individuelle et la psychologie sociale.

I

Certes, la valeur des lois psychologiques n'est pas comparable à celle des lois naturelles. Le postulat même des unes est essentiellement différent de celui des autres. Et cette différence est telle que les raisons mêmes, pour lesquelles il y a des lois sûres dans un cas, font qu'il n'y ait pas de lois également fondées dans l'autre.

Parmi les tentatives faites, dans ces temps derniers, pour mettre en lumière les vrais aspects de *la causalité psycho-sociale*, il en est quelques-unes sur lesquelles nous devons arrêter notre attention. Elles sont très suggestives par rapport au problème que nous devons résoudre.

Rickert a récemment essayé de démontrer l'incompatibilité entre la réalité sociale et la conception des lois sociales naturelles et l'impossibilité du principe causal mécanique sur le terrain des sciences de l'esprit. Il a opposé au principe mécanique des concepts et des lois sociales naturelles le principe, essentiellement différent, de la valeur éthique des actes. Selon cet auteur, l'échelle des concepts et des lois naturelles doit être remplacée ici par une liste de valeurs. La hiérarchie des concepts doit céder la place, dans les sciences historiques, à la hiérarchie des valeurs. Car la force explicative d'un concept, la signification d'un acte, l'interprétation d'un mouvement historique doivent être conçus selon leur valeur et soumis non pas au principe causal mécanique de la ressemblance, qui ne leur est pas applicable, mais au critérium de l'idée de valeur universelle. Plus un acte historique se rapproche de cette valeur, plus sera grande sa force sociale explicative. Bref, Rickert soutient que l'histoire, sans le principe fondamental de la valeur universelle, ne peut pas être propre à une élaboration scientifique générale et n'a pas le droit d'être comptée parmi les sciences dont le but est la connaissance du monde[1].

Pourtant, il n'est pas difficile de voir que le principe que défend Rickert, fût-il le plus approprié aux sciences de l'esprit, ne pourrait aujourd'hui que rester infructueux. Car, si le principe de la causalité, la généralité des concepts, leur est inapplicable, celui de la valeur universelle pourra encore moins conduire à ces concepts de valeur auxquels doivent atteindre les sciences historiques. Comme l'a démontré Schmeidler, il n'existe rien de moins sûr, et par conséquent de moins efficace au point de vue de la science, que le principe de la valeur universelle. Cet auteur a encore montré que le principe de la causalité aurait la même efficacité explicative que celui de la valeur universelle, et de plus, que le premier est encore préférable au point de vue de la méthode[2]. Dans la tentative théorique de Rickert, il faut surtout tenir compte du côté négatif, qui consiste à prouver que le système des concepts généraux, fondés sur le concept de la causalité, n'est pas possible dans la science de l'histoire. En second lieu, il faut tenir compte du principe de la valeur universelle, mais avec la restriction qu'y apporte Schmeidler, à savoir que ce principe ne pourrait jamais nous conduire à de vraies lois de l'histoire et de l'esprit.

Cette tentative théorique, à la bien considérer, n'est que la dernière forme de la tendance, très répandue en Allemagne, à substituer, dans le domaine des sciences morales, la téléologie à la causalité mécanique. Cette nouvelle forme de la tendance téléologique a été utilisée par Simmel, qui distingue deux modes

1. *Die Grenze der naturwissenschaftlichen Begriffsbildung*, Leipzig, 1902.
2. *Ueber Begriffsbildung und Werturteile in der Geschichte.*

de concevoir et d'organiser le monde des phénomènes : l'un, selon le principe causal mécanique (Naturmechanismus) ; l'autre, selon la valeur et le droit. Cette dernière manière de classer les faits constitue le règne de la valeur[1].

Dans les limites de cette distinction, Simmel voit, en même temps, les limites de la distinction entre l'art et la science, distinction qu'il conçoit, comme on le fait d'habitude, nette et précise, même lorsqu'il s'agit des sciences morales. L'estimation, la valeur, qui est un des moyens de considérer le monde, serait, en pratique, toujours en opposition avec la théorie. En fait, il suppose que l'échelle des valeurs, l'estimation, appartient à la pratique, et l'échelle des réalités des concepts à la science, à la théorie[2]. Mais, puisque dans le monde moral, subjectif, la valeur est le vrai point de vue, comme le point de vue mécanique est le premier dans le monde physique, quelle conclusion faut-il en tirer? Doit-on conclure de là que la morale n'est pas susceptible de théorie et ne peut pas être, par conséquent, objet de science; ou bien qu'on doit la considérer comme appartenant exclusivement au domaine de la pratique? Or, cela supposerait, d'une part, la négation de la science morale, ce qui ne peut pas être attribué à l'auteur de l'*Einleitung in die Moralwissenschaft*. Et lorsqu'on ne nie pas la science de la morale, on est inévitablement conduit à confondre la science avec la pratique sur le terrain de la morale.

Kant, ce grand logicien, était arrivé précisément à cette conclusion. En effet, qu'est-ce que la raison pure pratique, sinon la morale? Il avait magistralement démontré que la spéculation pure peut être en même temps pratique; ce qui veut dire qu'il existe un champ d'expériences où la pratique s'identifie avec la science, et c'est précisément l'expérience subjective. N'est-ce pas alors une naïveté que de séparer, dans le domaine de la morale, la pratique de la théorie. Mais Simmel n'est pas seul à le faire.

Cette confusion de la théorie avec la pratique est le postulat

1. *Philosophie des Geldes*, Leipzig, 1900, p. 3.

2. *Einleitung in die Moralwissenschaft*, p. 55, — 65, I; et 100, — 130, II. — *Revue de Métaphysique*, 1896, p. 173 et 174.

principal de la conception téléologique. La loi du but, qui doit se substituer ici à la loi causale, suppose le choix[1], et par conséquent la valeur des actes. Les concepts de *but*, de *choix*, de *valeur* ne sont que les facteurs principaux de la terminologie de l'art et de la pratique. L'art serait donc une certaine forme de la science et précisément la science du monde subjectif et moral. La conception de l'art comme une sorte de science est une idée que nous voudrions rendre explicite parce qu'elle est implicitement contenue dans la conception téléologique des sciences sociales. Sans tenir compte des considérations qui militent en faveur de cette conception, nous devons nous arrêter et insister sur la valeur de cette forme de la science : la science du but, la science de l'art.

Tandis que dans les sciences de la nature le principe fondamental est qu'une cause déterminée produit toujours le même effet, dans les sciences dites de l'esprit le principe fondamental est que le même but peut être atteint par une multiplicité relative de moyens différents. « Dans les sciences de l'esprit c'est presque une règle, dit Sigwart[2], que le même fait puisse avoir des conditions causales différentes ». Il y a aujourd'hui plusieurs moyens de devenir propriétaire d'un bien quelconque; on peut l'acquérir, par exemple, soit en vertu d'une disposition légale, soit en vertu d'un testament, soit par une donation entre vifs, soit enfin par différentes formes de fraude plus ou moins coupables; de même, le concept d'une chose quelconque peut rappeler dans notre esprit, avec la même facilité, tous les concepts semblables et opposés. Mais il est absolument impossible d'obtenir de l'eau dans un laboratoire de chimie, autrement que par la combinaison de deux molécules d'hydrogène à une molécule d'oxygène, ou d'acquérir une force musculaire considérable, sinon au moyen d'un exercice prolongé.

De cette seule différence qu'une fin déterminée peut être atteinte de différentes manières, tandis que le même effet ne peut être que le produit d'une cause toujours semblable, découlent des conséquences importantes. D'abord, la prévi-

1. Ihering, *Zweck im Recht*.
2. *Logik*, II, p. 604.

sion, selon les lois du but, devient impossible; ensuite, la régularité, l'uniformité des phénomènes est incompatible avec ces lois. D'une part, on arrive au calcul des probabilités en guise de prévision; de l'autre, à une complexité irréductible, ou tout au moins à une diversité extrême des phénomènes, qui sont, l'une et l'autre, tout le contraire des lois proprement dites. En effet, pour qu'on puisse parler de lois psychologiques et sociales, il faudrait que l'acquisition d'un bien, par exemple d'une somme d'argent, n'exige qu'une seule condition indispensable : le travail ou la fraude; et qu'une idée ne puisse jamais rappeler dans notre esprit qu'une seule et même idée qui lui est semblable ou dissemblable. Du moment qu'il n'en est pas ainsi, il devient impossible de supposer qu'il y ait, dans le domaine de la psychologie et de la sociologie, des lois dans la véritable acception de ce mot.

Dans le même ordre d'idées on a observé[1] que tandis que les lois de la nature sont de simples constatations, des verbes à l'indicatif, les soi-disant lois sociales sont de vraies injonctions, des verbes à l'impératif. Les unes disent : « cela est », les autres : « cela doit être ». Cela prouve que les lois sociales ne sont pas de vraies lois, mais des velléités de lois. Le fait qu'elles se présentent sous ces formes *impératives et régulières* leur donne la signification profonde d'une aspiration qui n'a pas encore été satisfaite. Les lois de la logique et par exemple les textes des lois positives (juridiques), les maximes morales, les lois de l'association des idées sont régulatrices; elles aspirent seulement à être des lois et à devenir simplement indicatives. La manière dont elles se présentent signifie qu'elles ne le sont pas, qu'elles doivent l'être, et surtout laisse entrevoir qu'elles le *seront* réellement.

Leur caractère régulier et impératif est en raison de leur inexistence effective, qui se mesure par le nombre des exceptions qu'elles admettent encore. D'ailleurs, chaque règle a

1. Wundt, *Logik*, II, p. 51, 52; Simmel, *Einleitung in die Moralw.* II, 1, — 12. — De Roberty, *Les fondements de l'éthique*. — Leslie Stephens, *Science of Ethics*.

comme complément indispensable une règle contraire. Par exemple, l'institution du mariage est complétée par celle du divorce; de même, l'exercice de ce noble sentiment moral qu'est la charité, l'assistance des pauvres, n'est pas possible s'il n'y a pas des riches, c'est-à-dire s'il n'y a pas d'hommes qui aient contribué à créer la pauvreté. Le commandement divin *tu ne tueras pas* est sanctionné par la peine capitale. L'association des idées semblables est complétée par celle des idées opposées; la liberté excessive rappelle dans l'esprit et dans l'histoire le despotisme à outrance. C'est comme si dans les sciences physiques on pouvait dire que l'eau bouillante donne au thermomètre tantôt 100° tantôt 0°.

L'indicatif utilisé par les lois psychologiques et sociologiques ne répond pas à la vérité : il ne faut pas s'y tromper.

Que résulte-t-il de tout cela? Apparemment une incohérence, une variété et une complexité irréductibles de phénomènes de l'esprit, qui se concilient mal avec la prétention des soi-disant lois sociales et psychologiques. Les partisans les plus décidés de la causalité naturelle, dans les sciences de l'histoire et de l'esprit, ont également été contraints à reconnaître que toutes ces lois historiques et psychologiques, qui s'enorgueillissent des droits acquis, sont de vaines apparences, des constructions fragiles qui ne résistent pas à la critique la plus superficielle. Simmel l'a magistralement démontré[1]. Il a bien mis en lumière ce qu'il y a de contradictoire et de provisoire dans les différents concepts de la morale, et a fait voir qu'ils sont le résultat psycho-historique des différentes époques et que leur contenu et leur signification changent et se renouvellent avec chaque temps.

Stuart Mill et Wundt, ces deux logiciens qui dominent la philosophie du XIXe siècle, ont relevé, tous les deux, la complexité, la variété et l'instabilité — irréductibles — des phénomènes psychiques et sociaux[2].

Mais ce qui nous semble étrange, c'est qu'on ait pu cher-

1. *Einleitung in die Moralwiss.*, II, p. 131, — 205.
2. Stuart Mill compare les phénomènes sociaux aux phénomènes météorologiques, *Logique*, II, livre IV, chap. III.

cher des lois au milieu d'une si grande irrégularité et variabilité de phénomènes. En effet, par suite de ces conditions, l'idée de loi devait être la dernière et la plus difficile à concevoir. Déduire de l'irrégularité même l'existence des lois ne serait point intelligible, s'il n'y avait pas pour cela d'autres raisons antérieures.

Il serait, certes, difficile de concevoir une partie de la nature comme étant en dehors du principe causal et tout à fait dépourvue de lois. Les phénomènes sociaux sont donc, comme tous les autres, soumis à des lois naturelles. Seulement, ces lois étant plus complexes et variées, il est plus difficile de les découvrir. Insistons donc sur ce point : la variabilité et la complexité contradictoire des phénomènes. Il est facile de dire que les phénomènes psychiques et sociaux sont trop complexes, notre esprit trop limité et les recherches trop récentes pour que nous puissions découvrir des lois dans ce domaine; c'est toujours cette excuse qu'on nous présente à la place des lois si souvent promises. Mais, de deux choses l'une : ou il doit exister des lois sociales et psychologiques, et alors il faudrait nier la complexité et l'irrégularité qu'on a constatées, toutes les fois qu'on a cherché ces lois; ou il doit ne pas y en avoir, et alors pourquoi ne pas le déclarer explicitement?

Ce qui est trop complexe est difficilement régulier et nécessairement irrégulier. Que signifient alors cette complexité et cette irrégularité, sinon que les lois qu'on y cherche sont presque impossibles et inexistantes. L'idée de loi implique celle d'uniformité, ou tout au moins celle de répétition périodique. Dire qu'il y a des lois au milieu de l'irrégularité et de la complexité instable, c'est dire, ou à peu près, qu'il y a une régularité irrégulière, une uniformité composée de phénomènes qui diffèrent entre eux, une répétition sans aucun ordre et qui exclut par conséquent toute périodicité et toute prévision; en un mot, c'est dire qu'il y a des lois qui admettent plus d'exceptions que d'applications, et que l'ordre a la même valeur que le désordre.

Qu'on remarque bien que cela ne signifie pas que la causalité manque dans les phénomènes de l'esprit. En fait, ne puet-on concevoir une causalité dont la réalité ne se soit pas encore fixée sous des formes déterminées, dans des formules définitives, les lois? Nous verrons d'abord s'il peut en être ainsi ; mais, pour le moment, nous devons reconnaître que les phénomènes de l'esprit peuvent être déterminés, sans que la forme de leur détermination se soit fixée en des lois et que nous pouvons parler d'une causalité sans lois [1].

C'est ainsi qu'il faut dissiper l'équivoque sur laquelle se fondait la logique des sciences sociales chez Stuart Mill. Et cependant ce ne sera pas chose facile, car nous nous trouverons bientôt en face de l'argument, qui a toujours été adopté, avant et après Mill, que l'existence des lois sociales et psychologiques proprement dites ne dépend pas seulement de la complexité relativement plus grande des faits, mais aussi de cette circonstance que les sciences respectives sont de date trop récente. Cet argument est pourtant trop faible. Comment peut-on soutenir la nouveauté de sciences qui remontent à Platon et à Aristote. La Psychologie et la Sociologie, hormis le nom de cette dernière, étaient connues par les anciens et étaient alors déjà aussi avancées que de nos jours. Comment se fait-il que ces sciences n'aient point progressé durant une si longue période, tandis que les sciences de la nature ont pris un si grand essor? N'est-ce pas là une preuve que les lois sociales n'existent pas et qu'on n'en peut pas découvrir, au moins s'il s'agit des lois qui aient une valeur scientifique comparable à celle des lois de la nature?

Du reste, le fait a déjà été montré par plusieurs esprits pénétrants comme M. Tarde [2] et M. Espinas, qui, de différentes

1. Voir Wundt, *Logik*, II, p. 51 ; — Tarde, La réalité sociale, *Revue philosophique*, 1901, II, p. 464.

2. La vraie science sociale, dit Tarde (La Réalité Sociale, *Revue philosophique*, 1901, II, p. 464-466) doit être d'abord négative. Elle doit démontrer l'inanité des prétendues formules, des prétendues lois historiques qui opposeraient des obstacles insurmontables aux volontés des individus. Moins que jamais, à une époque aussi entreprenante et aussi novatrice que la nôtre, ces théories sont soutenables... Qu'on ne m'objecte pas la foi au déterminisme. Est-ce que c'est nier le déterminisme que de nier la régularité des déterminations de faits et d'affirmer la variété, la diversité de leurs combinaisons... Prévisibilité? Soit, mais qu'est-ce que prévisibilité veut dire, si ce n'est prévision qui serait sous certaines conditions... Ne peut-il se faire que ces conditions soient impossibles, irréalisables absolument,

manières, s'accordent à reconnaître que la prévision sociale est impossible, par suite de la grande complexité des faits et de l'impossibilité de les isoler les uns des autres.

Ce côté de la question a été discuté avec insistance surtout en Allemagne. D'une part, Dilthey [1] aboutit à la négation absolue de la science de l'histoire, de la sociologie et de ce qu'on pourrait appeler la science générale de l'esprit, quoique sa négation soit exagérée, en tant qu'absolue. D'autre part, on est arrivé à cette conception moyenne conciliante que dans les sciences de l'esprit la causalité prend un aspect particulier, devient de la téléologie (loi du but). L'uniformité causale devient alors une certaine régularité, une sorte de conformité à une règle, la loi n'étant qu'une règle. Mais, à vrai dire, cette conformité se réduit à une irrégularité réelle, et, de toute façon, cette régularité irrégulière exclut la prévisibilité ou la remplace par le calcul des probabilités. Parmi les partisans de cette dernière opinion on peut citer Wundt, Bernheim, Sigwart, Simmel, Schmoller, Wagner et Stein.

Wundt s'exprime ainsi sur la différence qui existe entre les lois de la nature et celles de l'esprit : les lois naturelles régissent, dans les phénomènes individuels, le cours des événements. Là où elles ont atteint la perfection, elles peuvent permettre la prévision des événements futurs. Il n'y a que la nature animée (de l'esprit) qui y contredit. Cependant, cette condition des lois naturelles se rencontre même ici, dans la mesure où les formes spirituelles commencent à être interprêtées par les phénomènes naturels. Mais plus elles deviennent libres (des conditions naturelles), moins on doit espérer pouvoir déterminer, au moyen des lois universelles de la vie actuelle, les faits particuliers, alors même qu'il ne s'agirait que d'intervalles de temps très brefs [2].

c'est-à-dire qu'il y ait imprévisibilité absolue? Le malheur de toutes ces *formules nécessitantes* de l'histoire, c'est que, précisément parce qu'elles viennent d'être formulées, à partir du moment où elles le sont, elles cessent d'être nécessitantes, car, avertie, la volonté peut s'échapper à leur contrainte illusoire... Il n'y a pas des lois naturelles dans la Société ».

1. *Einleitung in die Geistwissenschaften*, I, 1893, passim.

2. *Op. cit.*, p. 52.

Si maintenant on considère que, à mesure que la vie sociale et la vie psychique progressent, elles s'éloignent de leurs bases naturelles, jusqu'au point de perdre tout fil de liaison, et que la société, avec le progrès des arts et des sciences, se soustrait presque aux conditions du milieu physique, ne doit-on pas conclure que dans la même mesure les conditions des lois sociales naturelles ont disparu? C'est ce que Wundt lui-même reconnaît lorsqu'il dit que « les lois particulières peuvent, de temps à autre, se contrecarrer et influer les unes sur les autres, de sorte que le même groupe de phénomènes, qui peut se manifester sous deux formes différentes, pourrait être soumis tantôt à une loi, tantôt à une autre, ou bien à une confusion de toutes deux, ce qui n'arriverait jamais aux lois naturelles ». L'auteur est forcé, pourtant, de conclure que « la causalité des événements dans l'un et l'autre cas (de la nature et de l'esprit) prend des formes essentiellement diverses ».

Bernheim[1] affirme que « les lois de l'histoire ne sont pas des lois dans le sens qu'on attribue à ce mot dans le domaine des sciences naturelles, mais de simples régularités (Regelmässigkeiten) des phénomènes et des processus, dont les raisons fondamentales nous sont théoriquement et pratiquement inaccessibles à cause de l'indétermination de l'individu humain et de la multitude des conditions qui y concourent. Elles ne sont pas non plus des lois empiriques, puisqu'il leur manque cette valeur d'approximation que les exceptions trop nombreuses leur enlèvent. Car ici les exceptions sont plus fréquentes même que les cas normaux, de sorte que l'application de la loi est à peine possible, et n'est jamais nécessaire ». « La science de l'histoire ne peut pas et même ne veut pas établir des lois universelles. Admettre cela, c'est reconnaître que l'histoire n'est pas une science naturelle ou une science exacte, mais soutenir qu'elle n'est point une science est une erreur où tombent ceux qui limitent, à tort, la notion de la science à la seule science de la nature. »

Selon Sigwart[2] « on ne réussira pas à formuler des lois géné-

1. *Lehrbuch der historischen Methode*, Leipzig, 1889.
2. *Op. cit.*, p. 815-819.

rales précises, au moyen desquelles le cours concret des phénomènes successifs de la conscience soit déterminé d'une façon visible dans toutes ces directions ». On peut en dire autant des lois de l'association des idées. Elles ne peuvent pas être appelées ainsi, puisqu'elles se contredisent lorsqu'on veut leur donner le sens rigoureux de ce terme. Elles ne peuvent pas nous assurer que la représentation que nous avons dans l'esprit à un moment donné doit se renouveler nécessairement et toutes les fois que se présente la même occasion. Un attribut qui se trouve dans un nombre trop grand d'objets, combiné dans un trop grand nombre d'associations différentes, fait que sa représentation apparaîtra tantôt dans une association, tantôt dans une autre. L'idée de loi exige, au contraire, que, les mêmes conditions étant données, le même fait se produise toujours et nécessairement.

Simmel[1] pense que « le problème des sciences sociales est le plus compliqué qu'on puisse imaginer. L'homme, étant la création la plus parfaite, a recueilli en lui-même un *maximum* de forces différentes, qui s'entrecroisent et se modifient à l'infini. Et si l'individu, doué d'une telle plénitude de forces actives, est soumis à l'influence changeante d'un autre individu comme lui, la complexité de l'un, multipliée par celle de l'autre, donne lieu à un nombre infini de combinaisons. Il s'ensuit que, dans la société, les phénomènes absolument contradictoires présentent le même degré de véracité et d'évidence ».

Dans le même sens, Stein reconnaît que « la psychologie a démontré que nous ne pouvons pas arriver à déterminer, avec une précision mathématique, les lois générales de la conscience humaine, car la complexité des phénomènes psychiques nous en empêche. De même, la sociologie, comme psychologie descriptive de la société, ne pourrait jamais s'élever au rang des sciences exactes, comme l'astronomie, par exemple, à cause de la même complexité infinie des phénomènes qui lui appartiennent[2] ».

1. *Ueber die soziale Differenzlierung*, p. 3.
2. Wesen und Aufgabe der Sociologie, *Archiv für systematische Philosophie*, 1898, p. 232-235.

Mais, c'est Adolphe Wagner[1] qui a le plus insisté sur ce point et a étudié la question sous tous ses aspects. A son avis, la méthode déductive, autant que la méthode inductive, suppose que les conditions externes des actes humains sont des quantités constantes. D'autre part, « les lois rigoureusement exactes, dans le domaine des sciences morales, ne sont que des hypothèses, et n'ont pas d'existence réelle ». « Elles ne sont que des tendances à l'uniformité. » En général, les lois diffèrent entre elles, selon la quantité de connaissance qu'on a de leurs causes, conditions ou relations causales, et de leurs rapports de dépendance, et selon la stabilité de ces rapports. Or il existe à ce point de vue une grande différence entre les lois de l'esprit et celles de la nature. « Dans le domaine de l'économie sociale, les faits correspondent aux lois, seulement lorsqu'il n'y a pas d'autres causes qui en altèrent la régularité, c'est-à-dire lorsque les lois contiennent toutes les causes concurrentes, ce qui n'arrive pas nécessairement. A ce point de vue, les méthodes les plus parfaites n'ont aucune utilité pratique. »

Nous pouvons donc conclure que le champ des sciences psycho-sociologiques est celui de l'indéfini, de l'irrégularité, de la complexité et, par conséquent, de *l'anomie*. Mais cela ne signifie pas que la causalité doit en être exclue. Les phénomènes y sont déterminés par des causes immédiates, qui n'agissent cependant pas régulièrement. Car on peut bien admettre qu'il y ait des lois, ou même une multiplicité de lois, mais si complexes et contradictoires qu'elles se heurtent et se neutralisent à l'infini, de sorte qu'elles conduisent à l'anomie et à l'anarchie[2].

Les lois qui se contredisent si constamment pour se détruire et se réduire en une infinité atomique de faits irréductibles ne sont plus des lois; ou tout au moins, la condition des résultats auxquels elles conduisent exige un régime tout différent, aspire à une régularité plus réelle et plus vraie, à des lois dans le vrai sens de ce mot. En tout cas, cela signifie que la causa-

1. *Lehr- und Handbuch der politischen Œkonomie*, Leipzig, 1892, p. 169, 188, 229, 231.

2. Wundt, *Logik*, *Op. cit.*, p. 50, où il est dit que la téléologie est une forme de la causalité.

lité ou le déterminisme respectif ne sont pas encore fixés en des formules uniformes, immuables.

Comment doit-on interpréter cette indétermination formelle du déterminisme social? C'est là le point le plus difficile de la question, mais il n'est pas insoluble. S'il n'a pas encore été résolu, c'est parce qu'on s'est laissé tromper par un examen superficiel des choses, qui consiste à dire que les lois sociales existent réellement, mais que les phénomènes sont trop compliqués et les recherches trop peu nombreuses, objectives et systématiques. Car si l'on osait dire que peut-être ces lois n'existent pas, et que c'est pour cette raison qu'on ne les a pas découvertes, on pourrait répondre, en recourant à l'histoire des sciences et démontrer, comme le fait M. Lévy-Brühl [1], qu'on n'a pas le droit de soutenir une hypothèse aussi absurde. L'histoire des sciences est là pour prouver que, quoique les lois naturelles aient existé depuis que le monde existe, elles ont été longtemps ignorées, sans que personne ait pour cela songé à en nier l'existence. La conclusion sera donc : cherchez systématiquement et surtout avec une méthode objective et vous trouverez; les sciences sociales et psychologiques sont trop récentes.

Mais, à proprement parler, les sciences sociales ne sont nullement d'une date récente, quoiqu'on ne puisse pas dire la même chose de leur objet. Il faudrait voir en effet, si ce ne sont pas plutôt la société et l'esprit humain qui sont d'une date trop récente, par rapport au reste de la nature. A notre avis, c'est là le point obscur de la question. Et il faudrait voir si nous ne nous trouvons pas, avec notre société et notre esprit, dans cette période de création, à laquelle, en admettant l'hypothèse de Laplace, le système solaire, aujourd'hui si harmonieux, si régulier et si stable dans ses lois, présentait seulement la forme d'une nébuleuse, anarchique, chaotique, et déréglée? Peut-on supposer qu'à cette époque les lois de Kepler aient été réelles et applicables? De même, dans la période postérieure, où la vie existait sur toute la face du globe, parce que c'était la période

1. *La Morale et la Science des mœurs*, p. 97, 116, 120.

à laquelle les espèces devaient être créées, peut-on concevoir une biologie, une botanique, une zoologie? Cuvier et Linné auraient-ils pu, à cette date, formuler la classification des espèces, alors que les espèces n'existaient même pas?

C'est à cela que M. Lévy-Brühl n'a pas pensé, quand il s'est fait le partisan absolu d'une morale et d'une sociologie naturelles et d'une « physique morale et sociale »[1], comme si le simple rapprochement de ces deux mots n'était pas suffisamment absurde et contradictoire. C'est là la vraie raison pour laquelle les sciences de la nature, de date relativement récente, font de si rapides progrès et arrivent très vite au degré positif désirable, tandis que cela n'a point lieu pour les sciences sociales, bien qu'elles existent déjà depuis Platon et Aristote. La société et l'esprit humain sont de date récente et peuvent se trouver, en effet, dans cette période de création, comparable à l'état de nébuleuse anarchique et déréglée, où se trouvait le système solaire, ou à l'état d'évolution et de révolution des formes de la vie d'où résultèrent les espèces que nous connaissons. Pour peu qu'on considère d'un œil attentif le spectacle de la société actuelle, il n'y a plus de doute à ce point de vue.

Il suffit de réfléchir un peu à cette question pour avoir moins confiance en cette *physique morale* que prêche M. Lévy-Brühl. Mais du moins, on obtiendra une connaissance plus vaste et plus profonde de la question, et surtout on comprendra que le manque de lois sociales et psychologiques qui, aujourd'hui, marque une différence entre ces lois, pourrait bien généralement cacher l'identité substantielle de ces deux sortes de lois.

II

Comme il est facile de le voir, cette dernière considération a une telle portée qu'elle change radicalement tout l'aspect des sciences sociales et psychologiques contemporaines. Chercher des lois sociales et psychologiques, suivant les méthodes rigou-

1. *Op. cit.*, 123-128 et 191-208.

reusement objectives des sciences naturelles, serait du temps perdu. Car, plus ces méthodes seront rigoureuses, plus elles seront infructueuses et s'éloigneront des lois. Dans ce sens, rien ne serait plus dangereux que d'introduire les méthodes des sciences naturelles dans l'étude de la psychologie et des sciences morales. Voilà pourquoi M. Andler[1] avait raison de contester la science de la Sociologie et pourquoi Tarde[2] exigeait que la Sociologie fût avant tout *négative.* Ce dernier est allé jusqu'à dire, et à juste raison selon nous, que plus on est avancé dans l'échelle de la réalité sociale, plus on se trouve dans l'impossibilité de soumettre les transformations sociales à une série de phases régulières. La régularité de l'évolution sociale est en raison inverse de son degré de réalité. Qu'est-ce à dire, sinon qu'il ne peut pas y avoir des lois psychologiques et sociales? Nous serons, pourtant, les derniers à l'affirmer, particulièrement en ce qui concerne la *possibilité* des lois psychologiques et sociales dans l'avenir.

Du moins, nous serions d'avis que les méthodes expérimentales objectives doivent être tout à fait abandonnées dans le domaine de la Sociologie et de la Psychologie. Au contraire, il est nécessaire de conserver et d'appliquer ces méthodes dans une plus large mesure qu'on ne le fait aujourd'hui, mais à condition de les modifier de telle sorte qu'on tienne compte, en les appliquant, des considérations suivantes : 1° Que nous traversons une période provisoire de création, de révolution dans laquelle les lois se renouvellent, se créent et se formulent, mais ne se découvrent pas comme dans les sciences de la nature, où les lois étant toujours effectives, il n'y a qu'à les constater; 2° Que, par conséquent, les lois sociales ne peuvent être qu'impératives, et non pas indicatives; 3° Qu'elles ne peuvent être que provisoires, selon leur degré de valeur universelle, c'est-à-dire qu'elles seront universelles dans la mesure même où elles seront définitives et simplement indicatives; 4° Que la théorie s'identifie ici avec la pratique parce que telle est précisément la profonde signification de cette période de

1. Démocratie et Sociologie, *Revue de Métaphysique*, 1896, p. 243, 244.
2. Art. cit., p. 465.

création que nous traversons; l'art n'est-il pas le symbole de la création?

En un mot, il faut tenir compte du fait que l'art et la pratique constituent la véritable matière de la science sociale et que, par suite, c'est la théorie qui dérive de la pratique, tandis que dans les sciences de la nature, l'art et la pratique ne sont qu'une application et une déduction de la théorie. D'autre part, la théorie précède ici la réalité des faits et la détermine; de sorte que la loi est connue avant la réalité à laquelle elle doit s'appliquer [1]. Ainsi, par exemple, le mariage, tel qu'il se célèbre dans les pays latins, dérive du code napoléonien et a lieu en conformité avec celui-ci, sans que ce code lui-même ait été la simple constatation et consécration d'un état de choses.

Et surtout, il faut tenir compte de ce fait capital, sur lequel nous reviendrons d'ailleurs plus loin : que l'agent des lois sociales est l'individu humain conscient. Ces lois ne s'actualisent que par ses efforts et son activité. L'homme codifie la réalité sociale et, en même temps, il en est lui-même le sujet, l'exécuteur, tandis qu'il ne fait que constater pour les lois de la nature, ce qui s'effectue sans lui et même malgré lui. Il est vrai aussi que, lorsqu'il les connaît, il intervient, mais seulement en se préparant une place convenable dans le règne de ces lois.

Il résulte de tout cela que les méthodes de recherches dans les sciences sociales doivent être radicalement changées; de *contemplatives* et d'*objectives* (objectives en ce sens que l'individu avec ses préférences, etc., disparaît entièrement sous les faits), elles doivent devenir *actives* et *subjectives* (en ce sens qu'il faut tenir compte de l'homme, le fait actif étant cet homme même).

Sans doute, il faut avoir recours à la statistique et à la méthode comparative employées partout et toujours de la façon la plus rigoureuse; mais, pour aboutir ainsi à des lois, il faut prendre une attitude volontaire, impérative, et supprimer ou uniformiser les différences et les cas contradictoires. Dans l'état

1. Voir Lévy-Brühl, *La Morale et la Science des mœurs*, où de semblables questions sont amplement traitées, d'une façon plus suggestive que concluante.

actuel des choses, on ne peut rencontrer que des coïncidences, dont les exceptions constituent au moins la moitié. Il faut les éliminer pour formuler une loi dont l'existence soit facilement vérifiable. Si l'on a pris toutes les précautions pour éliminer les exceptions et si elles l'ont été réellement, les coïncidences seront transformées en une véritable loi. Si les exceptions n'ont pas été éliminées, malgré toutes les précautions prises, ce ne sera pas une loi, mais une hypothèse erronée ou, tout au moins, provisoire. Stein s'exprime dans le même sens, lorsqu'il dit que « la Sociologie doit tendre surtout à la législation du devoir social et à la formation de l'impératif des actions humaines ; qu'elle ne doit pas se borner à contempler d'un air satisfait et à formuler simplement des théories, mais pénétrer énergiquement dans la réalité vivante »[1]. Si l'on ne cherche pas à éliminer l'irrégularité au moyen de cette méthode active et impérative, on fera en vain usage et de la statistique et de la méthode comparative. La statistique, comme le dit très bien Bernheim[2], n'est que l'expression, en chiffres, des faits, dont elle ne donne cependant aucune explication.

Par conséquent, si l'on procède d'une manière absolument objective et contemplative, la statistique ne peut donner qu'une masse de faits dissemblables et contradictoires et non pas une loi. « On a bien constaté, dit Bernheim, que ces lois de fer de la Statistique ne sont pas des lois, dans le vrai sens du mot. La plupart exigent, en effet, que les dispositions psychiques et sociales de la société soient une quantité toujours immuable, tandis qu'en réalité elles ne sont que des quantités complexes, inconnues et variables ». Plus explicite encore à ce point de vue, Wundt dit : « Dans le domaine des lois de l'esprit, les conséquences de certaines lois ne sont pas simplement neutralisées et contrebalancées par les autres, mais encore par des faits particuliers, irréductibles. » Le fait vient de ce que « dans la personnalité humaine se rencontrent des actions, qui, alors même qu'elles seraient les conséquences des lois générales, en raison de leur nature irréductible, ne pouraient pas être généralisées,

1. Art. cit., p. 221.
2. *Op. cit.*, p. 92.

parce que la généralisation suppose une uniformité continue de circonstances ».

Wundt pense qu'en ce qui concerne la régularité des faits, sur laquelle se fonde la statistique, « les concepts des lois empiriques s'appliquent toujours dans les mêmes conditions... Ils n'ont de valeur qu'en tant que les conditions sur lesquelles ils se fondent restent constantes, ce qui, vu la mobilité des phénomènes sociaux, ne peut se vérifier que sur un étroit espace et dans des périodes très limitées; et c'est précisément ce qui les différencie des lois naturelles ». Le but le plus net de la méthode statistique est, dit également cet auteur, « l'élimination des influences irréductibles[1] ».

Les méthodes inductives et statistiques doivent inévitablement échouer, à moins qu'on ne réduise, par un acte de volonté, les contradictions des phénomènes irréductibles, et qu'on ne rende constantes les conditions extérieures, chose possible dans le domaine de l'activité sociale et intellectuelle. Car ces conditions constantes, qui seules rendent possible la méthode inductive, font défaut ici, parce que les différences individuelles ne laissent pas voir une certaine quantité de faits universels, la complexité de leurs conditions étant trop grande. De sorte que « l'induction ne peut conduire ici qu'à des formes et directions générales qui peuvent être considérées comme de simples tendances, susceptibles de rendre réguliers les faits, lorsque leurs conditions sont simples et constantes, et qui sont empêchées ou modifiées dans les cas particuliers[2] ».

Tels sont les obstacles que l'induction et la statistique doivent éliminer, au moyen d'une attitude active, impérative et volontaire. Nous ne voyons pas d'autre issue : il faut ou prendre cette attitude volontaire ou renoncer, dans ce domaine, à l'idée de science, ce qu'on n'hésiterait pas à faire si cela était possible.

Concluons donc que les lois sociales et psychologiques n'existent pas et ne sont pas à découvrir, sans vouloir dire, par cela,

1. *Op. cit.*, 141 et suivantes.
2. *Op. cit.*, p. 158.

qu'elles ne pourraient pas exister. Disons, au contraire, que, si les lois sociales et psychologiques ne peuvent pas être établies par un simple acte de constatation et par une simple recherche contemplative, elles peuvent toutefois être découvertes au moyen d'une initiative délibérée, acte créateur de la volonté, impératif catégorique qui élimine les exceptions et simplifie la complexité psychique et sociale. Cette simplification pourrait indiquer, d'ailleurs, s'il y a identité entre la psychologie et la sociologie.

Cette conclusion est de nature à renverser si profondément les vieux principes des soi-disant sciences psychologiques et sociales, que nous serons contraints d'y revenir. Pour cette fois, aux considérations déjà exposées, qui, à elles seules, suffisent pour rendre raison de la modification des méthodes que nous venons d'indiquer, nous en ajouterons d'autres, peut-être plus décisives encore.

On pourrait objecter, en effet, que les phénomènes contradictoires, qui troublent le résultat de nos inductions et de notre statistique rigoureuse, et dont nous proposons l'élimination par un décret de notre volonté, pourraient résister; et dans ce cas notre modification serait purement illusoire. Mais cette objection est surtout théorique, parce que les modifications que nous proposons n'ont jamais été appliquées dans toute leur rigueur. Toutes les fois que la volonté a décrété une loi quelconque, elle l'a fait dans une ignorance presque complète de l'état précis des choses. Il est rare que l'irrégularité que l'on a voulu uniformiser ait été préalablement déterminée, au moyen d'une statistique rigoureuse, dans son exacte anarchie. Au contraire, on a prescrit arbitrairement des lois à un état de choses dont on ne pouvait pas même deviner l'irrégularité. D'autre part, on ne peut pas nier que les sciences sociales ont fait quelque progrès, depuis plus d'un siècle, et précisément depuis l'événement, aussi important que volontaire, qui s'appelle la Révolution française. Maintenant est commencée cette période volontaire et régulatrice qu'on désigne sous le nom de démocratie. Et le progrès continu de cette démocratie montre, d'une part, que les faits ne sont pas si réfractaires à l'intervention de la volonté, de l'autre, qu'il y a une connexion causale entre ce mouvement démocratique et le mouvement parallèle des sciences sociales. C'est la Révolution française qui a élevé les masses populaires à la vie politico-sociale, et qui les a placées au centre même des intérêts de l'histoire. Et ce sont précisément les *masses*, avec leur grande étendue et avec leur uniformité relative, qui, devenues l'objet des recherches scientifiques, — puisque, dans leur nouvelle situation, elles ont attiré l'attention des savants, — ont pu présenter quelque analogie avec l'uniformité des lois de la nature. Seul, le progrès politique de la *masse* et de l'idée d'égalité a pu laisser entrevoir une science sociale équivalant aux sciences de la nature. Selon Bernheim, « celui qui place les masses au centre des intérêts historiques et ne s'occupe que de l'étude des peuples en général, peut être, en effet, frappé d'une régularité constante et sera disposé à reconnaître que la vie des peuples est généralement régie par des lois mécaniques constantes ».

A notre humble avis, le mouvement démocratique n'est qu'une méthode scientifique, qui s'est formée à côté et à l'insu de celle des savants. Et, tandis que les efforts contemplatifs de ces derniers se révélaient infructueux, la méthode démocratique créait des lois sociales effectives, préparait et aplanissait le terrain qui, de cette manière seulement, pouvait devenir propre aux sciences sociales. Seul le mouvement démocratique a été de quelque efficacité pour la science sociale et pour la science de l'esprit. Si ces dernières ont pu et peuvent arriver, avec le temps, à découvrir et à déterminer quelques lois et quelque régularité dans leurs domaines, ce sera une simple consécration de l'œuvre uniformatrice de la démocratie.

Que pourrait-on opposer à cette conclusion précise et courageuse, que la méthode active démocratique est la seule méthode efficace pour découvrir, en les créant, les lois de l'esprit et de la société? De fait, en quoi consisterait cette méthode? Ne serait-ce pas, peut-être, le régime représentatif basé sur le suffrage universel? Pour ceux qui n'ont pas le nouveau en horreur et ne craignent pas ce mot, il sera facile de voir que le suffrage universel n'est autre chose que la méthode inductive et statistique appliquée partiellement aux phénomènes sociaux. Elle est, en même temps, volontaire et impérative au sens indiqué. Car 51 votes favorables éliminent catégoriquement les 49 votes contraires. Une réforme acceptée par 51 individus s'appliquerait aussi aux 49 autres qui l'ont rejetée, de telle façon que la méthode devient efficace et la force de la volonté illimitée dans l'élimination des faits irréductibles.

Du reste, cette méthode est si conforme à tout ce que nous venons de dire au sujet des caractères de la réalité du monde de l'esprit qu'elle peut en être considérée comme la conséquence la plus nécessaire. Elle projette, à son tour, une très vive lumière sur ces caractères, et les rend profondément intelligibles. Désormais on pourra comprendre que les lois sociales ne peuvent être, par la nécessité de leur création, qu'*impératives*, *régulatrices* et *provisoires*, et qu'elles sont, par conséquent, des lois valables selon leur degré d'universalité. Elles sont impératives et téléologiques, parce qu'elles se créent, au moyen d'un acte de volonté qui *commande* en vue d'un *but*; elles sont provisoires, parce que le but peut changer. Elles ont donc les caractères de la seule méthode qui leur est appropriée.

Mais le changement de méthode que nous venons de proposer a une portée plus décisive encore, en ce qui touche l'identité qui doit exister entre la psychologie et la sociologie. L'incohérence subjective une fois exclue, et les phénomènes individuels irréductibles éliminés, quelle sera encore la différence entre les lois psychiques et les lois sociales? « Toute action » individuelle ne doit-elle pas être une loi universelle (Kant)? — tout « faire » « une manière de faire » (Durkheim)? — L'individu reconnu comme l'agent des lois sociales, et la méthode sociologique devenue nécessairement subjective, peut-il exister encore d'autres raisons pour que la psychologie diffère de la sociologie? N'aurons-nous pas alors, à la place de ces deux sciences, une seule et même science définitive?

Cette conclusion a encore ceci de spécial qu'elle supprime le malentendu qui a toujours existé entre les théoriciens et les êtres pratiques. Les hommes politiques avaient le droit d'attendre des savants dans cette science, comme dans toutes les autres, des lois abstraites qu'ils devaient mettre en pratique. Les savants, d'autre part, malgré les meilleures intentions, n'ont abouti à rien sur ce terrain stérile. Tout au plus ont-il inventé le dogme fameux du « laisser faire » qui devait mettre en grand embarras les hommes politiques. Ceux-ci les ont payés du juste mépris qu'ils ont toujours eu pour les spéculateurs inutiles à idées creuses. Dans ces derniers temps ils ont opposé au dogme des philosophes leur cri de « laissez-nous faire » ; ils ont pris une attitude volontaire, et, malgré eux, ils ont créé des codes de lois, base des prochaines spéculations philosophiques d'une utilité d'ailleurs douteuse. Ce sera donc la méthode active et démocratique qui, comme on le verra mieux encore par la suite, résoudra le problème si difficile des lois psychologiques et sociales.

CHAPITRE VI

DE LA POSSIBILITÉ DES SCIENCES SOCIALES

Quelles raisons font qu'à l'heure actuelle, comme beaucoup de bons esprits le pensent, il n'y a pas, et il ne peut pas y avoir, des lois psychologiques et sociologiques, dans le sens des lois naturelles?

Ce n'est pas qu'on veuille nier par là, dans le domaine des faits psychiques et sociaux, le postulat du déterminisme et de la causalité. Tout au contraire, nous verrons dans la suite, non seulement que ce postulat est légitime et nécessaire, mais aussi qu'on en peut indiquer le sens et les conditions.

Car, pour anticiper sur ce que nous devons dire plus loin, ce n'est pas le manque seul du déterminisme qui pourrait justifier le manque de lois sociales proprement dites. Deux déterminismes, en lutte l'un avec l'autre, se niant et se contrecarrant entre eux, pourraient avoir, sur le terrain auquel ils s'appliqueraient, le même résultat que s'il n'en existait aucun. Les lois dérivées de l'un, seraient contrecarrées et neutralisées, dans leurs applications, par les lois dérivées de l'autre. L'anarchie et l'irrégularité seront précisément les effets de ces deux principes, qui s'entre-détruisent ainsi à chaque pas. Or, c'est exactement ce qui a lieu dans la réalité psycho-sociale, comme nous espérons bien le faire voir dans les pages qui suivent.

Au milieu du monde de la vie, à côté du déterminisme biologique, est apparu un déterminisme nouveau, *sui generis*, et, par conséquent, essentiellement hétérogène, qui voudrait, de par la nécessité inhérente qui l'a fait surgir, se maintenir en se développant. Il s'agit du déterminisme auquel obéit le *milieu humain* organisé en société, et qui est, en quelque sorte, greffé sur la plante humaine.

Nous avons montré ailleurs[1] que les principes des deux déterminismes antagonistes sont représentés : dans l'individu, l'un par l'instinct, l'inconscience, la violence sensorielle, etc., l'autre par la raison, la conscience, etc. ; dans la société, l'un par la lutte et la sélection, l'autre par les principes de la solidarité et de la justice. Que l'on exclue de la société la lutte avec ses conséquences, et que l'on y rende la justice toute-puissante, la trame de la vie sociale se débrouillerait et s'éclaircirait comme par enchantement. Tout deviendrait transparent. La toile opaque, qui cache l'avenir, s'évanouirait et la prévision n'aurait plus de limites. Ce serait alors le règne des lois sociales dans l'acception des lois naturelles.

Par contre, si l'on mêle la lutte et ses conséquences, le succès du plus fort, etc., avec le principe de la justice, ce sera là justement le spectacle qu'offrent les sociétés à nos yeux impuissants. Que l'on répète ce fait avec les principes contradictoires qui règnent dans l'individu, et l'on trouvera le pendant exact de cette expérience.

Il est difficile, à l'heure actuelle, de concilier l'instinct avec la raison, la lutte brutale avec la justice. Les uns sont trop tyranniques, les autres trop humbles. Et, cependant, il est impossible de trouver des lois sociales et psychiques tant qu'on n'aura pas fait cette conciliation. Le gros problème qui doit se poser, sera donc : quelles causes viennent en travers de la justice et de la raison? Que faudra-t-il au déterminisme social pour s'accorder avec le déterminisme biologique, et n'être plus neutralisé dans l'application de ses lois respectives? Et, enfin, peut-on espérer une époque, si éloignée soit-elle, de lois sociales et psychiques et de déterminisme social affranchi? C'est à ces questions que nous allons essayer de donner quelques réponses.

1. *Problème du déterminisme social*, Paris, 1903.

I

Et d'abord que manque-t-il au déterminisme social pour se réaliser en s'affranchissant? Le Temps. Il est encore trop jeune; l'âge lui fait défaut.

Selon les théories de Laplace, le système solaire lui-même, dont nous voyons les mouvements régis par des lois inaltérables, n'était tout d'abord qu'une simple nébuleuse entièrement chaotique et anarchique. L'état de cette première forme du système solaire n'aurait, peut-être, d'analogue que celui que nous constatons dans le chaos de la vie sociale actuelle. Il a fallu, sans doute, un intervalle de temps effrayant, pour que cette nébuleuse se condense dans le système planétaire que nous connaissons aujourd'hui. Des milliards d'années seraient peut-être au-dessous de la réalité. Seul, l'intervalle qu'il a fallu pour passer de la planète Mars à celle de la Terre, se compte déjà par des millions d'années. Dans cet intervalle, les énergies se sont condensées, et successivement, avec le détachement des planètes, les lois de la mécanique céleste ont commencé à s'esquisser dans leur application effective. Le processus de la formation planétaire, une fois terminé, aboutit aux lois précises qui gouvernent aujourd'hui les mouvements du système.

Un Newton et un Laplace idéals, eussent-ils été les témoins oculaires de cette nébuleuse chaotique lancée dans l'espace, n'auraient pu formuler, ni la loi de la gravitation, ni les principes de la mécanique céleste. L'harmonie du système solaire a dû, de toute nécessité, en précéder la connaissance. Quand même l'esprit serait omniscient, il lui faudrait encore un objet de connaissance. Sans quoi cette connaissance serait chose contradictoire. Il a donc fallu des milliards d'années pour que les Kepler, les Newton et les Laplace puissent venir constater les lois du ciel.

Le cas est identique pour la science de notre planète et du règne physico-chimique.

Un fait semblable a dû se passer encore pour le règne

de la vie. « On croit, nous dit Lester F. Ward, en résumant les hypothèses des sciences naturelles, que cette planète a alimenté quelque forme de vie pendant une période d'environ 72 millions d'années. La moitié de cette période a dû s'écouler avant qu'il existât des formes de vie ayant une consistance matérielle suffisamment ferme, pour ne laisser aucune impression reconnaissable. Un tiers de ce qui reste de ce temps, 12 millions d'années, s'était écoulé avant que les animaux vertébrés fissent leur apparition. Un autre tiers, soit encore 12 millions d'années s'est écoulé avant qu'il y eut les plus faibles traces de la vie mammifère... Ce n'est que dans la période crétacée, qui a suivi la période jurassique (après 9 millions d'années), que des formes de plantes ou d'animaux, ressemblant à celles qui dominent aujourd'hui, devinrent abondantes. La période tertiaire, estimée, elle aussi, à 3 millions d'années environ, fut enfin annoncée, et c'est durant cet espace de temps, relativement court, que toutes les grandes productions de la nature organique se sont développées. »

Tout le long de ce processus évolutif de la vie, les formes qui se sont succédé ont été chaotiques, « inconsistantes ». Le passage d'une forme à une autre s'est fait par une sorte de révolution. A chaque pas, la nature a donné du nouveau. La forme qui suivait ne ressemblait déjà plus à la forme précédente.

Peut-on imaginer, à cette époque, un Linné ou un Cuvier obligés de faire, dans la première moitié des 72 millions d'années que dure la vie, de la science botanique et physiologique, ou bien un Darwin découvrant la clé du déterminisme biologique, pour écrire *l'Origine des espèces*. Une science biologique, avant cette période tertiaire, est chose inimaginable, car elle eût été la négation même de toutes les formes supérieures de la vie fixée, qui devaient intervenir dans la suite.

Et la question se pose de savoir s'il n'en serait pas de même du règne social. Au point de vue de la science, qui répugne à la dérogation à l'ordre naturel, répondre par la négative serait absurde. Or, la science sociale positive, ou celle qui se prétend telle, affirme que le règne social, au premier jour de son apparition, fut une réalité complète, stable, définitive, gouvernée par des lois immuables, qu'il resterait à découvrir par l'observation passive et désintéressée.

Mais voyons ce qu'il en est en réalité. Selon M. Ward [1], la période humaine, toute entière, ne peut pas aller au delà de 300 000 années.

Pendant les sept huitièmes au moins de cette période, l'homme n'était guère qu'un animal. Et, quant à l'histoire de l'homme (et par suite, de la réalité sociale), d'après les calculs les plus exagérés, elle ne remonte pas à plus de 25 000 ans.

Que l'on rapproche alors ces 25 000 ans des 72 millions et que l'on réfléchisse à quel point nous en sommes de la réalité sociale. Puisqu'il a fallu presque 70 millions d'années au règne de la vie pour se définir et se fixer dans des formes stables qui permettent la science, autrement impossible, peut-on imaginer que 25 000 ans de vie sociale suffisent pour arriver à un stade, où la science sociale soit simplement affaire d'observation? Dans ces conditions du règne social, est-il donc scientifique de supposer des lois sociales d'une fixité comparable à celle des lois naturelles, ou bien est-ce simplement miracle ou superstition?

La seule conclusion légitime à tirer de la situation dans laquelle se trouve la *réalité sociale*, localisée dans le temps cosmique, c'est que nous nous trouvons à une époque de création, d'ébullition, de chaos et d'anomie. Nous traversons donc un temps où les lois ont du mal à se créer; on ne pourrait pas les découvrir par l'observation. Nous vivons en un temps où la réalité sociale n'est qu'une aspiration vers l'être, et le déterminisme social une simple *velléité*. De toute nécessité la seule manière de faire de la science sociale, c'est de contribuer à réaliser cette velléité et cette aspiration. Libre aux physiologistes de rechercher, par le moyen de l'expérience et de l'observation, les lois de la vie, et aux astronomes de découvrir, grâce au calcul objectif, les vérités cosmiques, existantes de tout temps. La tâche du sociologue n'est point, dans

1. Lester F. Ward, *La différenciation et l'intégration sociale*, Paris, 1903.

son domaine, aussi facile que celle de l'astronome. Par quel miracle de logique concevoir des sociologues objectifs dans notre ère de réalité sociale?

Seul, l'avenir peut nous permettre d'espérer une science sociale proprement dite. Et cet avenir se montre assez long, pour suffire à la réalisation et de la société et du déterminisme social, après quoi il y aura assez de temps même pour une science sociale faite de simples observations.

En effet, la période de temps, où les conditions du milieu cosmique resteront pareilles à ce qu'elles sont aujourd'hui, est assez longue. « Cette période — dit encore l'auteur cité plus haut — selon les estimations les plus dignes de confiance, n'aura pas moins de 3 millions d'années. » Que l'on rapproche alors les 25 000 ans, chiffre de l'âge de la société, de ces 3 millions d'années, et que l'on compare ces deux chiffres. On arrive à ce rapport très significatif : $\frac{10 \text{ mois}}{100 \text{ ans}}$. La société se trouve, dans sa phase actuelle, par rapport au laps de temps pendant lequel les conditions physiques lui permettront de durer, dans l'état de développement d'un enfant de dix mois au début d'une vie longue d'une centaine d'années. Ce qui manque au déterminisme social, c'est donc l'âge.

Les sociologues objectifs, qui se proposent de créer la science de la société, et, par la simple observation, d'en découvrir les lois et d'en prédire les diverses manifestations, par ce qu'ils peuvent uniquement observer à ce stade humble et initial, feraient mieux de prendre l'attitude volontaire du pédagogue qui doit inculquer et imposer les lois à un enfant (qui est la société). La notation fidèle de ce qu'est cette réalité, en voie de création, est quelquefois du temps perdu.

L'avenir doit faire apparaître des actes et des états nouveaux, qui ne se laissent pas déduire des états et des actes antérieurs. De sorte que si l'on s'en tient uniquement au passé et à l'état actuel, et si l'on veut que l'avenir en dépende, on tue par là même, cet avenir, et on empêche le développement social.

Nous espérons que tout cela suffit pour rendre aussi intelligibles et évidentes que possible ces deux idées : 1° que les lois sociologiques, comparables aux lois de la nature, sont choses impossibles à admettre dans l'état actuel de la société ; 2° que la découverte de ces lois, au moyen de l'observation, devient évidemment de plus en plus une tentative inutile et même encombrante.

II

Nous allons chercher maintenant quelles sont les conditions immédiates dont l'existence est indispensable à la réalisation du déterminisme social et des lois sociales, et dont l'apparition successive permet à la réalité et à la science sociales de se créer parallèlement.

Le règne social une fois apparu, on peut réduire à deux les conditions générales, qui contribuent au développement progressif des sociétés, du règne social. Examinons à part chacune de ces conditions.

1° Sans doute, la connaissance et l'utilisation de toutes les forces et de toutes les lois naturelles qui gouvernent la planète constituent l'une des conditions préalables du développement de la vie humaine sociale. La vie pratique des hommes en société se mesure, en étendue et en consistance, par la quantité de lois et de forces naturelles asservies et adaptées aux nécessités de la vie. La vie sociale de tous les jours est, en somme, une trame indéfinie d'applications pratiques de l'ensemble des lois naturelles qu'on connaît. Chaque pas dans la vie du peuple et de l'individu est une déduction, une dérivation, de près ou de loin, consciente ou inconsciente, d'un principe de la nature. Celle-ci nous nourrit et nous conserve, à mesure seulement que nous la connaissons ; elle est une mère prodigue — *alma mater* — à la seule condition que nous ne la méconnaissions pas.

Toute la vie sociale serait ainsi un tissu d'actions pratiques artificielles, dans le sens où l'on entend, par l'art et la pratique, l'application des lois naturelles, en opposition avec leur connaissance théorique. De telle sorte que l'on a pu dire que le domaine de la vie sociale est le domaine de l'art, de l'application pratique.

Or, cela s'accorde très bien avec l'idée que le stade de la réalité sociale, auquel nous nous trouvons, est une simple étape de création. En effet, le sens profond du mot *art* c'est l'idée de la création et d'une création originale. N'est-ce pas bien là la phase d'accomplissement social où l'on se trouve. Il s'en suit alors que les lois sociales ne sauraient être autre chose que les règles de ces pratiques, déduites des lois naturelles. Or les lois qui règlent les arts et les techniques partageront nécessairement leur sort. *La régularité de ces arts et déductions pratiques des lois de la nature, sera le vrai principe des lois sociologiques.*

Il existe donc une liaison très étroite entre l'étendue de nos connaissances et le stade de la réalité sociale où nous vivons.

Les vieilles théories philosophiques de la morale, qui voulaient déduire cette science de la conception générale de la nature, ou de l'univers entier, n'étaient pas complètement dans l'erreur, comme se plaît à l'affirmer l'école positiviste. Il est certain qu'à chaque instant la vie sociale dépendra de la connaissance et de la manière de concevoir et d'interpréter l'univers. On peut bien étudier la réalité sociale comme un fait donné en lui-même; on pourra même y découvrir certaines formules empiriques; mais on n'arrivera pas à rendre ces formules rationnelles, et par suite scientifiques, avant d'avoir saisi la façon dont les hommes connaissent et interprètent le milieu cosmique.

Les connaissances permettent et provoquent, en effet, les inventions, qui sont de simples applications de ces lois accommodées à nos besoins. Les arts techniques, substratum effectif de l'essor infini de la vie économique, dépendent, à chaque moment, de la somme des connaissances positives que l'on a de la nature. L'exiguïté ou la fausseté de ces connaissances sera reflétée par la fragilité et l'inefficacité de la vie économique correspondante. La fixité et l'accumulation progressive du savoir permettront un développement considérable des arts techniques, qui, à leur tour, provoqueront la riche floraison de la vie économique. Cette dernière provoquera ensuite l'épanouissement complet de la vie sociale, esthétique et intellectuelle.

Mais il en résulte que chaque découverte dans le domaine du savoir se présente comme un germe de révolution par l'invention virtuelle qu'elle contient. L'équilibre de la vie économique et sociale, antérieurement atteint, perd sa consistance, en face d'une loi ou d'une force naturelle nouvellement connue. Les formes sociales, pour un moment fixées et équilibrées, sont désorganisées ensuite par les effets de l'application de la nouvelle loi.

Les sciences sociales qui reflètent ces formes précaires sont ainsi rendues éphémères et caduques. A-t-on découvert la force de la vapeur, en a-t-on connu les lois et les applications possibles : il s'ensuivra une complète révolution dans l'industrie, dans l'agriculture, dans le commerce. Le système politique sera désorganisé et la science politique ébranlée. Les lois économiques bien connues et vérifiées antérieurement, deviendront inexactes, car la production et la distribution des richesses devront être changées du tout au tout. L'économie politique d'Adam Smith, sera toute différente de celle de List et de Karl Marx. Un droit et une morale en seront l'effet, de même qu'une intellectualité et un art spéciaux.

A peine a-t-on commencé à équilibrer le nouvel ordre social, qu'on est déjà en présence d'un autre principe, nouvellement découvert, d'une autre force de la nature susceptible d'applications inconnues auparavant : l'électricité; aussitôt l'industrie et la technique se trouvent sous le coup d'une nouvelle révolution. Les principes de l'économie politique, récemment reconstitués, sont menacés de nouveau. Le marxisme était seulement attaqué, il entre maintenant en décomposition. Plus tard on le trouve complètement faux et en contradiction avec la réalité. Le droit et la morale subissent une nouvelle crise. Le nouveau régime politico-économique pourrait apporter des modifications si profondes au droit, à la morale et à l'esthétique, qu'ils en sortiraient transformés et méconnaissables. Le socialisme, tel qu'on l'avait conçu dans l'âge de la machine à vapeur, devient incompatible avec les principes de la machine électrique. Il faut qu'il évolue avec les temps. La réalité sociale, les formes sociales et les sciences sociales sont l'œuvre précaire de quelques générations. — On en peut conclure que le progrès des connaissances est un germe inévitable de révolution et d'anarchie.

Il y aura un même ébranlement de la réalité sociale et des sciences de cette réalité lors de la découverte et de la mise en circulation des richesses connues, mais non encore utilisées.

L'exploitation agricole des plaines fertiles, que le hasard avait laissées libres; l'exploitation d'une nouvelle mine de charbon, de fer, de pétrole, etc., sont des événements propres à mettre également le désarroi dans les affaires de la vie pratique, industrielle et commerciale, autant que dans les affaires théoriques de l'économie politique, de la morale, du droit, etc. Le laisser faire, valable encore aujourd'hui, ne sera plus valable demain. Une vraie croisade l'avait mis en vigueur, une autre commence déjà à le battre en brèche, pour l'abolir. Aussi cette condition a-t-elle des effets parallèles à ceux du progrès de la science et des applications scientifiques.

L'instabilité, la futilité des formes de la vie sociale sont à chaque instant manifestes; elles ne devraient avoir d'égal que la fragilité hautement reconnue des sciences sociales. Au contraire, c'est justement par ces temps de transformations et de révolutions vertigineuses, que la science sociale prend des allures dogmatiques et croit découvrir, dans l'éphémère, des lois sociologiques éternelles comme celles de la nature. Or il est avéré que l'anarchie sociale est fatalement liée au progrès des sciences. L'équilibre social définitif doit coïncider avec la fin du progrès des sciences, quand les sciences de la nature auront découvert la dernière loi, et que les techniciens, à esprit inventeur, en auront déduit la dernière application. Ce sera donc le moment où toutes les aspirations profondes et sérieuses de l'âme humaine se seront réalisées, par l'empire que la connaissance donne sur la nature, alors même que ces aspirations, pour être les plus profondes et les plus ardentes, n'en paraissent aujourd'hui que plus chimériques.

L'assouvissement de la curiosité humaine et de ses aspirations les plus intimes et les plus profondes — qui d'ailleurs coïncident — sera le seul moyen d'arriver à l'équilibre, aux formes définies, fixes et définitives de la vie sociale et psychique. Jusqu'alors, la perspective qui s'ouvre à l'humanité est une série désespérément longue de révolutions et de transformations plus ou moins brusques et douloureuses. La science sera continuellement le germe de révolutions, de douleurs et de malheurs. Et cela surtout, aussi longtemps qu'on n'aura pas compris le vrai sens de l'époque indéfiniment longue que la société doit traverser avant d'arriver à son accomplissement.

C'est seulement, si l'on prend connaissance de la fragilité des œuvres provisoires, intermédiaires, qu'on les tiendra pour telles, évitant ainsi les malentendus et les heurts douloureux entre telle ou telle forme sociale. Érigez en principe dominant l'instabilité des choses sociales; changez tout en son temps, adoucissez les révolutions, non pas en les prévenant, mais en les accomplissant en leur vrai moment, rendez la révolution continue et pacifique, vous aurez économisé douleurs, maux et violences.

Mais voilà ce que les sciences sociales dogmatiques ne sauraient admettre. Parallèlement et inconsciemment, elles concourent, avec les tendances rétrogrades, avec les intérêts de ceux qui veulent étrangler l'avenir, à empêcher les efforts de la réalité sociale de se développer. Il arrive ainsi que, sous prétexte de faire de la science, par l'observation du présent et la recherche du passé, on supprime, — on l'essaye du moins — la possibilité même d'arriver à la science, en tout cas on éloigne l'instant du succès. Voilà pourquoi cette science sociologique dogmatique devrait être tout d'abord niée et rigoureusement niée, comme l'ont fait MM. Tarde et Andler.

Cette négation ne doit cependant être ni radicale ni définitive. Quel que soit l'intervalle de temps qui nous sépare de la connaissance complète des lois de la nature, il est certain que cette époque sera atteinte avant qu'il ne s'écoule 3 millions d'années. Si deux ou trois siècles de recherches nous ont donné ce que nous connaissons déjà sur la nature, que ne peut-on se promettre dans 50 000, 100 000 ou 500 000 années, alors qu'il suffira encore de 2 500 000 années pour avoir une vie sociale définitive, stable, et pour des lois sociologiques comparables aux lois de la nature. En effet, cet intervalle de temps est si effroyablement long, que l'homme n'a pas encore assez eu d'idées pour concevoir toutes les choses que ce délai pourra réaliser, assez d'imagination pour leur donner une forme, assez de temps pour les mettre en voie d'exécution.

2° Mais le progrès des sciences positives, la découverte des forces de la nature, et la mise en circulation de toutes les énergies terrestres ne sont possibles qu'à une autre condition préalable, très importante. En d'autres termes, la condition du progrès des connaissances est elle-même conditionnée. A vrai dire, il y a là deux conditions si étroitement liées entre elles qu'on pourrait les exprimer l'une en fonction de l'autre. La seconde est l'étendue réelle de la société, le volume, le nombre et la densité de son contenu, c'est-à-dire le progrès du processus de l'intégration sociale.

De fait, c'est cette seconde condition qui porte en elle la possibilité et la réalisation du règne social proprement dit. Réalisez progressivement cette société universelle, où toutes les sociétés particulières disparaissent, vous aurez donné, par là, le seul moyen de découvrir toutes les lois de la nature, toutes les forces terrestres, et surtout le seul moyen de mettre en exploitation et en circulation toutes les richesses de la nature terrestre.

Lorsque tous les peuples, qui habitent aujourd'hui la terre, participeront également au mouvement scientifique, limité de nos jours aux ressources d'une infime minorité, on peut se demander quels seront les progrès que les sciences de la nature auront fait dans une période de la durée d'un siècle? Que dire de ces richesses naturelles connues, qui sont immobilisées, à cause de la sottise des peuples, que le hasard a rendus maîtres passifs du sol. Seule la pénétration des sociétés les unes par les autres pourrait faire que les richesses de toute la terre soient mises en circulation et utilisées au profit de la réalisation la plus complète et la plus intense de la vie sociale. De plus, cette société universelle, qu'il faut supposer étendue aux limites de la terre habitable, pourrait seule mettre l'homme en état d'étudier et de découvrir les lois de la nature et ses richesses cachées. Si nous ne soumettons pas toute la terre accessible à notre questionnaire scientifique, il est peu probable que nous arrivions à connaître l'universalité des lois de la nature. Celle-ci doit être recherchée et connue collectivement, par tous les hommes que la terre peut supporter, et ces recherches doivent être étendues à tout le globe, dans les détails les plus infimes des manifestations de celui-ci.

Dans ces limites définitives, il devient probable que les efforts scientifiques des hommes ne pourront plus rester inefficaces, fût-ce partiellement.

Le savoir positif actuel ne s'est lui-même réalisé qu'au moyen et dans les justes limites de la vie collective, qui s'est un peu étendue. Comme le langage, la science, sorte de langage d'une nature bien spéciale, est un produit de tout ce qu'il y a de plus nettement social. Il est certain qu'elle a progressé avec l'étendue des sociétés, avec le processus d'interpénétration de celles-ci. Il est très probable qu'elle fera des progrès indéfinis grâce au résultat final de l'unification de toutes les sociétés en une seule. Ainsi, la réalisation de la société en étendue facilitera indirectement la réalisation du déterminisme des lois sociologiques.

Jusqu'ici il s'est seulement agi des effets indirects du processus de l'extension des sociétés. Mais il existe aussi des effets directs, qui ne le cèdent aux premiers ni en importance ni en étendue. Ces effets sont pourtant très semblables à ceux que produit l'extension du *savoir*. — En effet, imaginons une société, d'une étendue donnée, au milieu de laquelle une certaine forme d'équilibre se serait établie, et supposons que cette société isolée, fermée à toute influence extérieure des autres sociétés, vienne, à un moment donné, en collision avec l'une d'entre elles. De plus, supposons qu'elle soit incorporée par cette dernière, à la suite d'une aventure de guerre. Qu'adviendra-t-il de la forme d'équilibre, non seulement dans la société vaincue, mais aussi dans celle qui a remporté la victoire? L'équilibre existant pourrait-il se maintenir?

Il est beaucoup plus probable que l'augmentation considérable du nombre des membres de la société, l'augmentation des énergies et des richesses naturelles autant qu'humaines produirait une vie économique et sociale d'une ampleur que les limites des vieilles formes juridiques et sociales ne peuvent contenir. Les situations inter-individuelles changent, se compliquent; des cas nouveaux apparaissent, qui sont en dehors de toutes les catégories sociales antérieures. La prévision des différentes formes d'activité, l'évaluation des différentes forces productrices et consommatrices se trouvent transformées. Ces formes et ces forces changent en augmentant tantôt trop vite, tantôt trop lentement; une sorte d'oscillation incalculable contrecarre toute tentative de prévision. Et les oscillations se prolongent, et leur angle lui-même ne diminue pas d'une façon régulière, pour aboutir à un équilibre parfaitement stable. L'ensemble de la vie sociale échappe ainsi à l'effort de celui qui voudrait le saisir dans toute sa complexité. A supposer même qu'on ait eu l'intention de saisir cette irrégularité des oscillations pour la discipliner, pour la régler et pour atténuer les disproportions, on n'y parviendrait pas, car on ne pourrait pas deviner le surplus d'énergie, de production et de consommation économiques ou intellectuelles qui peut surgir, avec le temps, dans la nouvelle composition sociale.

Alors, le déchaînement des phénomènes s'échappant des limites du vouloir, de la réflexion et de la raison humaine, l'anarchie s'empare de ceux-ci. L'irrégularité qui s'en suit exaspère même ceux qui se bornent à la recherche des formules comprises en des cercles d'activité absolument restreints.

Cependant, la sociologie objective n'en prétend pas moins trouver, même dans une telle société, des lois fixes, stables et comparables à celles qui régissent le monde définitivement équilibré de la biologie et de la chimie.

Si même on admet qu'avec le temps les oscillations aient diminué et qu'une forme d'équilibre approximatif ait été atteinte dans la société en question, qui donc pourra nous affirmer qu'elle ne viendra pas en contact et en collision avec une autre et que le phénomène d'interpénétration n'aura pas à se répéter? C'est le contraire qu'on pourrait plutôt garantir, sans crainte d'être démenti par le fait, aussi longtemps qu'il existera plusieurs sociétés différentes les unes des autres. De même, il n'est nullement besoin de conquêtes brutales, par la force des armes, pour que les sociétés s'intègrent et se mélangent, jusqu'au point d'aboutir à cette société universelle hypothétique. De nos jours surtout, les choses ont pris une tournure différente. Le commerce tend à supplanter la force universalisatrice que seules les armes ont eue auparavant. Aujourd'hui, une société est pénétrée et conquise pacifiquement par le moyen du commerce. En admettant qu'on ait réussi à lui faire accepter les articles de l'industrie ou de l'agriculture d'une autre société quelconque, en lui enlevant l'argent ou les produits bruts d'une agriculture primitive, il devient dès lors inutile d'employer des armes contre elle, et de lui imposer des croyances, des institutions, des opinions et des découvertes scientifiques.

La voie des armes est l'expédient extrême, auquel il faudra seulement recourir le jour où l'on verra qu'elle est très réfractaire *aux intentions civilisatrices* et qu'elle repousse même, avec quelque violence, les articles industriels et les idées importées. Mais c'est un cas désespéré. La plupart du temps, le commerce se suffit à lui-même. Sur les traces de ces relations économiques, on pourra glisser à loisir tout ce que l'on voudra. Il n'y aura même pas lieu de s'efforcer d'endoctriner la société et de la convertir à un tel idéal de vie. Elle viendra, d'elle-même, tout chercher pour se l'assimiler. Elle reproduira spontanément les institutions, et utilisera les découvertes. Elle produira à son tour, et ira jusqu'à faire de la concurrence et à tâcher d'imposer ses produits à tout prix.

De ce processus d'interpénétration, résultent des conséquences d'une portée inimaginable. La complication de la vie sociale s'exagère, dans la mesure même où cette interpénétration prend des proportions importantes. L'instabilité du cours des affaires et la mobilité des opinions et des goûts deviennent extrêmes.

Chaque coin de la terre, chaque peuple qui verse dans le

courant de la vie sociale, devenue presque entièrement mondiale, ses contributions de richesses originales économiques, scientifiques et artistiques, devient facteur d'anarchie et de désarroi. Chaque intégration économique ou intellectuelle dans la circulation des affaires pratiques ou théoriques, est un germe de révolution, de perturbation, qui augmente les manifestations de la complexité chaotique et de l'anarchie aiguë, et qui éloigne, d'une façon indéfinie, l'époque de la prévision possible, et, par suite de la science sociale. Elle rend inutiles, ou tout au moins très problématiques, les efforts de la science objective et ceux de l'intelligence pratique qui tente de prévoir et de régler le cours des affaires.

Selon que les diverses sociétés se sont ou non converties à l'industrialisme, selon que leurs produits industriels et agricoles sont ou non jetés dans la circulation du commerce mondial, leur système politique prendra des aspects et des arrangements déterminés. La science économique, qui avait enseigné jusque-là le libre échange, devra faire, sur place, un changement de front complet. La science du libre-échange devient ainsi celle de l'interventionnisme. Par suite, la conception et la forme libérale de la société doivent céder leur place à une forme et à une conception étatistes. Le républicanisme doit aussi céder à l'impérialisme, sinon au socialisme d'État. Les changements ultérieurs des limites du monde économique, changements qui restent absolument en dehors de nos moyens de connaissance ou de prévision, impliqueront des révolutions nouvelles dans les formes et dans les modes de groupement social. L'avenir des formes sociales est encore, en raison de ces changements, la fragilité, l'inconstance, l'éphémère, et par suite l'anarchie, pour une période extrêmement longue.

Par suite, cette intégration sociale, cette extension universelle de la société, outre qu'elle facilite le progrès des sciences naturelles et rend, par cela même, virtuel le déchaînement des révolutions indirectes, produit directement une anarchie et un chaos tout de révolutions, également insondables. Les perturbations directes qui suivent multiplient et exagèrent les résultats anarchiques indirects.

En dernier terme, la conséquence logique de ces considérations, confirmée, d'autre part, par la constatation que la société réelle est bien celle où le hasard a le dernier mot, où le *laisser faire* et les caprices de la chance et les hommes décident en dernière instance du cours des choses, n'est pas de nature à contredire les considérations tirées du point de vue que nous offre l'histoire de la création des règnes de la nature. En effet, les deux conditions principales que nous venons de considérer conduisent les sociétés, par une sorte de nécessité inéluctable, à un chaos révolutionnaire, où se trouvait, très probablement, la nébuleuse que nous voyons aujourd'hui si merveilleusement ordonnée dans le système solaire. La phase de la réalité sociale dans laquelle nous nous trouvons est, à n'en plus douter, comparable à celle ou se trouvait le globe terrestre à l'époque indéfiniment longue de création géologique sans cesse révolutionnaire. L'étape sociale que nous traversons reproduit à coup sûr cette autre époque de formes éphémères que dut traverser le règne de la vie, avant la fin de la période tertiaire.

III

Voyons maintenant si l'histoire des sociétés humaines ne nous présente pas des documents bien plus probants à l'appui de ce que nous venons de soutenir.

Ce n'est pas un paradoxe vain de dire que les lois de la nature ne sont valables que dans un laboratoire; leur caractère immuable, leur applicabilité rigoureuse sont chose artificielle, précaire, inconnue dans la nature, et conditionnée par le bon vouloir du savant qui se plaît à faire le vide autour d'une série de faits, à les détacher et à les séparer complètement des influences perturbatrices qui interviennent fatalement en réalité. Dans ce paradoxe existe un grain de vérité merveilleusement féconde qu'il faut retenir et souligner. L'applicabilité des lois demande, il est vrai, une sorte d'isolement de leur objet, une séparation artificielle plus ou moins complète d'avec le reste de la nature. En ce sens, il est exact que la plupart des lois chimiques et physiques ne se réalisent, avec l'exactitude qu'on leur suppose, que dans les laboratoires, où les choses sont arrangées dans des conditions spéciales et toujours les mêmes, et dans des proportions convenables. Ces conditions spéciales et fixes, les proportions convenables, ne se rencontrent jamais rigoureusement dans la nature. De là résulte qu'il y a plus d'irrégularité dans la nature que dans le laboratoire, plus de hasard dans la réalité que dans la science.

Or, tel est aussi le cas des sociétés réelles. Les différentes sociétés considérées en elles-mêmes, mais placées au milieu de la nature sont, en tous points, comparables à des éprouvettes placées dans un laboratoire de chimie. Les lois chimiques se réaliseront dans ces éprouvettes selon que les conditions requises seront remplies. Si l'on n'a observé ni les proportions quantitatives des substances, ni les conditions de température, les réactions chimiques s'accomplissent de façon très irrégulière. Il peut y avoir même des explosions; la régularité supposée ne se réalisera pas dans ce cas. Par suite, les réactions chimiques sont absolument conditionnées par un certain isolement du reste du monde, ou, plus exactement, par une fixité rigoureuse des conditions ambiantes.

Il en est d'autre part tout à fait de même des sociétés. La régularité ne s'y réalisera que lorsqu'elles seront renfermées en elles-mêmes, et réfractaires à toute influence étrangère. Les sociétés primitives, dont les tendances exclusivistes sont bien relevées par l'histoire, se sont précisément trouvées dans ces conditions.

L'interpénétration de ces sociétés était impossible. Admettre et initier un étranger aux secrets de la vie intérieure d'un tel groupe constituait un grand sacrilège. Rien de plus sûr et de plus naturel alors que la régularité et la stabilité de ces sociétés. M. Tarde s'en est bien aperçu lorsqu'il a dit que : « Ces soi-disant lois d'évolution du droit, de la religion, de la morale, de l'industrie, dans les divers peuples... ne s'appliquent qu'à des peuples sauvages et barbares... La régularité de l'évolution des sociétés est en raison inverse de leur degré de réalité[1]. »

1. La Réalité sociale, *Rev. philos.*, 1901, 464, 465.

Sur ce point M. Xénopol est du même avis : « C'est cette ressemblance initiale de toutes les formes de la vie sociale qui a induit en erreur les sociologues, en leur faisant admettre que le développement de l'histoire est formulable en lois. Mais chez les peuples supérieurs qui sont en état de dépasser les premiers rudiments de la civilisation, les ressemblances initiales ne tardent pas à disparaître [1]. »

La seule façon de faire réapparaître cette ressemblance dans les sociétés supérieures, ce sera donc de les mettre dans une situation comparable à celle des sociétés primitives, renfermées en elles-mêmes, en somme de les isoler. On éviterait par là la perturbation et la complexité qui seules, de l'avis de M. Espinas, rendent impossibles les lois économiques et sociales. Car, dans une telle situation, les formes de l'activité prendraient une régularité idéale et une fixité à toute épreuve, susceptibles d'être formulées dans des lois abstraites et, cette fois, de tous points comparables aux lois de la nature. Toutes les modalités de la vie sociale et individuelle aboutissent alors à une sorte de formalisme outré. Chaque acte de la vie devient l'objet d'une cérémonie spéciale rigoureusement fidèle et invariable. Le fait que cet idéal de vie a été réalisé en Chine est significatif. La société chinoise est aussi la seule qui ait rempli les conditions les plus approximatives d'un isolement idéal. Il y aurait lieu de se demander si la manière d'être chinoise ne doit être ramenée à la fameuse légende des murs. On en connaît qui se sont extasiés devant l'idée du pouvoir surhumain qu'a eu le grand législateur des Chinois, Confucius, qui sut cristalliser et figer, à perpétuité, la vie de son peuple dans des formules inaltérables. Or, comme on le voit, Confucius est absolument innocent et irresponsable de la stagnation du peuple chinois. Les mérites ou la responsabilité devraient être rejetés sur l'exclusivisme symbolisé par les murs chinois et sur celui qui en donna l'idée, car les mérites et les démérites qu'on attribue, à cet égard, à Confucius lui sont absolument étrangers.

On a remarqué aussi que, chez le peuple juif, l'exclusivisme,

1. Le caractère de l'histoire, *Rev. phil.*, 1904, janv., p. 32, 40.

qui constitue la clef de voûte de cette législation, est ce qui explique la fixité des lois et du type de vie sociale. Si l'on peut ériger, en principe fondamental et inaltérable, l'interdiction du contact intime avec l'étranger, l'assimilation de soi-même aux autres et des autres à soi-même — ainsi qu'il est arrivé au peuple élu — l'on aura créé une sorte d'isolement artificiel, qui permettra de conserver toujours les mœurs et les traditions. Généralement, on ne changera qu'en tant qu'on fera appel à des ressources étrangères; n'empruntez rien aux autres et votre forme de vie sera à jamais stable. Et c'est bien là le cas des sociétés primitives et stationnaires.

Il n'en sera pas de même des sociétés qui resteront ouvertes au contact et aux influences des sociétés voisines. Celles-ci se seront nécessairement entrepénétrées, les perturbations se continueront dans leur sein, la régularité de la vie y sera impossible. Aussi ont-elles progressé continuellement et indéfiniment, tandis que la société chinoise restait tout à fait stationnaire.

L'empire gréco-romain et les sociétés civilisées occidentales forment une véritable antithèse avec la société chinoise. L'on trouvera dans le premier une vie de sept siècles de révolutions et de guerres faites aux sociétés, afin de les ouvrir toutes les unes aux autres. En même temps, on le voit accessible à tous les progrès, philosophique, scientifique, esthétique, religieux, compatibles avec ses conditions. — A-t-on remarqué que Jésus, qui fut si doux, a reconnu, à un moment donné, qu'il n'était pas venu pour apporter la paix mais la guerre? Dans ces mots inspirés se trouve exprimé le sens profond de la vie de l'empire romain. Cet empire a trouvé son expression symbolique dans le Christ, car c'est lui qui a apporté au monde l'épée, et la paix à la suite de l'épée.

Le rôle qu'a rempli l'empire romain dans l'histoire de l'humanité, est comparable à ce qui se passerait au fond d'une cornue colossale, dans laquelle une composition chimique serait en train de s'opérer et où l'on verserait successivement de nouveaux matériaux, destinés à prolonger l'opération autant que possible. Ainsi, l'ébullition serait continuelle et peut-être de plus en plus forte. On y verrait un effondrement de matériaux, la dissolution et la disparition des corps introduits dans une sorte de liquide chaotique, indistinct, agité, et peu à peu, des grains de cristaux, d'une régularité et d'une harmonie définitives, se déposeraient au fond du vase.

Telles sont, par exemple, les formules juridiques du droit romain, qui seront la gloire perpétuelle de ce peuple; tels les arts et la philosophie des Grecs, qui ont saisi les premiers principes éternels de la mentalité et du cœur, et la base fixe sur laquelle devra se greffer tout le progrès des âges à venir.

Les sociétés civilisées contemporaines ont repris cette œuvre là où elle a été laissée par la civilisation des anciens. Le principe du *libre échange* a remplacé les armées considérables que le *peuple-empereur* se vit forcé de mettre en marche, pour s'ouvrir les sociétés antiques et offrir à la civilisation universelle leur richesse idéale et matérielle. De nos jours, le *libre échange* a les mêmes effets, la violence en moins. Aussi est-il et sera-t-il encore longtemps le principe de tous les progrès réalisables, de toute l'anarchie, et des malheurs que cette anarchie entraîne.

L'ordre et le progrès sont deux éléments incompatibles. Le progrès s'accompagne du désordre, de l'anarchie. Car qu'est-ce que le progrès, sinon précisément le bouleversement d'un ordre social donné afin d'instituer un ordre nouveau. L'ordre fixe tue fatalement le progrès, de même que le progrès nie radicalement l'ordre, au moins pour quelque temps. Ainsi, l'ordre et la stagnation ont été réalisés en Chine, l'anarchie et le progrès dominent le monde civilisé. Et cependant ces deux termes sont destinés à se rencontrer à la fin du processus du développement social, où l'on aurait dû reconnaître que l'ordre est pourtant le terme idéal du progrès arrivé à sa fin.

A ce point de vue, il semble que la civilisation occidentale a joué le rôle d'un creuset immense, où toutes les sociétés doivent couler leurs matériaux, où seront fondues, à la fin d'une ébullition intégrale, toutes les forces, toutes les richesses intellectuelles, idéales et matérielles, et duquel surgira le dernier terme du progrès, l'ordre définitif. Successivement et lentement, les cristaux d'une vie sociale dont les perfections sont même difficiles à prévoir, viendront se déposer au fond de cette composition universelle. Avec le temps, et lorsque l'intégration des sociétés sera accomplie, l'ébullition sociale se calmera, et les résidus seront les formes cristallines d'une vie sociale parfaite, dont les traits se reconnaîtront à peine dans ce que le christianisme nous représente par l'empire des cieux. Du résidu régulier de cette anarchie finale ressortira, tout constitué, l'objet des sciences psycho-sociales. La régularité, à jamais fixée, des formes de la vie, l'ordre, à jamais stable, des rapports interindividuels, fourniront cette similitude et cette régularité des phénomènes, que toute science abstraite doit formuler et déduire de ses lois.

Il n'existera plus de ressources pour un progrès ultérieur et, par suite, pour une irrégularité ultérieure. Qu'on remarque aussi que les groupes unifiés d'une société universelle, dont les limites se confondront avec celles de la terre habitable, auront rempli, d'une manière plus idéale que ne l'avait fait la Chine, les conditions d'une société tout à fait isolée, placée dans des conditions à jamais fixes, et dans un milieu cosmique immuable.

La terre présentera alors, pour cette société universelle, les conditions idéales d'un laboratoire où les opérations isolées, soustraites aux influences perturbatrices d'un milieu hétérogène et variable, s'accompliront selon des lois fixes, et la prévision du savant se réalisera jusque dans ses derniers détails. La société, devenue ainsi un laboratoire, aura atteint, de la sorte, la condition idéale de toute régularité concevable et, par suite, de toute science exacte et positive.

Aussi, le rôle que le christianisme devait jouer dans l'ancienne civilisation est-il repris aujourd'hui par le socialisme. Celui-ci n'en est d'ailleurs que la continuation directe. Il faut bien le reconnaître, quelles que soient les opinions personnelles, le socialisme est l'œuvre achevée, la quintessence de la civilisation occidentale devenue une société terrestre, universelle. Il en représente et en résume les tendances et les aspirations les plus profondes. Comme la doctrine du Christ, dont il est aussi l'écho immédiat ou lointain, le socialisme, sous prétexte de nous apporter la paix et l'ordre, nous apportera plutôt le désordre final et les conditions les plus extrêmes du progrès, d'où surgira l'ordre définitif.

En effet, l'abolition des classes et par suite de l'ordre existant; le déchaînement des énergies que l'ordre actuel tue et immobilise; la concurrence avide, exaspérante, qui ressortira de la mise en valeur de toutes les énergies, de toutes les forces humaines, stérilisées d'une part par la pauvreté et énervées d'autre part par la richesse, seront de nature à provoquer un bouillonnement intégral définitif des forces sociales. .

De plus, le principe du *libre-échange*, sporadiquement appliqué de nos jours, et toujours chancelant, sera érigé en dogme primordial, selon le principe de l'internationalisme. L'abaissement général et définitif de toutes les barrières que les nations ont dressées les unes contre les autres, aurait réalisé, d'une façon complète, l'intégration de toutes les sociétés dans une seule et la mise en circulation, dans un seul courant économique, de toutes les énergies naturelles et humaines du globe. Le principe de l'internationalisme combiné avec celui de l'égalité des chances économiques pour chacun, chances également favorables au développement personnel, eût sans doute apporté le dernier degré de désordre, à peine atténué par la préoccupation de rationaliser le cours arbitraire des choses, de prévoir et de pénétrer par la raison les détails de la vie sociale et individuelle.

Cette dernière préoccupation est, en effet, ce qui différencie de la manière la plus caractéristique le mouvement socialiste. Au milieu de l'anarchie, de la pire irrégulalité, rien n'est plus naturel, si paradoxal que cela paraisse, que de vouloir réduire cette irrégularité. La démocratie interventionniste est la nécessité logique de l'état actuel des choses. L'ordre le plus sévère, le plus stable n'est possible qu'à la suite du désordre le plus profond, le plus radical. Dans notre cas, le socialisme, par la réalisation du principe de l'*internationalisme* et l'*égalisation* la plus complète des conditions des individus, aurait précisément réalisé ces conditions essentielles et suffisantes de l'éprouvette qui isole et rend stables les conditions du milieu extérieur dans lesquelles doit se préparer l'ébullition des réactions chimiques, où se forgent les propriétés fixes du nouveau corps et où s'accomplissent rigoureusement les lois chimiques.

En général, la nécessité de l'ordre n'est jamais plus profondément sentie qu'en présence du désordre. Le désordre extrême et final, où conduira la société universalisée, appellera, avec la dernière énergie, l'ordre également définitif et extrême. De plus, il sera rendu possible, parce que la société unifiée devient parfaitement isolée, une sorte de Chine idéale. Or, la société universalisée, ayant mis dans la circulation universelle toutes les connaissances de la nature ainsi que toutes les forces et les richesses de celle-ci, les conditions, les sources dernières du progrès seront également données. Avec une nécessité fatale en apparence, le dernier degré d'irrégularité et de désordre, qui rendra possible le dernier terme du progrès, aboutira à la dernière forme de l'ordre, à un équilibre ultime. On obtiendrait ainsi la matière la plus pure et la plus propre d'une science psychologique et sociologique, des sciences générales de l'esprit. Ces sciences atteindront ainsi toute leur plénitude et leur dernière perfection. La morale aura la valeur théorique des sciences mathématiques, telles que MM. Simmel, Renouvier et d'autres l'ont conçue. Ce serait aussi l'âge qu'on pourrait appeler, dans la terminologie de Kant, celui de l'impératif catégorique; ou bien dans le langage de M. Durkheim, l'époque d'une sociologie objective; ou enfin celle de l'empire des cieux et de la justice sociale, pour employer le langage du socialisme ou la métaphore du christianisme. Le tableau de la société que nous préparent les socialistes n'est que flatteur et riant, et peut satisfaire jusqu'aux sévères exigences des savants. Seul le spectre de cette *chinoiserie* inévitable et éternelle paraît l'assombrir. Serait-ce l'unique rançon de cette étape sociale qui nous aurait donné la science, le bonheur et la sécurité?

Nous allons résumer maintenant les faits réels qui justifient cette manière de voir. Nous allons esquisser les phases nécessaires de l'ordre, de l'harmonie, jusqu'au terme de la société.

a) Il est évident qu'avec la réalisation de la société universelle, la complexité anarchique des questions sociales atteindra son dernier degré. Le hasard et l'irrégularité complète devront rendre très inégales et par suite très injustes les conditions des membres de la société. Or, l'injustice n'est jamais sans s'accompagner de souffrance et aussi de révolte. La pauvreté, les malheurs seront le cortège indispensable de l'injustice sociale, c'est-à-dire du manque de lois sociales.

Mais, cet état de choses ne peut durer, car la souffrance et la révolte ne souffriront pas indéfiniment l'injustice et le manque de lois. Elles trouveront dans leurs conséquences le germe de leur propre destruction. La souffrance poussera l'homme à pénétrer l'inextricable complexité des affaires sociales, à les simplifier et à les rationaliser. Du coup, la substance chaotique de la vie sociale manifestera des tendances législatrices. La question est de savoir si l'anarchie extrême de la société se laissera restreindre. Que vaudra la puissance législatrice de l'homme?

b) La nécessité de légiférer sur la complexité irrégulière des affaires deviendra profondément sensible, et même inexorable, à mesure que la société aura réalisé l'universalité, condition principale de la prévisibilité.

Une société universalisée sera une société idéalement isolée. Aucune influence extérieure ne viendra plus, soit sous forme de nouveaux appétits humains, soit sous forme de nouvelles énergies productrices humaines ou naturelles, troubler l'équilibre en voie de s'établir à l'intérieur. La statistique enregistrera d'une part les aspirations et de l'autre les appétits.

Il ne restera alors qu'à adapter les aspirations et les nécessités aux forces productrices. Les formules qui représenteront l'harmonie des deux facteurs, dans toute leur complexité, constitueront les principes et les lois certaines de la vie sociale. L'arrangement définitif inter-individuel qui en ressortira, se répercutera à l'intérieur des hommes, et, par cela même, on aura l'équilibre de l'âme et de l'esprit. Les données de la statistique seront les éléments vrais des lois sociales définitives, auxquelles les hommes devront se soumettre. Le feront-ils facilement? Voudront-ils se plier aux simples injonctions abstraites de quelque formule statistique?

c) A son point de départ, l'homme, purement biologique, se montre rigide et difficilement malléable. Les attaches organiques entre ses actes, très réduits en nombre et en complexité, présentent une fixité comparable à celle des instincts. Aussi ne pouvait-on arriver à le domestiquer et à l'assouplir que par d'excessives brutalités. Pendant toute l'époque historique, ces attaches organiques ont été peu à peu dissoutes, d'abord par des douleurs violentes, suites d'un traitement violent, ensuite par des sanctions religieuses, juridiques et morales de toutes sortes. Si bien qu'à la fin la machine humaine paraît destinée à atteindre une plasticité et une souplesse extrêmes. La fixité organique, sous l'influence dissolvante de l'éducation de l'histoire, semble céder à cette plasticité idéale.

Or cette conséquence directe de l'éducation est et sera soulignée par celle du croisement des races. Les diverses races, différenciées et relativement fixes, se mélangent en se fondant dans une société unique, et un processus de dissolution commence qui les nivelle, les égalise et les uniformise toutes. Une indétermination physiologique réelle remplace ainsi la fixité organique, qui représentait les caractères de race.

Toutes ces circonstances contribueront donc à réaliser cet homme moyen, table rase, dont ont rêvé les philosophes du XVIIIe siècle. Or, l'homme moyen sera très souple, très suggestible et soumis à toute influence sociale, à toute injonction venue de ses semblables. N'est-ce pas là l'état idéal où les hommes seront les plus propres à subir les lois, alors même que leur contenu et leurs sanctions ne seront que des formules algébriques, et des données statistiques? De plus, l'éducation intégrale aura tellement développé la raison des hommes qu'ils seront capables de céder à tout précepte rationnel.

Quant à la propagation de l'espèce, les hommes ne pourront plus se multiplier dans une proportion démesurée, pour rompre l'équilibre social et pour déchaîner de nouveau l'anarchie. L'instinct sera déjà pénétré par la raison qui l'aura immolé ou tout au moins réglementé. L'homme aura ainsi perdu les dernières attaches qui l'enchaînent à la chair, et le rendent inacessible à une légalité sociale ferme et sûre.

CHAPITRE VII

LA MÉTHODE ACTIVE DÉMOCRATIQUE EN SOCIOLOGIE

Les sociétés humaines, par le fait seul qu'elles s'agrandissent démesurément, aboutissent à une complexité et à une instabilité stupéfiantes de rapports sociaux inter-individuels. C'est précisément cette mobilité des rapports qui fait que l'anarchie sociale va en s'exagérant « à mesure qu'on s'élève sur l'échelle de la civilisation », c'est-à-dire de la réalité sociale. « La régularité de l'évolution des sociétés, a dit encore M. Tarde, est en raison inverse de leur degré de réalité »[1]. Et, sur ce point, M. Xénopol vient appuyer M. Tarde, en disant que « les séries divergeantes, auxquelles ce développement donne naissance, ne peuvent plus être réunies en faisceaux pour en extraire des lois au moyen de la généralisation, car la base de cette opération logique, la similarité des séries, a disparu »[2].

Que faut-il en conclure? Qu'il n'y a pas de lois sociologiques, et, ce qui est plus exact encore, qu'on n'en pourrait pas découvrir au moyen d'une méthode purement objective, spéculative, d'observation fidèle et désintéressée. Les lois ne sont que les formules des rapports inter-individuels fixés et organisés. Mais, s'il n'y a pas de semblables rapports, qu'on nous accorde qu'il n'y a pas de pareilles lois et que la nature sociale doit être

1. *Revue philosophique*, 1901, II, p. 465.
2. Caractère de l'histoire, *Rev. phil.*, 1904, janvier, 41.

très susceptible d'en recevoir *du dehors*, qui lui soient imposées précisément parce qu'elle n'en présente pas. En effet, cette extrême mobilité des rapports, qui vont sans aucune consistance sérieuse, ne provient-elle pas des conditions dans lesquelles se trouve cette matière merveilleusement souple, qui se laisse imposer la forme, et toute forme que la logique interne d'un artiste se plaira à lui donner? La manière dont cette vie sociale se présente exige donc, de la part du sociologue, une méthode active et volontaire. L'emploi de cette méthode interventionniste, législatrice, se justifie d'ailleurs par le succès qu'elle peut avoir. Plus la vie sociale est anarchique, irrégulière et lâche, plus l'intervention volontaire y est légitime et plus aussi l'efficacité de cette méthode est étendue, en raison surtout de la souplesse qu'acquièrent les hommes, comme nous venons de le voir au chapitre précédent. En ce cas la société prendra les formes que la nécessité intérieure de l'observateur actif se plaira à lui donner. Elle se soumettra aux lois que celui-ci lui imposera. C'est là une vérité presque banale, qui s'est réalisée plus d'une fois dans l'histoire.

Elle s'applique dans la vie politique autant que dans la vie intellectuelle. Les systèmes de pensées les plus fixes, les plus dogmatiques ont toujours succédé à l'anarchie la plus complète des idées. Ainsi les sophistes provoquèrent la philosophie de Platon. Il en a été de même dans l'histoire politique. L'anarchie a toujours alterné avec le despotisme. Ainsi Napoléon Ier n'a été possible qu'après la Terreur; Cromwell qu'après une révolution; l'empire des Césars qu'après les révolutions des Gracques et les révoltes et anarchies monstrueuses qui les suivirent. De même, l'anarchie actuelle, intégrale, à la fois politique et intellectuelle, aboutira aussi à une tyrannie, celle du socialisme et de la démocratie. Cette dernière, pour être très méthodique et d'un sens opposé, n'en caractérise pas moins le despotisme en général. La toute-puissance du vouloir s'oppose ici également à l'incohérence des choses. La prescription des lois et la force législatrice enchaînent et tyrannisent, alors même que leur despotisme se réduirait au fait de se tyranniser soi-même et de se maîtriser.

Or, voyons de plus près en quoi consiste cette méthode volontaire et démocratique et comment elle s'y prend pour réaliser la science à la fois sociologique et psychologique.

I

Seules, les méthodes indiquées et employées par M. Durkheim dans ses recherches, la *statistique* et le *droit*, peuvent être aptes à tirer des lois de cette matière chaotique et anarchique qu'est la vie sociale. Il est vrai que, dans l'emploi de ces méthodes, il faut apporter un esprit tout autre que celui prescrit par le maître de la Sociologie française. Nous avons vu ailleurs[1] pour quelles raisons on avait été induit à exclure la psychologie et l'individu du déterminisme social, et nous avons vu que ces raisons étaient seulement des apparences, qui ne résistent pas à la critique. En conséquence, nous nous sommes proposé d'intégrer les méthodes de M. Durkheim par le seul facteur qui leur donne l'importance et l'efficacité : l'attitude volontaire, législatrice, *contraignante*, qui est d'ailleurs implicitement contenue dans l'idée de l'objectivité et de l'extériorité des lois. Il est vrai que les individus, pour la plupart, ne sont pas tout d'abord les créateurs des lois. Ils les subissent plutôt. Elles leur viennent de l'extérieur; cela ne signifie pas, comme le croit en effet l'auteur en question, qu'il n'y ait jamais d'individus, une minorité, pour créer la loi et l'imposer à la majorité, qui doit la subir. Historiquement c'est d'abord une petite minorité qui donne la loi; ensuite c'est la majorité elle-même qui doit remplir ce rôle de la minorité.

La statistique et le droit sont des méthodes qui, à proprement parler, ne peuvent pas être employées séparément de manière efficace. Plus précise, la statistique, fidèle et objective, est le pendant de l'observation pure et désintéressée des sciences de la nature. Mais, tandis que dans ces dernières, la simple observation et la simple contemplation conduisent à des lois, puisqu'elles sont alors effectives, dans la science sociale elle ne

1. Chap. III.

saurait conduire qu'à leur antipode. Ici c'est à la volonté de l'individu d'intervenir et de créer la loi, par un décret subjectif, basé cependant sur les données de la statistique. Les lois économiques, pour prendre un exemple, ne sauraient jamais s'établir par la simple observation des faits. Les faits sont irréguliers, puisqu'ils sont « multiples », « la passivité et l'activité économiques de l'homme procèdent, à tout moment, du concours, de l'opposition ou de la combinaison de plus d'un facteur; et ces actions et passivités diffèrent et changent pour les mêmes cas, selon les sociétés, les époques, les milieux, les classes et selon les groupes sociaux »[1]. Comment établir alors des lois économiques par l'observation proprement dite, par la statistique? Aussi, les économistes les plus profondément informés de l'état des choses ont-ils presque renoncé à la méthode inductive. M. Wagner, par les mêmes procédés que M. Durkheim, trouvera que le droit est le meilleur moyen d'étudier les formes prises par la vie économique. Au moins, dans son système d'économie politique, trouve-t-on exprimée, explicitement ou implicitement, l'idée que seules les règles juridiques peuvent organiser la vie économique, la rendre régulière et susceptible de lois. D'où la conclusion à tirer, au point de vue où nous nous plaçons, que le droit seul peut prescrire des lois à la vie économique[2]. M. Wagner soutient implicitement cette idée en reconnaissant à la méthode déductive un rôle beaucoup plus important qu'à l'induction, qui servira seulement de vérification secondaire.

D'autre part, M. Schmoller est partisan de la méthode inductive qui, en même temps, est historique. C'est l'histoire et la société qui nécessitent les formes de la vie économique. Mais, en fait, que sont l'histoire et la société, sinon les institutions sociales, les idées et l'idéal? M. Schmoller insiste, non pas sur le côté juridique, mais sur le côté éthique de la vie sociale. Et en cela, il rejoint, par un autre point, M. Wagner. Car il attribue aux principes et à l'idéal de la morale, comme aux

1. Fr. Simiand, *Revue de Métaphysique et de Morale*, 1898, p. 962.
2. *Lehr und Handbuch der politischen Œkonomie*, 3 vol., 1892, et le cours de *National Œkonomie* fait en 1904 à l'université de Berlin.

institutions sociales, un contrôle de premier ordre sur la vie économique. Et cela d'autant plus qu'on s'éloigne davantage des formes d'une société naturelle et spontanée, pour remonter vers les sociétés civilisées et réfléchies. Ainsi, même pour M. Schmoller, l'induction est insuffisante sans le pouvoir législateur de l'idéal de la morale[1].

Ces manières de voir sont très précieuses. Comment découvrir des lois par la statistique, dans l'anarchie manifeste et aiguë de la vie économique, sinon en les décrétant? En un moment donné, supposons qu'on ait fait l'inventaire exact et intégral de toutes les forces productrices humaines et naturelles, non seulement manifestes dans le désordre actuel, où il y a stérilisation des énergies, — par suite des entraves que la société oppose à leur mise en valeur, — mais également possibles dans un état de liberté idéale. Supposons, d'autre part, qu'on ait fait l'inventaire statistique de toutes les énergies consommatrices, de tous les appétits, non seulement de ceux qui sont satisfaits par hasard, mais de ceux-là mêmes qui restent inapaisés, qui se transforment en souffrance et en malaise par le paupérisme. Les deux statistiques, mises en face, seront absolument muettes sur les lois économiques; de plus, elles seront négatives. Pour découvrir la formule d'après laquelle les phénomènes enregistrés devraient et pourraient se manifester effectivement, on n'a qu'à proportionner, à ajuster les forces consommatrices aux forces productrices. Et pour cela on devrait intervenir dans la réalité, déchaîner, en quelque sorte, les énergies entravées et faire valoir les droits de tous les appétits non satisfaits. Alors seulement pourrait se réaliser l'équilibre final, et la formule décrétée, pour ajuster les deux facteurs, prendra le caractère d'applicabilité rigoureuse, de vraie loi naturelle. Sans doute, si toutes les forces productives sont libérées et tous les appétits déchaînés et satisfaits, les oscillations perturbatrices, qui, dans le cas contraire, seraient introduites dans la vie économique, soit par le déchaînement des appétits non satisfaits, soit par la mise en valeur des forces entravées — œuvre du

1. *Gründriss der Allgemeine Volkswirtschaft*, 61-64.

par hasard — seront évitées de la sorte. La vie économique et sociale aura, par cela même, le cours harmonieux du développement des fonctions végétatives, dans un organisme à l'état normal. Donc, on a le pouvoir d'en décréter la loi dans la mesure où l'on connaît l'irrégularité des faits sociaux.

Est-ce à dire que la statistique et l'attitude volontaire du savant suffisent pour créer l'ordre, l'harmonie et les lois économiques et sociales? Les lois sociales seraient-elles l'œuvre exclusive du savant? Ou bien existe-t-il des nécessités objectives, qui conditionnent jusqu'à l'emploi de cette méthode statistique, et même jusqu'à l'attitude volontaire, législatrice du savant? La vraie méthode ne peut être découverte avant le temps, et encore moins employée. L'attitude législatrice n'est pas conçue, et encore moins essayée, tant que les conditions externes ne lui ont pas aplani la voie.

Ces méthodes deviennent possibles et efficaces alors seulement que la réalité sociale et son déterminisme, considéré en lui-même, ont atteint un certain degré d'effectivité. Le savant ne peut avoir pour rôle que de se faire l'expression des tendances réelles de ce déterminisme. Il n'en sera que l'instrument, mais la réalité sociale en a absolument besoin pour se manifester. Si l'efficacité de l'intervention du savant dans le cours des choses et si son pouvoir de décréter les lois de ce cours tumultueux dépendent de la connaissance qu'on en a, encore faut-il que cette connaissance dépende d'une autre condition. Serait-ce tout simplement parce que jusqu'à nos jours on n'a pas voulu connaître cette irrégularité, qu'on ne l'a pas bien régularisée? Et maintenant est-ce parce qu'on ne veut pas la connaître qu'on ne la réglemente pas?

Si le pouvoir de *légiférer* est conditionné par le pouvoir de *connaître*, ce dernier a lui-même ses conditions. Nous avons déjà vu quelles sont les conditions, à notre avis, essentielles, de la science sociale. C'était bien *l'intégration de toutes les sociétés dans une société universelle et le progrès du savoir, qui nous auraient montré toutes les lois et toutes les forces naturelles*. On ne peut pas arriver à connaître toutes les énergies et tous les appétits humains, ainsi que toutes les forces naturelles, tant que les sociétés sont encore fermées les unes aux autres, bien que leurs produits et leurs appétits interviennent pour le troubler dans le cours de la vie économique des unes et des autres. Cette connaissance ne sera possible que du jour où toutes les sociétés seront complètement ouvertes, où la société universelle aura pris naissance. Avant, le pouvoir de connaître restera platonique ainsi que le pouvoir de légiférer. De plus, il est très peu probable que la société universelle montrera le jour exact où le dernier progrès scientifique sera enfin réalisé. De sorte qu'alors même qu'on aurait pu bien connaître toutes les forces productrices et consommatrices humaines en un moment donné, s'il arrive au moment d'après, qu'une nouvelle richesse, une loi naturelle, soient découvertes, cet apport constituera une sorte de germe de perturbation intérieure et les faits défieront et anéantiront la formule. — Il faut donc compter deux moments ou deux phases dans la réalisation de la société et du déterminisme social et, par suite, de la sociologie : une phase *provisoire* et une autre *définitive*.

1° *La phase provisoire* commence à peine de nos jours. C'est celle où les sociétés s'ouvrent réellement les unes aux autres, en sorte que l'on peut connaître, *par à peu près*, toutes les forces productrices et consommatrices. Le commerce paraît destiné à accomplir ce grand miracle et la Bourse semble en coordonner les résultats. L'état actuel est néanmoins très précaire. Car, outre que les sociétés et toutes leurs richesses ne sont pas complètement connues, les fluctuations de la population, l'augmentation des naissances et les découvertes continuelles de richesses naturelles inconnues introduisent dans le courant de la vie sociale, à des intervalles de temps trop courts, des perturbations qui défient toute prévision et toute tentative pour fixer l'irrégularité. Pour avoir rendu impossible la connaissance de l'irrégularité, le *prévoir* est devenu *à fortiori* impossible, et le *savoir* est exclu, dans le sens scientifique du mot. Que le socialisme arrive, — dans combien de temps, on ne le saurait dire, — à convaincre les hommes et à les convertir à *l'internationalisme*, et le problème de la science sociale serait rendu déjà plus simple et plus facile.

Mais jusqu'à ce moment, l'impossibilité de la science n'est pas absolue. Une certaine sorte de science serait peut-être concevable. Pourvu que l'on ne s'obstine pas à s'en tenir à la fantasmagorie des lois sociales naturelles, on pourrait bien, en fin de compte, aboutir à une sorte de pendant d'une science : la science du droit, de la morale et de la politique, par exemple, sans que ce soient là des sciences naturelles. Cette science pourrait être conçue à peu près ainsi : entre les différents événements scientifiques ou techniques, d'une portée plus étendue, qui marquent les points de départ des révolutions sociales, il y a nécessairement des *interrègnes* d'une durée plus ou moins longue. Dans ces intervalles de temps, du moins entre certaines limites, les manifestations de la vie économique, quelque complexes et mobiles qu'elles soient, pourront être, à la suite de certains efforts statistiques considérables, converties en formules quantitatives, approximatives. En s'appliquant à ces données, serrées ainsi de très près, la raison pourrait ensuite les convertir en des formules adéquates, qu'elle devrait ériger en lois. S'il est un moyen de les sanctionner, ces lois pourront s'appliquer, dans les limites temporaires de leur *valabilité*, aussi rigoureusement que les lois de la nature. De cette seule façon, le rêve d'Auguste Comte « l'ordre dans le progrès » pourrait être tenté. C'est en somme là ce qu'il y a de plus légitime et de plus soutenable dans le socialisme.

Tant que le socialisme n'entendra pas immoler et immobiliser, dans des formes indéfiniment fixes, la marche de la réalité sociale, il sera le moyen le plus méthodique de réaliser le *déterminisme social*, et de rendre par suite possible la sociologie. Si l'on pouvait combiner, dans l'avenir, et faire alterner *l'idée du socialisme* — qui est, à proprement parler, celle de la société au point final du développement de son développement — avec *un libéralisme* semblable à celui que concevait M. Henry Michel, et avec le *libre échange*, — qui sont les deux idées de la société anarchiste actuelle — on obtiendrait un compromis qui serait le seul moyen de ne sacrifier ni le présent, ni l'avenir. D'autant que l'application immédiate de la formule idéale du socialisme, qui serait despotique parce qu'il est fixe, étranglerait le présent, et par suite l'avenir, autant que l'anarchie si on la laisse s'épanouir éternellement. On pourrait exprimer l'idée de ce compromis de la manière suivante :

Le Socialisme doit — et il serait légitime de l'essayer — étreindre, à chaque époque sociale et économique, la complexité et la mobilité extrêmes de la vie dans des formules stables, qu'il tâchera d'appliquer telles quelles, jusqu'à nouvel ordre. Mais que le socialisme renonce, à chaque tournant de l'histoire, à sa formule rigide et au despotisme immobile; qu'il *s'éclipse*, pour ainsi dire, qu'il laisse alors l'anarchie se déchaîner dans toute l'étendue de la société et dans toutes les formes de la vie. Au milieu de l'irrégularité chaotique, lorsque le conflit des forces les aurait poussées à s'entre-réduire ou à se stériliser, le principe du socialisme devrait apparaître de nouveau. Il aurait libéré les dernières forces entravées, et poussé tout d'abord la concurrence et l'anarchie à un tel degré, qu'aucune force ne serait plus perdue, détruite, ou stérilisée. Les forces manifestées, par cela même rendues visibles et connaissables, seraient susceptibles d'être enregistrées dans les statistiques, ou fixées par des formules quantitatives, elles-mêmes capables d'être formulées en lois applicables, à l'exemple des lois naturelles Et de cette façon, les énergies seraient canalisées, la vie sociale aurait pris un rythme et un cours régulier, prévisible et scientifique.

2° *La phase définitive.* — Il est probable que dans les formes sociales qui se succéderont, tout ne sera pas boiteux : il y aura, dans chaque forme provisoire des sciences sociales, un grain de vérité éternelle, qui ne se perdra pas. Le trésor de ces principes éternels recueillis augmentera sans cesse jusqu'à l'avènement de la société devenue éternellement immobile, et avancera jusqu'à toucher au stade de la dernière perfection inhérente à la nature de cette société. A ce moment, la réalité sociale aura atteint cette consistance, ce rythme idéal, cette périodicité exacte propres aux fonctions vitales.

Le jour où les derniers progrès scientifiques et techniques seront réalisés, la société, ayant été universalisée depuis longtemps déjà, tout élément perturbateur, tout germe de révolution ultérieure seront désormais impossibles. La dernière anarchie, déchaînée par le dernier progrès technique, aura été saisie dans la dernière statistique. La mobilité et la complexité des rapports inter-individuels et des formes de la vie sociale seront, pour la dernière fois, fixées dans une formule quantitative. Cette dernière formule, par un dernier décret de la raison, sera devenue la *première* loi sociologique universelle, extra-temporelle. On aura ainsi touché à la première loi sociologique naturelle, dont l'idée hante aujourd'hui l'esprit des partisans exclusifs de la sociologie naturaliste objective. La psychologie et la morale seront devenues, et dans ces conditions seulement, cette science abstraite, comparable aux sciences mathématiques, telles que les ont conçues Kant, Renouvier, Beaussire, Simmel, etc. Le point le plus difficile à faire admettre dans cette manière de voir, c'est la conception de cette stabilité éternelle, de cette immobilité perpétuelle des formes de la vie interne et des manifestations extérieures de la vie sociale. Dans un temps où toutes les choses évoluent et se modifient, l'esprit est mal préparé à concevoir une époque, où toutes les choses seraient stagnantes. Aussi, est-il difficile d'admettre que les techniques atteignent un dernier degré de perfection et que l'âme humaine s'immobilise dans des formes de vie qui, malgré leur complexité, ne sauraient pas être stables.

Et cependant une chose est certaine : la nature terrestre, quelle qu'en soit l'immensité, ne saurait plus cacher éternellement ses secrets aux recherches, aux efforts combinés de tous les peuples de la terre, efforts combinés pendant 500 000 ou 1 million d'années. Quant aux techniques, des ingénieurs nous assurent que la fabrication du sucre, par exemple, s'est tellement développée, qu'il n'y a plus lieu d'espérer d'améliorations ultérieures de grande importance. Telles encore les industries de l'éclairage, des moyens de transports. Dans un intervalle de temps, qui se compte par millions d'années, on pourrait raisonner ainsi pour toutes les techniques. Quant aux formes de la vie mentale, c'est un lieu commun de rappeler la *fixité* de toutes les opinions sur les lois mathématiques et sur les principales lois de la nature. De même il y existe des genres littéraires épuisés, l'épopée, la fable, et de plus en plus la poésie lyrique. Les sentiments correspondants ont trouvé leur expression définitive dans des chefs-d'œuvre, qui, pour rester toujours hors de pair, tuent et stérilisent tous les essais médiocres.

Si l'on suppose que ce qui s'est déjà produit pour ces opinions, ces idées et ces sentiments, — et cela dans un intervalle de temps relativement court — doit arriver pour toutes les idées et tous les sentiments, il n'y a plus rien d'absurde dans l'idée de la fixité éternelle des états d'âme. Pour y aboutir, nous aurons assez de l'effroyable délai que la science nous affirme exister sur cette planète. Qu'on pense seulement un peu qu'il existe une Chine, où la vie atteint un équilibre relativement établi et des formes de vie sociale d'une fixité proverbiale, et l'idée deviendra plus concevable.

II

Il reste à voir maintenant comment employer la méthode active, volontaire, pour la recherche de ces lois sociales provisoires, seules accessibles pour le moment. La science sociale objective, dans le sens des sciences de la nature, ne saurait même pas réaliser la statistique des manifestations de la vie sociale. Mais alors même qu'elle le pourrait, si elle veut toujours garder l'attitude objective, sans rien altérer de la réalité constatée, les données de la statistique ne seront d'aucune utilité, puisqu'elles seront la constatation, l'image exacte de l'anarchie, du manque de lois. Impartiale, fidèle à la réalité, la méthode objective n'y pourrait rien changer. Par suite, elle ne saurait en tirer des lois, sans faire violence aux faits, ce dont elle doit se bien garder pour rester conforme à son principe. Mais, si même elle fait violence à la réalité et en tire des lois, ces lois seront illusoires, parce que, pour leur réalisation, il est nécessaire que le savant descende dans la vie pratique pour tâcher de les réaliser effectivement. Or le savant, d'après la conception vulgaire, taillée sur celle qu'on a du naturaliste, ne doit pas sortir de son cabinet de travail, de son laboratoire. Il n'a qu'à constater objectivement les faits, et, sans les altérer, à en découvrir les lois. Ces lois, la nature les vérifie et les réalise d'elle-même sans aucune intervention du savant. Tout au plus pourraient-elles être reprises par les hommes pratiques qui les appliqueront, non pas pour les vérifier, mais pour satisfaire aux nécessités de la vie individuelle et sociale. Mais, le sociologue, ainsi conçu, devient, pour des raisons que nous venons d'esquisser, le plus inutile produit du mouvement social et scientifique. A ce propos, nous allons examiner maintenant ces trois points : *a*) la connaissance exacte de la réalité au moyen de la statistique; *b*) la généralisation forcée qui fait violence aux faits (elle les subjugue, au lieu de s'y soumettre) ; *c*) la réalisation effective des lois volontairement décrétées. Pour fournir la preuve de l'*inutilité* des efforts théoriques du sociologue objectif, il suffirait de montrer ce qu'il doit être pour pouvoir découvrir, en effet, les lois sociologiques.

1° Nous n'insistons plus sur le fait, pourtant essentiel, que la connaissance exacte de toutes les énergies humaines et naturelles, qui se dépensent dans la vie sociale, n'est possible qu'avec la réalisation d'une société universelle. L'idée de la société universelle, internationale, est, comme on le sait, un des postulats du mouvement démocratique. Si elle arrive à se réaliser, ce sera non pas par les spéculations contemplatives des sociologues objectifs, mais bien par la poussée vigoureuse du mouvement démocratique. Par suite, la première condition de toute loi sociologique, la société internationale, n'est nullement due au savant objectif, mais uniquement au mouvement démocratique-socialiste.

Supposons la société universelle donnée : le sociologue objectif sera-t-il à même de recueillir, d'enregistrer statistiquement toutes les forces de la vie? Il s'en faut de beaucoup sans doute. Pour connaître la complexité infinie des phénomènes sociaux, des plus petits aux plus remarquables, il faut une autorité plus effective que celle du savant. Les hommes cachent toujours la vérité relative aux faits qui les concernent socialement ou individuellement. Pour la leur faire dire, il faut des sanctions absolues. Pour qu'il y ait de pareilles sanctions, il faut supposer un pouvoir central, qui veuille bien les imposer. Or, si ce pouvoir est rétrograde, il n'aura nullement intérêt à le faire. S'il est libéral, il contredit ses principes. Seul, un gouvernement démocratique et un peu despotique, tel que le conçoit le socialisme, pourrait se mêler de la vie de l'individu et méconnaître sa parfaite et absolue liberté de conduite et de conscience, pour le contraindre à dire la vérité. On voit combien nous sommes loin de l'attitude passive du savant objectif, qui observe, à l'écart, le cours des choses. Aussi le sociologue, pour ne pas rester stérile, est-il forcé de recourir à la statistique réalisée par l'État. M. Durkheim, par exemple, dit qu'il s'est procuré les données statistiques sur le suicide au service de statistique, dont le chef était M. Tarde.

Avouons cependant que cette méthode, qui empiète si brutalement sur la liberté individuelle, est trop incommode et que même elle n'est pas sûre. Aussi en a-t-on inventé une autre : la méthode du régime représentatif, organisée par le suffrage universel. Par ce mécanisme parfait (théoriquement du moins) la statistique est devenue une méthode vivante, vécue, qui se réalise d'elle-même. Le suffrage universel est le pendant exact et parfaitement pratique de ce qu'est la statistique pour les autres sciences. Il est aussi le pendant exact de la méthode inductive, dont la statistique n'est d'ailleurs qu'une forme plus parfaite. Avec ce principe démocratique, la méthode inductive est donc devenue une méthode scientifique vivante, conformément à laquelle les individus doivent venir d'eux-mêmes déclarer leurs opinions, leurs besoins, leurs aspirations. Les votes exprimés donnent cette formule quantitative qui sera transformée en loi.

Si cette méthode laisse à désirer, c'est que son étendue est très limitée. Son efficacité serait complète, si elle pouvait être généralisée à tous les actes qui sont de quelque importance dans la vie. Tel est en principe le *referendum obligatoire*, qui, en

Suisse, de l'avis de Sidgwich, peut seul changer en loi la volonté de la majorité, assurer et rendre plus serrées les approximations de cette volonté. D'après cette méthode, « les délibérations parlementaires doivent être considérées comme de simples préliminaires et tous les actes du parlement doivent être soumis à l'approbation formelle des électeurs, avant de devenir des lois définitives[1] ». A coup sûr, si l'on pouvait trouver un moyen, à la fois facile et pratique, de consulter les masses, à quelque distance qu'elles se trouvent, la *méthode du suffrage pourrait être étendue à presque tous les actes de la vie sociale*. Or, cette méthode a encore moins affaire avec la sociologie strictement objective. Et par suite, le seul moyen qu'aurait cette sociologie d'aboutir, serait de s'identifier avec le mouvement démocratique.

2° Comment s'accomplit l'acte de généralisation des données de la statistique, de l'induction devenue suffrage universel? Assurément, c'est en dehors de toute intervention du sociologue que cette généralisation, propre à convertir le résultat de la statistique en une formule, érige cette formule en loi, et découvre, par suite, une véritable loi sociale. Ici le mécanisme est encore plus simple. On vote avec des boules de deux couleurs différentes. La signification des couleurs, l'une représentant le pôle positif, l'autre le pôle négatif des opinions, aide à réaliser le travail de calcul, par lequel on compte les *oui* et les *non*. On les compare, et, selon le résultat, l'on généralise ou l'on repousse le projet de loi. Le principe de la généralisation est ici très simple et très significatif, c'est le principe de la majorité. 60 *oui* ou *non*, repoussent, nient et font abstraction de 40 *non* ou *oui*.

Ici s'accomplit un travail presque semblable à celui d'un naturaliste qui examine les phénomènes de la nature d'où il pense tirer une hypothèse, et qui décide également dans le sens du plus grand nombre des faits observés. Seulement, l'attitude de l'esprit est ici tout à fait différente. Tandis que le savant, pour établir une loi, doit tenir compte de tous les faits, tandis qu'il

1. *Elements of Politics*, Macmillan, London, 1897, p. 554.

s'y soumet et tient la loi pour une hypothèse, tant qu'il existe un fait qui la contredit, la méthode démocratique nie et détruit les 40 opinions contraires pour affirmer et retenir les 60 qu'elle opposera ensuite à ces 40. Elle tâchera d'uniformiser ces dernières dans le sens des autres. *Donc, tandis que le savant constate l'uniformité des faits naturels, la méthode démocratique constate presque toujours le manque d'uniformité et la contradiction; et pour arriver à tout prix à cette uniformité, elle la crée du néant et la décrète conformément au principe des majorités.* Et ce n'est pas même par le principe de la majorité car, dans le cas de plusieurs opinions contraires, c'est le principe d'une majorité très relative qui, comparée à l'ensemble des opinions contraires, peut devenir une véritable minorité.

Toute l'efficacité pratiquement scientifique de la méthode inductive, devenue suffrage universel, dérive *de ce principe de la majorité.* Ce principe est le pouvoir généralisateur et générateur de la substance sociale, par suite de l'uniformité et de la science sociale. Sans lui, l'uniformité sociale, qui mesure la réalité de la société et de la science sociale, ne saurait pas non plus exister. Ce principe est très significatif, car il peut être regardé comme une preuve inéluctable de l'hypothèse d'après laquelle la réalité sociale serait un règne en formation, une réalité qui se trouve précisément en train de se créer. Il est même l'instrument suprême de cette création.

Sa raison d'être est profondément intelligible et justifiée, et le sera tant que la réalité sociale sera en voie de se réaliser. Ce ne sera qu'à la fin du processus social que le vote des unanimités sera possible. Pour y arriver on doit passer par la *majorité.* Mais on voit bien ici encore combien on est loin de la méthode passive du naturaliste, à laquelle le sociologue objectif veut s'arrêter et s'attarder. Généraliser à la manière du naturaliste, c'est supprimer toute possibilité de jamais arriver à des lois et à l'accord social qu'elles expriment, c'est perdre son temps de la façon la plus inutile. Le sociologue ne peut pas constater l'uniformité sociale qui n'existe pas. Il ne peut pas généraliser objectivement pour arriver à des lois, en constatant l'uniformité. Il ne lui reste qu'une seule manière de généraliser encore, c'est d'imposer à tous les faits une tendance à peine esquissée par certains d'entre eux, c'est de déduire l'uniformité générale d'une uniformité partielle, et même très partielle. En un mot, le sociologue, pour découvrir des lois, ne peut le faire qu'à la seule condition de ne pas être objectif à la façon des naturalistes. Et, inversement, *il n'y a qu'une seule condition pour que le sociologue échoue, c'est d'être taillé sur le modèle du naturaliste, c'es d'être passif et objectif.* Seule la méthode créatrice pratique, est efficacement applicable au terrain de la réalité sociale, elle-même en voie de création.

3° Supposons maintenant que l'induction, par le suffrage universel, nous ait donné la formule quantitative des faits et que cette formule, par l'abstraction, ait été généralisée et érigée du même coup en loi. Comment se réalise cette loi? Le sociologue objectif y est-il pour quelque chose?

Le décret de loi voté est ensuite sanctionné, comme si l'on avait voulu le marquer d'une façon plus spéciale, afin de ne pas le confondre avec une loi de la nature. En un certain sens, la sanction est le seul moyen de vérifier que le projet de loi est une loi véritable. La loi se présente en effet comme un *devoir* aux individus qui la *doivent* accomplir. De là le mystère auquel se sont heurtés, dans la morale, les savants aux allures naturalistes. C'est un véritable scandale pour un grand nombre de bons esprits de voir que les lois de la morale et du droit ne disent pas « cela est », mais « cela doit être »[1]. Une loi biologique (la nécessité de la nourriture) n'est imposée par personne. L'individu qui se nourrit est même réduit à lutter contre ceux qui lui disputent ses moyens de vivre. D'après le sociologue naturaliste, il devrait lutter de la même manière contre ceux qui lui disputeraient les moyens d'être vertueux. Pour arriver à aider et à aimer toujours son semblable, l'homme devrait entreprendre une lutte analogue à la lutte pour l'existence. Il devrait éprouver le besoin

1. Voir à ce propos *Ethik*, par Paulsen; *Einleitung in die Moralwissenschaft*, par Simmel; *Science of Ethic*, par Stephen Leslie; et *Constitution de la morale, le Bien et le Mal*, par de Roberty.

d'être moral, d'être juste, d'aider son voisin, de se soumettre à la loi, de même qu'il éprouve un sentiment de faim et de soif. Aussi Herbert Spencer a-t-il cru à une morale instinctive dans ce sens même. On peut bien concevoir une morale qui s'imposerait à l'homme avec la même nécessité que celle des lois naturelles. Dans notre hypothèse, le fait devrait bien se produire, mais à la fin de l'évolution sociale. Commencer par la fin, c'est tout ce qu'il y a de moins sensé et de plus inutile. Or, l'expérience la plus banale montre que, de nos jours, être vertueux et se soumettre aux lois est tout ce qu'il y a de plus rare. De là découle même une sorte de valeur d'estimation très haute de tout acte moral. Cette même expérience montre que la loi ne peut être qu'imposée, qu'elle est extérieure et se présente à l'individu comme une contrainte. Seul, M. Durkheim s'en est aperçu, mais sans en tirer grand profit. Le reste des sociologues, M. de Roberty par exemple, est toujours à la recherche de cette apparition fantaisiste d'une morale naturelle qui ne dise plus *cela doit être*.

Par conséquent, en face de la réalité, qui veut que les lois éthico-sociales *soient créées*, et par suite *décrétées* et non découvertes, le sociologue objectif est non seulement inutile, mais encore embarrassant. Il ne lui sera possible de découvrir aucune loi. Il n'aboutira à aucune prévision. Il sera l'esclave de l'homme d'action. Car, pour découvrir, il devrait constater ce que celui-ci aurait réalisé pratiquement, en fait de principes et de lois sociales. Pour dire « cela est », les lois sociales doivent commencer par dire « cela doit être ». Si le moraliste pratique, l'homme actif se dit « cela doit être », et s'il fait en sorte que « cela soit », le sociologue, qui viendra ensuite constater ce qui est, n'a plus de valeur scientifique; sa science devient quelque chose de tout à fait *superflu*.

Il ne pourra dire, par exemple, ni qu'il a découvert une loi, ni qu'il a prévu quelque chose. La loi est découverte depuis sa création, depuis son incorporation à *un code*. La prévision est donnée dans ce qui *doit être*, ce que le sociologue ne peut admettre sans renoncer à être un sociologue naturaliste et objectif. C'est pour cette même considération que la morale se présente comme une aspiration envers quelque chose de meilleur que ce qui existe. A le bien considérer, ce trait fort particulier lui donne une valeur scientifique inébranlable. En effet, aspirer vers le mieux, vers ce qui n'est pas, et chercher à l'accomplir, c'est le seul moyen de *prévoir* l'avenir. Prévoir l'avenir est le point caractéristique du savoir et la vraie pierre de touche de la science en général. *Tendre vers le mieux, vers ce qui n'est pas, vers ce qui doit être, est le pendant exact de la prévision scientifique.* L'avenir de la société est donc dans l'aspiration vers le mieux, qui doit exister. Cette aspiration, ce « doit être », représente la seule prévision sociologique.

Mais entre cette façon de voir et celle de la sociologie naturaliste, il existe un abîme. Le sociologue objectif, qui se confine dans la constatation passive de *ce qui est*, outre qu'il ne prévoit rien — car ce qui existe en matière de lois sociales est déjà codifié par les hommes d'action eux-mêmes — ne découvrira absolument rien de ce qui *doit être*, son objectivisme l'ayant complètement fermé à la science sociale. Nous pouvons donc dire encore qu'il n'y a qu'une seule condition pour échouer dans les recherches sociologiques : c'est d'être un sociologue objectif, à l'exemple du naturaliste. De même, il n'y a qu'une seule condition pour aboutir à des lois sociales, c'est d'être tout autre chose qu'un sociologue objectif. Celui-ci ne saurait mieux faire, pour atteindre le but de sa juste ambition, que de travailler effectivement, en descendant dans la pratique de la vie courante, pour réaliser au moins une partie infinitésimale de ce qu'il a pris pour une loi sociologique, objective, naturelle et universelle. C'est la seule manière qu'il ait de prévoir, de vérifier, ne fût-ce que très partiellement, son hypothèse. Et il se trouvera que, pour avoir essayé de vérifier sa loi objective, il aura contribué, par son activité même, à la réaliser. Toute autre méthode fait un utopiste du sociologue objectif; ses efforts sont inutilement perdus.

M. Espinas, qui soutient le primat de la volonté et qui fait en Sorbonne des leçons si intéressantes sur la *Philosophie de l'Action*, paraît en être convaincu. Cependant, nous devons constater, à notre grand regret, que ce vigoureux penseur n'arrive pas, en matière sociale, à identifier l'action avec la science. Ses « règles techniques » sont quelque chose d'hybride, un ensemble de science et d'action; mais il ne veut leur attribuer aucun caractère scientifique, puisqu'elles sont contaminées par l'action. Et l'action est de la pratique pure, c'est-à-dire le contraire de la science. Nous aurions aimé qu'il eût conçu l'action comme un mode de connaissance propre à la science sociale, et dans ce cas les *lois de l'activité, les règles techniques*, juridiques et morales seraient les véritables lois sociales. Autrement, il nous est impossible de voir comment M. Espinas peut soutenir la primauté de l'action, de la volonté. Il semblerait que l'éminent professeur est séduit, lui aussi, par la conception vulgaire d'un rapport existant entre la science et la pratique sociales, rapport dont nous mettrons en évidence la fausseté radicale dans les pages suivantes. La pratique sociale peut seule créer l'objet de la science sociale et la science sociale elle-même, et Ihering [1] a bien fait voir comment elle a créé la matière du droit et la science du droit. Dielthey se demande si les autres sciences de l'esprit n'en sont pas également dérivées, et si les premières notions et les lois de l'esprit n'ont pas été trouvées, pour la plupart, grâce à la pratique des fonctions sociales [2].

Disons pour résumer que la sociologie passive et objective ne peut ni connaître la réalité sociale complexe et anarchique, ni en généraliser les données pour les convertir en une formule, en un décret de loi, ni enfin vérifier cette formule, cette loi, au moyen d'une sanction qui la rende efficace et applicable. Cela signifie que le sociologue, pour jouer, en ce qui le concerne, le rôle du savant naturaliste, sera forcé de prendre une attitude conforme à ce trait caractéristique de la réalité sociale, à son état provisoire de formation, attitude qui est l'antipode de celle du naturaliste objectif et, en quelque sorte, passif. Autrement, la science de la sociologie n'aurait aucune raison

1. *Zweck im Recht*, passim.
2. *Einleitung in die Geistwissenschaft*, p. 26.

d'être, car elle serait essentiellement vaine et inefficace. Mais si elle rachète sa vanité, c'est par ses contradictions. Elle ne devient forte qu'au prix de ses défaillances.

Cela ne signifie pourtant pas que les sciences sociales n'auront pas dans l'avenir une destinée meilleure. Car, à côté des efforts stériles de la méthode sociologique objective, s'est réalisée, dans les deux derniers siècles, cette autre méthode également sociologique, mais active et pratique : *le mouvement social démocratique et socialiste.* Ce mouvement social offre tous les caractères d'une véritable science sociologique. Car il réalise l'induction et la statistique au moyen du suffrage universel. Sa force scientifique abstraite consiste dans le simple mécanisme du vote. Sa portée scientifique généralisatrice, législatrice, consiste dans le principe des majorités, qui fait qu'un tiers, rarement la moitié, impose sa manière de voir au reste. Enfin, cette méthode trouve dans la sanction dont elle appuie les projets et les hypothèses ainsi découvertes, le seul moyen de les vérifier. Ces sanctions déterminent l'application possible des lois et constituent ainsi la preuve de leur réalité effective. Ainsi la méthode active et pratique de la démocratie seule peut nous mettre à même d'abstraire et de généraliser pratiquement au sens que Renouvier attribuait à ces mots. Il trouvait, en effet, que « *l'abstraction et la généralisation sont en outre les conditions spéciales pour rendre la morale possible, et cela même dans la pratique* ». Et, dans le cas spécial de la morale, où, comme partout, la science ne saurait exister avant l'objet réel de ses recherches, et où précisément l'objet de ses recherches se réalise en même temps que ces recherches mêmes, il est logique alors que *l'abstraction et la généralisation théoriques coïncident avec l'abstraction et la généralisation pratiques.* De fait, l'abstraction et la généralisation pratiques sont toute la science, car cette pratique présente encore ceci de spécial qu'elle est codifiée. Le savant strictement objectif perd absolument ici toute raison d'être. C'est ce qui fait d'ailleurs que sur la sociologie fixe et stérile, le mouvement démocratique l'emporte, qu'il a réalisé des lois méthodiques et a pu seul rappeler à la vie les sciences sociales. La sociologie est l'œuvre de la Révolution française, ses progrès sont limités par les progrès de la démocratie.

La logique des faits nous conduit donc à cette conclusion, qui nous mettra peut-être en contradiction avec la plupart des sociologues contemporains : *le mouvement démocratique socialiste est la seule méthode sociologique viable et efficace. La démocratie est la science éthico-sociale vivante et vécue, c'est la science sociologique mise en action, se créant elle-même et en train de se créer.*

III

La méthode inductive, statistique, n'est pas le seul procédé des sciences de la nature. Elle ne saurait non plus être la seule méthode des sciences sociales. Les lois sociales peuvent se créer autrement encore que par le suffrage universel. D'ailleurs le suffrage universel est déjà trop positif, et n'est rien autre que la constatation d'un fait donné, d'une régularité et d'une uniformité existant déjà, encore que partielles. Il fait seulement en fin de compte un très léger effort pour augmenter l'accord et l'uniformité existant. Mais, il faut d'abord que cette première uniformité vienne à exister; comment, lorsqu'elle n'existe pas, pourra-t-on la créer? La sociologie objective avait déjà le défaut d'être stérile dans l'emploi général de la méthode inductive, cette stérilité est au comble dans ce dernier cas. Si elle ne peut constater et découvrir une loi sociale, alors qu'elle existe déjà partiellement, elle le fera moins encore, quand cette loi sera absolument inexistante. De fait, la méthode du suffrage, avec son principe des majorités, ne devient possible que lorsqu'il existe déjà un certain principe de loi, fût-ce seulement dans l'accord d'un certain nombre d'individus, au sujet de certaines questions. Or, nous prétendons que pour arriver à cette première velléité de loi, il faut une méthode déductive, qui seule peut réaliser cette première uniformité partielle.

En un moment donné, le progrès des sciences et des techniques, ou le progrès de la société universelle auront rendu possible d'abord, ensuite même nécessaire, une réforme quelconque. Or, cette réforme, pour être nécessaire, n'en est pas moins complexe; ainsi elle dépasse les limites de la prévoyance commune des individus. Représentez-vous, pour plus de facilité, ce cas abstrait et général, par celui d'un Chamberlain qui vient d'entrevoir que le système du libre échange ne correspond plus aux nécessités économiques de sa patrie, et qu'une réforme douanière, selon le principe de l'interventionnisme, devient chaque jour plus imminente. Imagine-t-on que la loi sociale qui consacrerait, en Angleterre, l'interventionnisme douanier pourrait être découverte par les méthodes d'une sociologie objective, passive, réduite à constater la réalité présente? Mais cette méthode constaterait et consacrerait le libre échange et le principe démocratique inductif du suffrage universel et des majorités ne serait lui-même pas là le procédé adéquat.

Pour y arriver, il y a pourtant encore un seul moyen : c'est de bien approfondir la question, de la fixer dans ses termes les plus clairs et les plus convaincants, et de tâcher de convertir les gens à notre manière de voir. Si la formule correspond à une nécessité objective, soyons sûrs que nous réussirons à les convertir et que nous réaliserons une sorte d'uniformité d'opinions, très restreinte au début. Il se créera une sorte de courant en faveur de cette idée, qui pourra s'accroître et aboutir à une majorité pour faire de son opinion un projet de loi. Ce *projet* sanctionné sera la loi qui se réalisera dans l'avenir. On y est donc arrivé déductivement. Du moins, la déduction a précédé et préparé l'induction. Mais quel sociologue objectif pourrait quitter sa méthode spéculative, la contemplation, et descendre dans la masse pour convertir les gens à ses principes? C'est pourtant la seule manière de vérifier si ces principes sont des lois.

En décrivant, d'une manière abstraite, le procédé de la méthode déductive, nous n'avons fait que reproduire, à ce qu'il nous semble, le procédé qu'un homme d'État anglais applique en Angleterre à l'heure actuelle. Cette circonstance nous permet de mieux caractériser la méthode déductive, telle que nous la concevons en Sociologie. Cette méthode n'est rien autre que de la *propagande*. Si le suffrage universel peut, en effet, découvrir, en les décrétant, les lois sociales, la vraie raison de ces lois est dans le fait de la propagande. Celle-ci impose de l'extérieur, en quelque sorte, une manière de voir inexistante, qui contraint les esprits à l'accepter, fût-ce seulement à un point de vue logique et intellectuel. Cette contrainte est une véritable suggestion. C'est sur la suggestion que se base la propagande, par suite l'induction du suffrage universel, et la découverte des lois sociales.

On n'arrivera donc à découvrir des lois sociales qu'en les décrétant et en les répandant au moyen d'une propagande intense et étendue. Or, nous avons déjà vu que les hommes deviennent de plus en plus souples et suggestibles. Dans la mesure où l'on aurait pu persuader les gens, les forcer, les contraindre à accepter une idée, une réforme, on aurait découvert une loi, on aurait rendu possible une prévision et par cela, — par cela seulement — on serait un savant sociologue qui ferait de la science dans l'acception la plus complète et la plus exacte du mot. *La seule façon de créer des lois, c'est de les imposer, c'est de les suggérer aux masses ; la seule manière de les vérifier, c'est de les propager.* On n'est donc sociologue que dans la mesure où l'on dispose du pouvoir de suggestionner les masses, dans les limites du pouvoir qu'on a de propager ses hypothèses. Les hypothèses seront-elles admises? si elles sont réalisées et vérifiées, elles sont des lois proprement dites.

Donc, pour nous résumer, la valeur scientifique de l'œuvre, en Sociologie se mesure seulement par le succès obtenu dans la propagation de l'idée, par l'insistance mise à la suggérer au monde, par l'effort fait pour la rendre acceptable dans un cercle de plus en plus large. Les limites de nos prévisions sociologiques sont celles de nos efforts pour propager ces prévisions, c'est-à-dire les limites de notre pouvoir pour convertir le monde et le convaincre de la réalité de nos idées. Dans la mesure où nous sommes écoutés et admis, nos hypothèses se sont déjà changées en lois, nos prévisions seront arrivées ou arriveront.

Ainsi les enseignements moraux du Christ sont des lois sociologiques qu'il a décrétées. Si l'on s'était borné à penser ces théories morales, si l'on n'avait fait que les écrire simplement, la morale chrétienne serait une pure rêverie. Le fondateur du christianisme, les apôtres et les Pères de l'Église ont été des sociologues, qui, autrement que les sociologues modernes, ont découvert des lois morales abstraites. Ils ont eu l'intuition profonde que la morale spéculative n'est que du temps perdu, et que la seule manière de créer la morale et la science de la morale est de convertir le monde aux lois éthiques. En conséquence, ils ne se sont pas bornés à les énoncer : le Christ n'a pas écrit; mais ils les ont propagées de toutes leurs forces, pendant toute leur vie. S'ils ne l'avaient pas fait, leurs hypothèses morales eussent été des hypothèses chimériques. *La vérité objective de ces hypothèses s'est mesurée aux efforts apostoliques*. Les prévisions de l'avenir ont consisté dans leur pouvoir de réaliser et de former cet avenir selon leurs idées. Ils ont créé cet avenir avec la substance de leur vie. Car c'est en sacrifiant cette vie qu'ils ont pu propager la morale nouvelle.

Il en est de même des théories de la démocratie et du socialisme contemporains. Les principes de la Révolution française se sont également réalisés par la propagande. Le marxisme serait une utopie, sans aucune raison d'être, si Karl Marx s'était borné à énoncer, d'une manière désintéressée, les principes de la conception économique de l'histoire. Loin de s'enfermer dans son cabinet et de spéculer sur la société, Marx a pris une part considérable à l'activité sociale. Il a propagé ses idées. Ses amis, qui l'ont aidé et compris, ont continué son œuvre. Et si jamais le marxisme, ou du moins ses conclusions, se réalise, ce ne sera pas en vertu d'une nécessité fatale, contenue dans ces principes, mais en vertu de la propagande qu'on a fait autour de ses idées. Que les socialistes militants renoncent un jour à leur activité de propagande, par ce seul fait les théories de Marx se seront révélées fausses. Si les socialistes ne cèdent pas, le marxisme aura fait sa preuve et sera vérifié.

Le seul moyen de savoir et de prévoir l'avenir en matière sociologique, c'est de pouvoir réaliser cet avenir d'une façon quelconque. En dehors des efforts faits pour nos prévisions, il n'y a pas de prévoyance et de science certaines de l'avenir social. Ce *pouvoir* joue le rôle de *l'expérience* dans les sciences de la nature. En dehors de l'expérience possible, toute science manque de fondement.

Donc, la meilleure méthode pour découvrir, par la suite, des lois sociologiques, c'est d'abord la méthode déductive, qui est volontaire et active par excellence. Elle consiste en propagation et en propagande. Lorsque les principes à propager se seront répandus dans un cercle assez large, on pourra employer la méthode inductive du suffrage universel. L'emploi de cette méthode donnera précisément le principe que nous aurons propagé. Si M. Chamberlain réussit par sa propagande à convertir un groupe assez étendu de ses compatriotes à ses idées interventionnistes, sa politique impérialiste aura le dessus. Son succès politique et social se mesurera à l'étendue de sa propagande, à sa force et à ses efforts pour convaincre.

La méthode déductive de la propagande est nécessairement la phase initiale qui prépare la possibilité de l'induction. Cette dernière ne fait que suivre les traces de la déduction. Et, en vertu du principe de la majorité réelle ou supposée, elle complète, elle-même, jusqu'au bout, l'œuvre de la méthode déductive, de la propagande. Car, si le socialisme parvient à gagner la majorité supposée et à s'emparer de la force de l'État, il pourra, de par cette force, appliquer à tous les principes socialistes. Si M. Chamberlain réussit à obtenir une majorité quelconque, fût-elle très relative, en faveur du principe interventionniste, ses rivaux, les libres échangistes, seront forcés, de par la loi faite par cette majorité relative, de se convertir eux-mêmes aux principes interventionnistes. Ou tout au moins ils feront comme s'ils étaient convertis. Car, s'ils sont des hommes d'affaires, ils devront conformer leurs actes à la loi.

Aussi, n'est-il pas étonnant que la sociologie spéculative,

objective, reste stérile, et qu'en même temps, à côté d'elle, des hommes d'action découvrent des lois sociologiques en les créant. L'explication en est que les uns — les sociologues — prennent habituellement l'attitude qu'il faut avoir devant un objet de recherches à jamais fixé, dont l'évolution serait déjà terminée, tandis qu'ici c'est juste le contraire. Les autres — les hommes d'action — prennent l'attitude convenant à une réalité en voie de se créer. La méthode sociologique de la morale, que M. Lévy-Bruhl vient de nous enseigner, serait sans doute valable dans un avenir éloigné de quelques centaines de mille ans. Pour le moment, la méthode démocratique, active, nous semble seule en possession du secret des lois sociologiques.

Remarquons que s'il est vrai que la *propagande* et *l'effort* pour généraliser ainsi une manière de voir qui n'existe pas, sont le vrai moyen pour découvrir des lois, les postulats sur lesquels MM. Tarde et Durkheim basent leurs systèmes de sociologie se trouvent alors au moins partiellement justifiés. Il s'en faut de très peu qu'ils ne soient ce qu'ils devraient être.

Ces deux postulats, d'ailleurs, ne diffèrent pas trop l'un de l'autre. Pour faire accepter nos idées, nous devons faire en quelque sorte violence aux consciences, ne fût-ce que par une contrainte logique de l'esprit des autres. La suggestion est une sorte de contrainte exercée de l'extérieur sur un esprit. Ce principe, cet élément primordial se trouve dans la définition même que M. Durkheim donne des faits sociaux. A côté de cette définition, celle de M. Tarde est inférieure. Celui-ci suppose qu'en effet nous n'avons qu'à énoncer nos idées pour que tout le monde nous écoute et nous suive, et cela avec la spontanéité propre aux faits naturels. La conception de M. Tarde, étant trop passive et trop mécaniste, par un côté du moins, est aussi par trop naturaliste. Les principes énoncés ne suffisent pas. Nous devons contraindre en quelque sorte les gens pour qu'ils admettent nos principes. *L'imitation* de M. Tarde est l'idée d'une propagation spontanée que suppose l'agent passif. Tel n'est pas le principe créateur des lois. Le Christianisme n'aurait réalisé aucune loi morale, si la vie d'une infinité d'apôtres et de martyrs ne s'était dépensée dans la propagande active de ses lois morales, si celui qui a énoncé ces lois ne les avait pas consacrées par le sacrifice même de sa vie. Le postulat des lois sociologiques n'est pas la *propagation spontanée*, mais la *propagande* qui obsède, suggère et impose. Cet élément nous est donné seulement par la sociologie de M. Durkheim. Mais, à son tour, cette sociologie veut passer pour mécaniste et naturaliste, pour la raison qu fait qu'elle n'admet pas de *spontanéité*. Et, de plus, pour pousser la contradiction jusqu'au bout, elle exclut l'individu et nous laisse en face de cet être abstrait : la Société. A ce défaut, la sociologie de M. Tarde seule peut remédier en réintroduisant l'individu et son pouvoir de créer ces *bouts de séries*, ces répétitions qui constituent les lois. Il n'y a que la synthèse de ces deux sociologies qui puisse nous donner la sociologie active que nous demandons. L'apport de M. Durkheim est l'idée que le fait social ne se crée que par *la contrainte* qui vient de l'extérieur, mais il retire l'agent de cette contrainte en nous interdisant d'y voir l'individu. M. Tarde, au contraire, veut bien nous laisser l'individu, mais il en fait un être passif; il ne lui laisse pas le droit de contraindre. Si ses actes sont imités par ses semblables, ce qui ne manque pas d'arriver dans des cas de peu d'importance, il sera aussi le créateur d'une loi; s'ils ne le sont pas, la loi ne se réalisera pas.

On pourrait remarquer ici que M. Tarde était plus naturaliste que le naturaliste même, et plus fataliste que ce dernier n'est mécaniste. Car, le biologiste qui explique la création des espèces par l'apparition d'un individu manifestant des caractères différents de ceux de ses congénères, ne pense pas que le nouveau type se généralise par l'imitation, mais par la *création*, par la *filiation*. S'il inaugure une espèce nouvelle, ce n'est pas parce que ses congénères, en le voyant, adopteraient ses caractères spéciaux, mais parce qu'il a mis au monde une progéniture. Celle-ci lui ressemble *parce qu'il l'a mise au monde*, parce qu'il l'a créée. De même, celui qui découvre une loi sociale ne pourrait jamais le faire d'une manière passive, par une simple constatation révélée à une foule de ses semblables, mais bien par l'effort créateur, qui insiste, crée et évoque dans l'esprit d'autrui une idée pareille à la sienne. Une loi sociale existe parce qu'elle a été plutôt imposée, créée par la *propagande*, et non par la *propagation*.

Les vrais sociologues, qui découvrent effectivement des lois, ce sont les réformateurs des sociétés, les hommes de *propagande*. La sociologie, pour devenir efficace, doit devenir œuvre de propagande, *œuvre créatrice*. Si elle reste passive et théorique, elle risque de découvrir des lois qui ne se vérifient jamais, ou de s'en tenir à des généralités impossibles à vérifier et que les faits contrediront. Toujours est-il que la sociologie active aura pour but de réglementer la matière du déterminisme social, de canaliser les énergies dans ces formules permanentes qui lui manquent, et qu'on peut finalement comparer aux lois de la nature.

CHAPITRE VIII

SCIENCE ET PRATIQUE SOCIALE

En général, lorsque l'on veut se rendre compte des rapports qu'il peut y avoir entre la science et la pratique sociale, on se limite, d'une façon par trop servile, à l'étude des seules sciences naturelles. En effet, pour les sciences naturelles, on a pu, à juste titre, distinguer entre la science ou les lois scientifiques, et la pratique ou l'art que ces lois rendent possibles. Le procédé était très naturel. Le cours des choses du monde extérieur est purement théorique, car les phénomènes, dans leur enchaînement réel, ne sont nullement en rapport avec nos nécessités. Ils ne sont ni bons ni mauvais en eux-mêmes; ce sont nos besoins qui nous les présentent comme tels.

Mais l'homme qui les connaît et qui les envisage au point de vue de ses nécessités, veut intervenir et détourner leur cours défini « afin de les modifier à notre avantage », selon M. Lévy-Brühl. Le savant professeur de la Sorbonne reconnaît, en même temps, que les sciences correspondantes, purement spéculatives et désintéressées, ont préalablement déterminé les lois de la nature. Par suite, le cours réel des phénomènes naturels et leur science est une chose, et les applications que nous en faisons à notre avantage, en sont une autre. Il est alors évident que dans ces sciences il existe une science et un art qui ne sauraient se confondre, puisqu'ils représentent deux points de vue essentiellement différents. Cette distinction est non seulement logique, mais nécessaire, parce qu'il existe une nature indifférente en elle-même, objective, d'une part, et d'autre part l'homme avec ses nécessités. Il faut retenir la présence de ces deux facteurs qui seuls rendent légitime la distinction entre l'art et la science.

*
* *

Mais, est-ce bien le cas des sciences sociales, qui sont précisément les sciences dont l'objet d'étude est, en dernière analyse, l'homme lui-même, c'est-à-dire la somme de ses nécessités et de ses besoins? Sans doute, dès qu'on a pu parler d'une science sociologique et psychologique, le vulgaire a voulu en déduire un art, en faire des applications pratiques, acte aussi irréfléchi que celui d'un enfant qui porte à sa bouche tout ce qui lui tombe entre les mains, convaincu, par suite de son ignorance, que toutes choses sont bonnes à manger, jusqu'à ses doigts eux-mêmes, n'eussent été les douleurs qui l'avertissent du contraire. M. Lévy-Brühl vient d'adopter, sans aucune réserve, la thèse vulgaire [1]. Il ne s'est même pas posé la question de savoir quels sont les deux facteurs et les deux points de vue différents, pour qu'il y ait encore lieu de distinguer, de la même façon, entre l'art et la science. Au contraire, il a tenté d'identifier la nature humaine avec la nature physique; de là la *physique sociale*. Ensuite, la science de la nature humaine étant conçue théoriquement et par suite physiquement, rien plus simple que d'en déduire un art rationnel.

Ne cherchons pas s'il est logique ou même utile de confondre deux choses aussi différentes que l'homme et le milieu cosmique. Demandons seulement à M. Lévy-Brühl quels sont ici ces êtres qui, ayant connu théoriquement et objectivement la nature humaine, peuvent en déduire des arts et des pratiques, et l'exploiter de la manière dont nous exploitons la nature proprement dite? Quels sont donc ces êtres supérieurs, vis-à-vis des nécessités desquels notre nature est indifférente et les détermine à se déranger pour connaître cette nature et la modifier à leur

1. *La morale et la science des mœurs.* Paris, F. Alcan.

avantage? Nous ne croyons pas à leur existence. Du moins, la science ne le suppose même pas. Elle admet que la création se termine avec l'homme.

On nous répondra peut-être que l'art social emploie à améliorer les mœurs la connaissance des lois sociologiques, de même que le mécanicien utilise les lois mécaniques. A cela, nous répondons encore : est-ce que la technique, les arts que permettent la chimie et la mécanique, *est-ce que toute l'industrie moderne a pour but d'améliorer la réalité et les lois de la physique, de la mécanique et de la chimie*? Cela ne signifie rien et cela prouve qu'il est absurde de considérer à la fois la pratique sociale et les pratiques déduites des lois de la nature.

Cependant, regardons de plus près ce que l'amélioration des mœurs pourrait exprimer de plus exact. Que signifie d'abord l'art de la médecine? La médecine n'est-elle pas l'art d'établir le fonctionnement normal des lois de la vie? Son rôle est négatif; elle ne peut pas améliorer. Il en sera de même de l'art social. L'amélioration des mœurs consistera donc à trouver les moyens par lesquels les lois morales et sociales s'accomplissent normalement. Mais qu'est-ce qu'un art, qui ferait seulement que le cours des choses se déchaîne normalement? Est-ce bien là le rôle des arts techniques de la nature? Dans ce cas, il faudrait que l'agriculture fût l'art de favoriser la propagation des plantes inutiles et vénéneuses au même titre que celle des plantes qui nous sont nécessaires. L'art social nous met donc à l'antipode de l'art physique.

*
* *

On dira peut-être que l'art social consiste à déduire les lois de la nature humaine et à les appliquer au profit des hommes. Mais, n'est-il pas impossible de dire qu'il faut sacrifier les nécessités et les besoins des hommes à l'avantage des hommes eux-mêmes? M. Lévy-Brühl entend-il par cet art que les hommes doivent s'exploiter entre eux?

Il ne le pense pas, semble-t-il. Il ne lui reste alors que cette seule issue : l'art est la simple déduction d'après le présent de ce qui sera dans l'avenir. Mais, par malheur, cette issue montre à elle seule que l'auteur ne devait pas séparer la science de la pratique sociale. Car déduire du présent que l'on connaît l'avenir, c'est-à-dire prévoir d'après ce que l'on sait, est tout ce qu'il y a de plus propre à la science. Pour la science sociale, en particulier, — la pratique, — l'art est la prévision scientifique de ce qui doit arriver. Or, ce qui doit scientifiquement arriver se confond avec ce que fera l'homme. Par suite, du fait même que l'agent et le support des lois sociales sont, en dernière analyse, l'homme lui-même, la science sociale offre cet aspect troublant qui fait que la loi s'identifie avec les actes pratiques et l'art avec la théorie; puisque *la loi se réalise seulement par ces actes pratiques, elle se présente réellement comme un plan d'activité pratique humaine, comme une règle de conduite.*

L'art se confond ici avec la théorie, de même que dans les sciences de la nature, une loi physique se résout dans les faits particuliers, d'où elle est tirée. Il est vrai que l'art physique ou chimique se présente aussi comme une série d'actes pratiques; mais, à côté de ces applications artificielles, il existe un monde d'applications spontanées de ces lois naturelles. Or, il n'en est pas ainsi des lois sociales. L'art et les applications pratiques qu'on en déduit forment la matière même de la sociologie, de la vie sociale. Les praticiens de la science sociale n'ont, de même que les médecins, qu'à veiller à ce que les lois s'accomplissent normalement. Le technicien ou le médecin social, c'est le juge ou le pédagogue, qui applique ou enseigne la loi. L'art social est donc l'application des lois juridiques et morales. Améliorer la réalité sociale, c'est veiller à ce que ses lois s'appliquent exactement et punir ceux qui les foulent aux pieds. La distribution de la justice et le droit pénal seraient donc le véritable art social. Or, le juge et le pédagogue sont en même temps les véritables agents de la réalité sociale effective. C'est par leur intermédiaire que les lois sociales se maintiennent, précisément par ce fait qu'ils les appliquent. Toute la réalité sociale s'emploie à ces applications.

Contrairement à ce qui arrive pour les applications des lois naturelles, il n'y a plus ici de différence entre les lois et leurs applications. Car les lois consistent seulement ici dans leur application. Et si cette application n'avait pas lieu, les lois seraient également inexistantes. Il y a même une grande différence entre l'art de la médecine et l'art social. La phénoménalité biologique s'accomplit en général spontanément, sans aucune intervention réfléchie, sans l'art. Au contraire, la phénoménalité sociale disparaîtrait, si le pédagogue et le juge renonçaient à leur faculté d'enseigner et d'appliquer les lois sociales. L'intervention réfléchie, intentionnelle, c'est-à-dire l'art, est ce qui rend possible la phénoménalité sociale en l'effectuant réellement.

Donc, tandis que les lois naturelles ne dépendent pas de leurs applications pratiques, celles-ci en étant plutôt la négation, les lois sociologiques n'ont de réalité effective et de perspective de se maintenir et de se réaliser dans l'avenir qu'en tant qu'elles se posent comme une série d'activités pratiques ou de devoirs moraux. C'est ce qui fait que l'idée *de devoir* est la substance, la base inébranlable des lois sociales, de même que la causalité mécanique est la substance des lois de la nature. Seule la solidité du devoir fera la solidité théorique des lois sociologiques. Voilà ce qui nous fait croire que Kant, pour être arrivé à l'idée du devoir comme fondement de la morale, n'a pas été aussi superficiel que M. Lévy-Brühl se plaît à nous le représenter.

Or, d'autre part, comme nous l'avons déjà fait voir, la vie sociale en soi et à un moment donné n'est finalement que la somme de toutes les applications pratiques, de toutes les lois de la nature alors connues. Par suite, la matière de la sociologie est essentiellement œuvre d'art et applications pratiques. Que peut être alors la sociologie, si ce n'est précisément la *science de l'art, de la pratique*, la théorie à déduire de la pratique? Or, la théorie d'une pratique est l'expression abstraite de cette pratique elle-même. On ne peut donc pas déduire une nouvelle pratique de cette théorie, qui n'est légitime et scientifique qu'autant qu'elle est l'expression fidèle de la pratique. Donc, à ce point de vue encore, les lois sociologiques se confondent avec leurs applications pratiques tout comme une loi naturelle se confond avec ses objets individuels. Les lois naturelles ne se confondent pas avec les applications pratiques, parce que ce sont les sciences sociales, économiques, etc., qui doivent se confondre avec celles-ci, s'il est vrai que la vie sociale n'est rien autre que la somme de ces applications pratiques des lois de la matière.

Ce qui a pu induire en erreur M. Lévy-Brühl, c'est qu'il a fait abstraction du fait que l'objet de la science sociale est le même que le sujet qui crée cette science, et que l'objet connu s'identifie avec le sujet connaissant. Trop fidèle à l'école de M. Durkheim, il l'a même exagérée, ce qui lui a fait abandonner le terrain réel de la sociologie pour courir après une série de lois sociales, qui ne sont, en somme, qu'une fantasmagorie des lois de la nature. Par excès d'objectivité, il a identifié la société et la nature physique, voulant faire de la sociologie et de la morale une *Physique sociale* : d'ailleurs il s'en flatte. En effet, la société et la morale ne sont pas selon lui l'œuvre de l'individu humain, mais celle d'une nécessité objective, inhérente au tout social. Et, dans une certaine mesure, nous sommes d'accord avec lui sur ce point. Mais, il affirme ensuite que l'individu acquiert la faculté d'améliorer et de transformer la société, du moment qu'il en connaît la loi. Nous admettons encore cela. Mais il ne s'ensuit pas qu'on peut faire abstraction de la part que l'individu prend effectivement à la réalisation de la société et de la morale. Par suite, l'homme, en tant qu'il possède la science sociale, l'emporte sur la société. Pourquoi l'exclure alors d'une façon radicale? En outre, si l'individu peut réglementer la société, du moment qu'il la connaît, ne s'ensuit-il pas que cette société ne peut pas être gouvernée d'après des lois aussi fixes et aussi fatales que M. Lévy-Brühl se plaît à l'imaginer?

Et puisque l'individu a le pouvoir d'améliorer la société, qu'est-ce à dire, si ce n'est précisément qu'il la rend autre. Mais d'après quel critérium? Est-ce d'après ce qu'elle est? Cela semble inintelligible. Ce ne peut être que d'après le critérium de l'aspiration de l'individu, qui dans ce but utilisera, à vrai dire, la réalité actuelle. Mais, introduire l'aspiration de l'individu, ce n'est déjà plus de la sociologie objective. Il est vrai que cette aspiration de l'individu peut n'être, en somme, qu'une anticipation d'une loi sociale effective. Mais il n'y a pas alors lieu d'exclure l'individu, qui peut seul anticiper sur la loi sociale et l'aider à s'effectuer. Peut-on, dès lors, continuer à soutenir que la société ne dépend nullement des individus dont elle se compose?

M. Lévy-Brühl a de plus le tort de soutenir en même temps deux thèses contradictoires. D'une part, il tient la société pour immuable, gouvernée par des lois semblables aux lois physiques. Les phénomènes moraux sont définis, liés entre eux par des rapports définis, dont l'ensemble constitue une nature morale analogue à la nature physique. Cela justifie il est vrai, la conception qu'il se fait d'un art social différent de la science sociale. D'autre part, puisque la société est une réalité à jamais fixée dans ses traits, comme un morceau de cristal, dont les coins et les lignes sont à peine altérés et altérables ça et là, et puisque la science existe, rien n'est plus simple, selon ce même auteur, que de corriger, au moyen d'un art rationnel, les petits défauts de cette société. Méconnaître à un tel point la mobilité et la complexité extrêmes des sociétés, qui varient d'une époque à l'autre et d'un peuple à l'autre, surprend de la part de M. Lévy-Brühl. Il s'est élevé précisément contre cette morale, dont le postulat est l'unité de la nature humaine et de la conscience morale, parce qu'il trouve que rien n'est davantage en contradiction avec les faits. La morale, la conscience morale et les institutions varient avec les peuples et les époques.

Cependant, n'y a-t-il pas là encore un argument, et le plus fort peut-être, contre la science théorique de la morale et contre l'art social, qu'on conçoit distinct de la science? Si la morale, et par suite les lois morales, change avec les époques, qu'est-ce qui nous assure qu'après les avoir découvertes, et lorsqu'on voudra les appliquer, elles n'auront pas déjà perdu toute raison d'être, précisément parce qu'elles changent. Et même, si les lois qu'on aura découvertes continuent à s'appliquer, ce qui doit bien être le cas, car en tant que sociologue objectif on ne devra constater que ce qui est et ne pas altérer les faits, l'art consisterait en somme à appliquer des lois qui s'appliquent d'elles-mêmes. Peut-on concevoir quelque chose de plus vain? Et si les lois ne s'appliquent pas exactement, ce doit être parce qu'il est une nécessité inhérente, qui justifie les exceptions. Le sociologue objectif, qui doit seulement constater et respecter les faits, n'a nullement le droit de corriger les lois. Comment prouvera-t-on que les exceptions ne sont pas justifiées? De plus la découverte même des lois ne nous appartient pas, car les phénomènes de la réalité sociale s'arrangent tellement que leurs lois sont codifiées et portées à la connaissance de tout le monde, pour qu'on les respecte. Il reste, à vrai dire, l'image trompeuse des lois sociales naturelles. C'est au fond cette pierre philosophale que cherche la sociologie strictement physique.

En somme, M. Lévy-Brühl, comme tous les sociologues naturalistes, livre un combat acharné à toutes les morales *régulatrices*, qui se disent pratiques et théoriques à la fois. Mais, ce qui est plus curieux, c'est de constater en même temps que M. Lévy-Brühl nous prêche une science des mœurs, qui doit se confiner seulement dans l'étude des mœurs et ne pas quitter le point de vue de la réalité sociale, alors que lui-même quitte le terrain de la science des mœurs et se tient toujours sur celui des sciences de la nature : la Physique, la Biologie et même l'Astronomie. A peine fera-t-il quelques incursions, de temps à autre, dans les phénomènes moraux. On conçoit facilement qu'après avoir envisagé les faits moraux au point de vue de l'Astronomie et de la Physique, tout lui paraisse à renverser et à détruire.

Ce qui le frappe d'abord, c'est que les rapports réels entre la théorie et la pratique sont ici « tout à fait anormaux », et cela parce que la science morale n'est pas une science. Elle n'est pas une science, parce que ces rapports « ne sont nullement ceux qui existent entre une physique pure et ce qu'on appelle une physique appliquée ».

Par suite, la morale théorique existante, n'étant pas encore une physique, n'est pas une science. La preuve en est qu'elle a pour but « non pas de connaître, mais de légiférer; elle ne constate pas, elle énonce des jugements de valeurs... Le mot de science, dans le sens ordinaire du mot, ne lui est donc pas applicable ». Et pour la bonne raison que l'objet de sa connaissance n'est pas la nature, objet ordinaire des sciences : nous avons montré précédemment pourquoi.

Si M. Lévy-Brühl n'avait pas jugé la morale du point de vue de la physique, il aurait pu voir que cette science régulatrice est encore, quoiqu'elle ne fasse pas grand bruit, beaucoup plus fidèle à la réalité morale que ne l'est sa propre science. Cette dernière est plutôt fidèle à la nature physique, quoi qu'on sache très bien qu'il y a en somme assez de différences entre la nature physique et la nature morale.

Insistons encore sur la question de savoir pourquoi la morale est régulatrice et légifère au lieu de connaître. D'abord toutes les sciences, en tant qu'elles sont des sciences de lois, sont législatrices. La morale, en prescrivant des lois, se conforme à l'idée générale de science. Mais, dira-t-on, ces lois sont des règles de conduite, ce qui est monstrueux, parce que les lois astronomiques ne le sont pas. C'est là, en effet, le principal point d'erreur. Sans doute, comment pourrait-on se représenter les lois morales, dont l'individu seul est l'agent, autrement que comme des règles de conduite individuelle? Si la morale était une science dont les agents seraient les corps célestes, il est certain que ces lois ne seraient plus des règles de la conduite humaine.

Mais, alors, que fait-on de cette différence qui subsiste entre les deux, la morale ne prescrivant pas ce qui existe, mais ce qui devrait être et ce qui doit être? A cela, on peut répondre que toutes les sciences, en tant qu'elles permettent la prévision, prescrivent toutes ce qui doit être; et en tant que leurs lois souffrent des exceptions, elles prescrivent plutôt ce qui devrait être. *Le devoir* est tout ce qui fait et ce qui fera de la morale théorique une véritable science. Car le devoir, c'est le *prévoir*. D'autre part, il existe une autre signification : puisque les règles sociales et morales ont pour agent l'homme, qui travaille en extériorisant des actes de volonté, la loi sociale se pose comme un devoir en face de cette volonté. C'est la solidité du devoir qui fait l'objectivité de la loi. Cela signifie encore que pour que la loi se réalise, l'individu *doit* la réaliser; elle sera fausse et ne se réalisera pas si l'individu ne l'a pas accomplie. Alors, toute l'importance revient à l'idée du *devoir*, qui seule fonde l'idée de loi *morale*, tout comme le principe causal fonde seul les lois naturelles.

Quant à reprocher à la morale d'être à la fois théorique et pratique, l'explication en est dans la nature de l'homme réfléchi. Il a toujours une idée de ce qu'il va faire et surtout il se rend compte de ce qu'il a fait. De là deux aspects : l'un *idéal*, l'autre *pratique*. Si l'homme était une plante, la morale ne serait qu'active et pratique. Elle n'aurait pas un côté d'idéation parallèle à l'activité. C'est pour cela que la plante accomplit mécaniquement son processus, tandis que le processus moral est une loi qui se pose, pour l'individu, comme un plan d'activité réfléchie à suivre.

M. Lévy-Brühl fait à la morale théorique d'autres objections, qui loin de l'entamer, attestent que cette morale est ce qui doit être. Il reproche ainsi à Kant d'avoir soutenu le primat de la raison pratique sur la raison pure. Or, qu'est-ce que cela signifie si ce n'est que la raison pure, la science, doit être fidèle et subordonnée aux faits réels de la pratique sociale, qui constitue l'objet de la sociologie? M. Lévy-Brühl fait de cette fidélité de la science aux faits et à la pratique sociale un sujet d'accusation, en même temps qu'il nous prêche la sociologie comme une science des faits. Ensuite, il condamne la morale des philosophes parce qu'elle veut « rationaliser la pratique », « organiser, légitimer, systématiser les règles, qui, en fait, s'imposent à la conscience de leur temps », « elle est une projection abstraite de la morale effective ». Mais cette morale accomplit précisément l'idée que s'en fait M. Durkheim[1], et que par suite, M. Lévy-Brühl s'en fait lui-même indirectement. C'est au fond

1. La seule appellation que nous acceptions est celle de rationnaliste. Notre principe objectif est en effet d'étendre à la conduite humaine le rationalisme. — Durkheim, *Règles de la Méth. soc.*, 1re éd., p. VII.

le postulat de toute science : présenter la réalité dans des lois rationnelles et abstraites.

L'erreur capitale de M. Lévy-Brühl consiste à éliminer l'individu de la causalité sociale, plus radicalement encore que ne le fait l'école de M. Durkheim. Pour faire la science morale, il veut *désubjectiver* les hommes et les rendre égaux aux choses de la nature *morte*. Il est étrange qu'on ne se soit pas plus souvent rappelé ce qu'on avait en somme convenu : le subjectivisme, l'individu, peut être lui-même d'origine sociale. Et alors, pourquoi l'exclure? Si le moi social rentre dans le moi individuel, pourquoi rejeter le subjectivisme? Puisqu'il est social, cela va de soi.

M. Fauconnet, un des élèves les plus distingués de M. Durkheim, s'en est d'ailleurs bien aperçu. Dans la très intéressante analyse qu'il a faite du livre de M. Lévy-Brühl, après avoir dit que « ... l'auteur semble méconnaître l'importance des éléments subjectifs de la moralité », il ajoute fort à propos : « Méthodiquement, le sociologue doit faire une place à ces caractères subjectifs dans sa définition de la moralité[1] ». En raison même de cet objectivisme exagéré, M. Lévy-Brühl a eu la malchance, de méconnaître complètement cette réalité, qui est l'art, la pratique, c'est-à-dire l'*homme ajouté à la nature*, tout en se flattant d'inaugurer une science des mœurs, confinée aux faits à la réalité. De même, il a rejeté et expulsé radicalement l'initiative de l'individu, précisément en un temps où cette initiative tend à devenir toute-puissante avec le mouvement démocratique.

Cette sorte de sociologie paraît obéir à une loi fatale : elle se contredira toutes les fois qu'elle voudra prévoir le progrès et l'avenir. Et elle sera *rétrograde*[2] dans la mesure même où elle voudra rester fidèle à son postulat et consacrer l'état actuel. Mais quelle est cette science qui peut à peine *dire* ce qui est et ne peut rien prédire de ce qui sera, ce qui *doit être*?

1. *Revue philosophique*, janvier, 1904, p. 85.
2. « Notre méthode n'a donc rien de révolutionnaire. Elle est même dans un sens essentiellement conservatrice. » Durkheim, *Règles de la Méthode*. Préface.

CHAPITRE IX

FOI ET SCIENCE. — CONCILIATION DE LA SCIENCE AVEC LA CONSCIENCE

La conscience est une réalité spéciale, *sui generis*, qui apparaît seulement au milieu de la société des hommes[1]. Elle fait des progrès et se développe en raison du développement de la société humaine. Son contenu — les notions — sera donc ce que seront les rapports des êtres humains groupés en sociétés, car ces notions sont précisément l'écho intérieur abstrait de ces rapports extérieurs. Ainsi « chez plusieurs peuplades de l'Océanie un vocable spécial est employé pour la queue d'un chien, un autre pour celle d'un mouton, etc., mais on ne peut désigner une queue en général. De même aucun terme pour désigner la vache, mais des mots distincts pour la vache rouge, blanche, brune[2] ». On doit remarquer que ces peuplades sont exiguës. Or, il en doit être de même de la précision et de la cohésion des états de conscience et des notions. Elles doivent être en corrélation très étroite avec la précision et la cohésion des rapports inter-individuels.

Si la société humaine augmente de volume, la conscience s'en ressent. Elle pousse alors plus vigoureusement sur la plante humaine[3]. Ses propriétés se soulignent mieux. Son activité

1. Voir notre ouvrage *Du Rôle de l'Individu*, 1904, F. Alcan, Paris, liv. II, ch. I et II.
2. Ribot, *L'Évolution des idées générales*, 1897, F. Alcan, Paris, p. 110.
3. *Du Rôle de l'Individu*, p. 230-240.

devient plus effective et ses fonctions plus efficaces. Elle réagit ensuite naturellement, d'une façon toute spontanée, non seulement sur l'homme qu'elle transforme et transfigure, mais, en même temps, sur la société qu'elle change et rend plus rationnelle.

Il est de première importance de tâcher de décrire, en ses lignes les plus générales, ce processus de détermination réciproque entre la conscience et la société et d'en déduire les conséquences remarquables qu'il comporte.

Nécessairement ce processus se développe de la façon suivante : d'abord la société augmente. Les rapports inter-individuels s'étendent, se multiplient, se compliquent dans la même mesure. Par cela même leur cohésion relative se relâche. Leur précision, ce qu'il y a de défini dans leurs caractères, disparaît. Et puisque la conscience n'est que le foyer où s'entrecroisent et se condensent les rapports inter-individuels, ainsi compliqués et multipliés, elle s'amplifie et se complique elle-même. En raison de cette transformation, elle se relâche aussi. La cohésion des états de conscience devient très mobile et peu sûre.

Cependant, ni la société ni la conscience ne peuvent persévérer dans cet état. L'équilibre rompu des formes sociales et des rapports sociaux compliqués doit être établi et défini sous peine de destruction de la société. Leur cohésion reparaît, se précise et se fixe peu à peu. *A fortiori*, il en est de même de la conscience. L'incohérence des états d'âme constitue des crises qui ne peuvent être que passagères. Autrement l'esprit entier sombre. Il faut que les états d'âme se définissent et se fixent aussi et que l'équilibre de la conscience se rétablisse également. Et il le sera sans retard, car la nécessité dans laquelle se trouve la société de s'équilibrer se reflète très sensiblement dans la conscience. C'est cette nécessité même qui consolide le contenu de la conscience et qui en définit et précise les notions, au point qu'il en résulte une forme nouvelle de conscience : la science.

Cette œuvre de transformation, d'équilibre et de consolidation de la conscience constitue une sorte de processus par lequel elle évolue et aboutit à la science. Il y a là un processus de détermination réciproque entre la conscience et la société. Si la conscience renouvelée peut transformer la société, celle-ci, transformée à son tour, aide à préciser et à consolider la conscience. Toute une série d'institutions sociales apparaissent dans le but de reprendre le contenu encore vague de la conscience, renouvelée par anticipation, et de la transformer en quelque chose de précis, de net, de clair et de scientifique.

En ses termes essentiels, voilà comment cette évolution peut être présentée.

Tout d'abord, la conscience proprement dite contient un stock psychologique commun, une sorte de savoir général, indéfini, vague, assez obscur et peu cohérent. Cette conscience correspond, il est vrai, à une société amorphe ou devenue telle à la suite d'une augmentation et d'une transformation intérieure radicale. Dès que la société commence à s'organiser et à acquérir une certaine consistance, les institutions mentionnées se détachent et se développent, destinées à faire progresser la science et à populariser ses résultats. Ce progrès de la science consiste en ce que les états d'âme vagues, qui forment le contenu de la conscience, sont précisés et déterminés. L'œuvre de la science est de reprendre les états d'âme indéfinis du savoir commun qu'est la conscience, d'en déterminer, d'une façon exacte, le contenu et la sphère et d'en faire de véritables notions.

Tout le monde a, par exemple, une certaine notion de la distance qui sépare le soleil de la terre. Cette notion pourtant n'est précise et déterminée que pour les astronomes. Seule la science de l'astronomie a pu déterminer la valeur numérique de cette notion en mesurant, par ses calculs, la distance qui nous sépare du globe solaire. Il en est absolument de même de toutes les notions qui se rapportent, soit au monde extérieur, soit à nous-mêmes. Car, les notions même les plus simples de la pesanteur, de la chaleur, du magnétisme, ou enfin des corps physiques, de leurs actions et réactions chimiques, tant qu'elles n'ont pas fait l'objet d'une investigation méthodique scientifique, restent vagues et obscures.

Le rôle de la science est de donner aux notions qu'enferme notre conscience une fermeté et une précision, une détermination quantitative qu'elles ne pourraient pas avoir autrement. Ainsi précisées et déterminées quantitativement, elles acquièrent une efficacité remarquable. Elles nous donnent alors une prise effective sur la réalité à laquelle elles correspondent. Autant les simples états de conscience vagues sont impuissants, autant les notions scientifiques nous rendent tout-puissants en face de la nature. Les notions fermes, précises et quantitativement déterminées deviennent de vraies forces, des instruments sûrs, auxquels la réalité ne peut que céder. Car on a de la puissance sur les choses, en raison de la connaissance profonde et exacte qu'on en a. Il suffit de citer l'exemple suivant pour illustrer cette vérité, si tant est qu'elle ait encore besoin de preuves. L'électricité, tant qu'on n'avait d'elle que la connaissance acquise par Thalès de Milet, échappait complètement à notre action. Même, elle terrorisait l'homme et l'écrasait sous la forme des foudres célestes. Or, maintenant qu'elle a été étudiée scientifiquement, la prise de l'homme sur ce grand phénomène naturel est considérable. Les hommes de science doivent reprendre ainsi tous les états d'âme, et, de vagues et indéfinis qu'ils sont, les élever au rang des notions précises et quantitativement déterminées de la science. Par ce processus, tout le contenu de la conscience deviendra scientifique.

Mais tant que durera ce processus, — nous le voyons bien de nos jours —, un conflit aigu et des contestations amères surgissent entre la science et la conscience. D'abord, la science, sinon explicitement, du moins tacitement, forte de ce qu'elle nous a déjà donné, fait des promesses illimitées. S'il est vrai que nous devenons les maîtres de la nature, en raison du savoir exact que nous en avons, quelles limites peut-on assigner aux promesses de la science? Cependant, sa marche est trop lente par rapport aux aspirations des hommes. Elle n'a pas fait jusqu'ici leur bonheur, et n'a pas même allégé leur sort!

Les prétentions et les désirs inassouvis de la conscience humaine s'exaspèrent. Notre impatience s'en prend alors à la science et l'accuse de faillite, au lieu de lui reprocher simplement sa lenteur.

A son tour, la science, soit par présomption, soit par esprit d'opposition, dirige des attaques contre la conscience. Elle conteste toutes ses aspirations et combat toutes ses constructions. La science voit des chimères absurdes et irréalisables dans les prétentions et les aspirations les plus profondes et les plus constantes de la conscience humaine. Elle s'efforce, enfin, de lui couper les ailes. Elle veut, par exemple, décourager et détruire nos aspirations à la vie éternelle et à la perfection idéale. Les savants positifs nient, en effet, la possibilité d'une vie à venir et prêchent la mort éternelle de l'individu et de l'espèce, de même qu'ils contestent la perfection finale de l'homme si bien symbolisée par la notion de la divinité. A la liberté que nous voulons acquérir et réaliser, la science oppose l'idée d'un déterminisme rigoureux. Enfin, les investigations scientifiques s'efforcent d'être terre à terre et affectent un certain mépris pour tout élan audacieux vers des régions un peu élevées.

Or, rien n'est moins opportun et moins juste que ces contestations réciproques. En fait, la science, loin de contester effectivement les aspirations de la conscience, ne fait, tous les jours et à tout moment, que faciliter leur accomplissement. D'une façon imperceptible, toute découverte scientifique fait un pas, si minime soit-il, vers la connaissance totale du monde, qui est précisément la condition suffisante de la toute-puissance et, par suite, de la liberté. Seule la connaissance exacte du monde nous fournit le moyen de remplir tout notre idéal, nos aspirations d'immortalité, de perfection divine, de bonheur, etc. Faute de s'en apercevoir, la science et la conscience se livrent des luttes inutiles, apparentes : leurs efforts sont parfaitement convergents et leur but final confondu.

Il est vrai que ces luttes ne pourront cesser tant que durera ce processus qui doit rendre la conscience scientifique. Il y aura toujours conflit entre le contenu de la conscience commune et le savoir exact de la science, d'autant que le savoir exact reste le privilège d'une classe de savants assez peu nombreuse et assez isolée. Pour que ce conflit cesse, il faut d'abord que tout le contenu de la conscience soit rendu scientifique ; il faut en d'autres termes que tous les états de conscience soient repris, précisés, quantitativement délimités et transformés ainsi en notions scientifiques proprement dites.

Mais il faut encore que ces notions scientifiques soient ensuite généralisées et deviennent le patrimoine commun de tous les hommes. Par un processus contraire, il faut que toutes les notions délimitées, précisées scientifiquement, puissent suivre le chemin opposé, descendre dans toutes les consciences, et se transformer ainsi de science commune en conscience.

Le progrès continu des sciences arrivera, dans l'immensité du temps qui lui est réservée, à remplir complètement la première condition de conciliation entre la science et la conscience. La seconde condition — la généralisation des notions scientifiques, leur descente dans toutes les consciences — se réalise. L'instruction gratuite et obligatoire, encore limitée aujourd'hui, suffira à cette tâche quand elle sera complète et généralisée. On a déjà parlé, dans les milieux démocratiques, de l'instruction intégrale. Cette instruction est déjà passée dans les programmes des groupes politiques avancés. Si jamais on la met en pratique, elle sera destinée à transmettre à tous les données les plus sûres de toutes les sciences. De la sorte, les notions scientifiques passeraient du cercle étroit des consciences savantes dans toutes les consciences humaines. La science, ainsi généralisée et devenue commune, serait de la conscience rationnelle, car la conscience elle-même n'est au fond qu'une sorte de science commune (cum-scientia).

*
* *

Ce passage de la conscience à la science positive et ce retour de la science à la conscience rationnelle ne font d'ailleurs que reproduire fidèlement l'évolution et les transformations des sociétés.

Considérées au triple point de vue de leurs aspects purement social, éthico-juridique et économique, les sociétés humaines présentent toutes un conflit parallèle à celui de la science avec la conscience. Ce parallélisme est si évident et si significatif qu'il suffit ici seulement de l'esquisser. Par cette simple description, on pourra facilement voir à quel point l'évolution de la conscience reflète exactement l'évolution sociale.

Au point de vue purement social, nous avons le conflit entre l'État et la Société. L'évolution sociale est un processus dont les deux termes opposés sont la Société et l'État. Tout d'abord, la société est quelque chose d'amorphe. Pour s'organiser, il lui faut la force centralisatrice de l'État. L'institution de l'État prend la Société rudimentaire et amorphe, l'organise, fixe les limites et les lignes principales de son caractère, et la transforme en quelque chose de précis, de défini, que nous reconnaissons à présent sous le nom de *nation*. Cette action de l'État est en tous points comparable et parallèle à celle de la science, qui reprend les états de conscience, les précise, les définit et en fait des *notions* scientifiques exactes. Par rapport à la simple société amorphe et rudimentaire, l'État offre une sûreté et une efficacité qui font tout à fait défaut à la Société. Et cette efficacité de l'État est également comparable à celle des notions scientifiques. Le pouvoir effectif dont dispose une société se concrétise et se manifeste dans l'institution de l'État.

Cependant, il existe entre la Société et l'État un conflit permanent, parfois aigu et même douloureux. Ce conflit se trahit sous bien des formes. Toutes les associations que renferme la notion générale de Société entrent tôt ou tard en lutte avec l'institution de l'État. Ainsi, par exemple, l'association religieuse a été de tout temps en conflit avec l'État ou avec ses représentants. Depuis le progrès de la démocratie, toute association développée au sein d'une nation tombe sous le contrôle restrictif et régulateur de l'État; d'où un conflit inévitable. Il suffit de citer le cas de l'État et de l'Église en France. D'une manière plus générale encore, on peut confondre l'association libre des individus avec la notion de la Société, et alors le conflit entre l'État et la Société est représenté par le conflit entre l'État et l'Individu.

Mais, quelles que soient son importance et sa nécessité, l'État, tout comme la science, est plutôt une phase intermédiaire dans l'évolution sociale. Le rôle de l'État étant de définir et de délimiter, par suite de former les nations, sa raison d'être disparaît quand ce rôle est rempli. Aussi, de nos jours, les nations commençant à se fixer sous leurs formes définitives, on parle déjà de la disparition prochaine de l'État. Jules Simon a dit que le rôle de l'État est de se rendre inutile. Les sociétés, organisées méthodiquement et développées dans leurs justes limites n'ont plus besoin de l'institution de l'État. Cette dernière sera dissoute dans la Société, quand elle aura organisé et complètement transformé celle-ci en quelque chose de déterminé, de précis et de définitif, tout comme la science doit redescendre, à la fin, dans les consciences et les rendre rationnelles.

Un processus analogue domine les sociétés, au point de vue éthico-juridique. Le droit se rapporte à la morale comme la science se rapporte à la conscience. Les règles de la morale sont aussi vagues et indéterminées que les notions pré-scientifiques. Il leur manque surtout la sûreté et la nécessité de l'application. Elles n'ont que peu d'efficacité et ne disposent d'aucun moyen de contrainte. Elles se différencient des prescriptions juridiques en ce que ces dernières ont des sanctions qui en assurent l'application.

Non seulement les règles de la morale ne se confondent pas avec les prescriptions juridiques, mais elles sont, en grande partie, en conflit aigu avec elles. De sorte que le *summum jus* est au point de vue moral la *summa injuria*. La compassion, la charité, la douceur sont des préceptes moraux fondamentaux qui jurent pourtant avec les textes des codes civil et pénal. La législation positive ne prescrit point l'amour de nos semblables. Aider autrui est quelque chose d'inconnu dans le chapitre des obligations. Cette contradiction a pris une forme plus concrète et des proportions très larges dans le conflit historique de l'État avec l'Église. L'État concrétise et représente le droit, la législation positive; l'Église, à son tour, se confond généralement avec les règles de la morale. Par suite, c'est le conflit entre le droit et la morale que couvrent les persécutions des empereurs romains contre le christianisme. Ce même conflit est à la base des luttes violentes et des contestations entre les papes et les empereurs allemands qui durèrent tout le moyen âge. Et de nos jours c'est encore la même lutte que la morale socialiste mène contre l'organisation capitaliste des États.

Mais, à y bien regarder, ce sont toujours les règles morales qui ont finalement eu le dessus, et ces combats sont toujours le prélude d'une paix finale et définitive. Ce conflit du droit avec la morale aboutit donc nécessairement à ce que le droit se résolve dans la morale et la transforme, de même que nous avons vu l'État se résoudre dans la Société pour la transformer. Ainsi, il fut un temps où ces prescriptions : « tu ne dois pas tuer », « tu ne dois pas voler », étaient de simples et vagues enseignements moraux sans aucune sanction précise; aujourd'hui le code civil et le code pénal ont pour rôle unique de préciser et déterminer le détail de ces préceptes et de leur fournir une sanction déterminée et efficace, afin qu'ils soient exactement remplis.

Peu à peu le droit est venu reprendre les préceptes moraux pour les préciser, leur procurer des sanctions sûres et en rendre ainsi l'application nécessaire et infaillible. Toute l'importance théorique du grand mouvement socialiste consiste à reprendre le premier principe de la morale chrétienne : « Aimez et aidez vos semblables » pour en déterminer et en préciser les limites, et lui procurer une sanction efficace, qui en rende l'application effective. Le socialisme veut tout simplement faire de cet enseignement vague, et aujourd'hui presque illusoire, une règle de droit précise, et lui prêter les sanctions et l'appui de l'État, afin qu'il puisse être réellement mis en pratique.

Or, l'évolution et les conflits parallèles et de même sens de la science avec la conscience ne font que réfléchir fidèlement l'évolution et le conflit de la morale avec le droit.

Il en est exactement de même de l'aspect économique de l'évolution sociale. Ici, les deux facteurs en conflit sont la propriété individuelle, et la propriété collective, le communisme. Ainsi que la conscience, la morale et la société, la propriété se présente d'abord à l'état amorphe de propriété collective. Au commencement des sociétés, la propriété des biens est commune. Par suite, tout appartient à tous et personne n'a rien en particulier. Les instruments primitifs, les procédés se perpétuent ainsi. Ils ne peuvent pas être perfectionnés, car la stimulation de l'intérêt individuel manque.

Mais, avec l'apparition de l'État, qui commence à organiser les sociétés pour en former des nations, la propriété collective commence également à disparaître. Un processus d'individualisation de la propriété se fait en même temps. C'est d'abord la propriété des biens meubles qui subit la transformation et bien plus tard celle des biens immeubles.

L'individualisation de la propriété exerce sur le développement des moyens de production une influence identique à celle de la science sur la conscience et du droit sur la morale. Le capitalisme, forme moderne de l'individualisation de la propriété, trouve, en effet, les moyens de production, les instruments, les procédés dans un état bien vague, réduit et primitif. Leur force de production est trop faible et trop limitée en comparaison des efforts qu'ils exigent. Or, le capitalisme reprend ces instruments et ces procédés, les développe, les transforme et les perfectionne jusqu'aux limites du possible. Pour citer quelques exemples, rappelons le procédé pour moudre le blé. Du mortier où l'on devait piler le blé, on est arrivé maintenant aux moulins à vapeur ou à électricité, énormes et systématiques. De même, la ruche seule procurait le sucre dans le régime de la propriété collective, et de nos jours, ce sont des raffineries immenses. Pour se procurer un peu de lumière pendant la nuit, les propriétaires en commun ne disposaient que du feu ou d'une mèche, et nous voyons les lampes à arc voltaïque et à acétylène prodiguer une abondante clarté la nuit sur nos boulevards.

La propriété individuelle aiguise et exaspère l'intérêt de l'homme à changer et à perfectionner ses moyens de travail, et conduit ainsi à des perfectionnements inimaginables. Jamais la propriété en commun ne pourrait arriver au même résultat. Si donc l'exploitation capitaliste du travail a quelque chose d'immoral et produit la misère, elle a aussi cela de bon et d'incomparable qu'elle développe les moyens de production et pousse à l'extrême le perfectionnement des instruments et des procédés.

Cependant, le conflit des tendances individualistes et communistes devient constamment plus violent et plus insupportable. Le capitalisme perd toujours du terrain, même aux yeux de ses champions. L'appétit des classes pauvres augmente chaque jour. En un mot, la propriété individuelle est menacée d'être remplacée par la propriété communiste des moyens de production et du sol.

Mais ce qui, plus que tous ces appétits et ces motifs, constitue un danger réel pour la propriété individuelle, c'est l'objection qu'on lui fait que la limite de la perfection est atteinte pour bon nombre d'instruments de production et pour beaucoup de procédés.

Si le progrès et le perfectionnement techniques avaient été la raison d'être et la seule excuse de cette forme de la propriété, la limite de la perfection une fois atteinte, les industries, dans lesquelles elle a été obtenue, devraient être monopolisées par l'État, par la communauté. A ce propos, nous pouvons citer l'industrie des transports par chemins de fer, celle de l'éclairage, celle de la raffinerie. D'ailleurs, certaines de ces industries commencent déjà à être monoplisées par l'État ou par les municipalités.

Ainsi, la propriété individuelle, issue de la nécessité du progrès des procédés techniques et des instruments, doit se résoudre et disparaître dans la propriété collective, au fur et à mesure qu'elle aura rempli sa destination. C'est là la seule fin du conflit engagé entre le capitalisme et les tendances communistes, la fin des malheurs que provoque l'exploitation capitaliste du travail.

*
* *

L'antinomie de la science avec la consciensce se résoudra donc de la façon dont se résout l'antinomie qui constitue le processus social vu sous sa triple forme politico-sociale, économique et éthico-juridique. Car la marche du processus de la conscience étant, comme on le voit bien, la reproduction fidèle des fluctuations du processus social, les conflits entre la conscience et la science sont l'écho exact des conflits que présente ce processus. Et puisque ce dernier finit par l'apaisement de ces contradictions déchirantes, la conscience devra finir, elle aussi, par se concilier avec la science positive en s'identifiant avec elle.

Mais, si au point de vue des conditions sociales qui déterminent ce conflit de la conscience, la conciliation et l'apaisement semblent nécessaires, il nous faut examiner ce conflit en lui-même.

Tout d'abord, remarquons que nous considérons plus particulièrement la conscience aux points de vue moral et religieux, dans le sens précis de la croyance en opposition avec la science. Et c'est là d'ailleurs le véritable point de vue. Car toute conscience porte le germe de la croyance religieuse et toutes les religions n'ont fait qu'exprimer le fond et les aspirations les plus profondes de la conscience humaine. Examinons donc si les aspirations fondamentales de la conscience religieuse, si les croyances cardinales sont contestées et renvoyées sans appel par la science.

Or, quelles sont les aspirations et les croyances cardinales de la conscience? A cette question Kant seul peut nous donner une réponse définitive. Selon lui, « le but dernier de toute spéculation de la raison a un triple objet : la liberté de la volonté, l'immortalité de l'âme et l'existence de Dieu ». « Je dois absolument croire à un Dieu et à une vie future, et je puis être bien assuré que rien ne m'ébranlera dans cette croyance, puisque autrement, mes raisons morales mêmes seront détruites. » Et Kant témoigne encore de la profondeur et de la généralité de ces croyances par les phrases suivantes : « On voit combien sage et impartiale a été la nature dans la répartition indistincte de ces dons à tous les hommes, puisque, en ce qui tient aux fins essentielles de la nature humaine, la philosophie la plus haute ne peut dépasser l'intelligence la plus ordinaire. »

La liberté de la volonté, l'immortalité de l'âme et l'existence de Dieu sont, en effet, les croyances et les aspirations les plus profondes, les plus fortes et les plus fondamentales de notre conscience. Voyons si elles sont réellement incompatibles avec les indications de la science positive.

La liberté de la volonté. — Actuellement il n'y a plus de doute que notre volonté ne rencontre, à chaque instant, des obstacles infranchissables. Nos souhaits, nos besoins, nos désirs, qui constituent le fond même de notre volonté, se brisent à des impossibilités fatales, à des difficultés impossibles à tourner. Faut-il conclure de là que notre volonté est et doit toujours être impuissante en face de ces difficultés?

En tout cas, ce n'est pas à la science de tirer une telle conclusion. Elle nierait alors ses propres progrès et opposerait un démenti formel et faux aux espérances qu'elle fait, à juste raison, luire à nos yeux. Car c'est précisément la science qui nous affranchira et aidera notre volonté à franchir les obstacles qu'elle rencontre, et, à l'aide du temps infini, tous les obstacles imaginables. La connaissance positive de la nature que la science nous procure nous permet de réaliser nos désirs et nos besoins, car cette connaissance nous rend maîtres de la portion du monde que nous connaissons. Dans les limites de notre savoir positif, nous sommes tout-puissants. Et la toute-puissance, c'est la liberté.

Chaque progrès de la science est un pas vers l'affranchissement total de notre volonté. Prenons encore l'exemple de l'électricité. La connaissance exacte que nous en avons acquise nous fournit le moyen de remplir, non seulement nos désirs raisonnables, mais aussi ceux de nos désirs, qui, à une époque encore peu éloignée de nous, auraient semblé des fantaisies absurdes. A l'heure qu'il est, si nous avons l'envie de parler à une personne aimée, ou avec laquelle nous avons des affaires, alors même que cette personne habiterait à des milliers de kilomètres de nous, nous pouvons le faire commodément et immédiatement. Le téléphone est là pour mettre, à l'instant même, la personne voulue à portée de nous entendre. Voilà un acte de volonté qui était autrefois impossible, en face duquel nous étions jadis esclaves impuissants : aujourd'hui notre volonté peut devenir libre sur ce point, dans la mesure même où notre savoir exact a fait des progrès. Ce n'est donc pas à la science de nier, en principe, la liberté de notre volonté. Elle ne peut le faire sans renier elle-même ses résultats bienfaisants qui nous affranchissent.

Nous entendons donc par liberté de la volonté la possibilité de réaliser tous les actes que nous voulons, tous nos besoins et nos désirs. En un mot, liberté de volonté implique que le monde extérieur est suffisamment souple et prêt à obéir à tous nos désirs, et que, par suite, le monde déroule son mécanisme selon nos souhaits. C'est bien là, en effet, que la science, arrivée à un terme final, devra conduire l'humanité.

Ayant atteint la connaissance intégrale de la nature, l'homme pourra la maîtriser effectivement. Pour qu'il puisse lui imposer sa volonté, il n'a qu'à intervenir et à changer le jeu des lois naturelles dans la direction qui lui convient. Il peut obtenir alors les effets qu'il voudra et empêcher ceux dont il ne voudra pas. Il ne lui reste qu'à détruire les effets des lois qui lui sont défavorables en les neutralisant par ceux des lois utiles. La combinaison habile du jeu des lois qui régissent le monde permettra à l'homme de réaliser tous ses actes de volonté et de donner à ce monde le cours que sa fantaisie pourra lui dicter. Si donc la volonté est et doit être libre, ce sera la science exacte qui l'aura rendue telle. La science confirme et réalise la liberté de la volonté, elle ne la nie pas.

L'immortalité de l'âme. — Ce point semble plus difficile parce qu'il est beaucoup plus délicat. Ici les contestations de la science sont plus systématiques et plus tranchantes. L'expérience qu'a eue l'homme depuis que l'humanité existe semble décourager la conscience et la croyance elle-même. Que l'homme physique soit mortel, c'est une loi de la nature si évidente et si sûre qu'il serait de mauvais goût de la contredire. Et si l'homme physique est mortel, comme les phénomènes psychiques sont fatalement et indissolublement liés à leur substratum physique, comment soutenir encore l'immortalité de l'âme? La décomposition et la dissolution organiques, qui constituent le phénomène de la mort, détruisent, à tout jamais, la base des phénomènes de l'âme et par suite l'âme avec eux.

Assurément, avec la dissolution du physique, l'âme elle-même doit périr. Seulement, la question est de savoir si la mort physique est un phénomène absolument nécessaire, car, si elle a été constatée et éprouvée par l'unanimité des hommes, s'ensuit-il qu'elle est absolument fatale en principe comme en fait? Ici, la science, et plus précisément une certaine science, est nette et tranchante.

Selon Claude Bernard, la mort est tellement inhérente à la vie qu'elle lui sert même à la définir : « La vie, c'est la mort ». On dit vulgairement que le premier pas dans la vie est aussi un premier pas vers la mort.

Cependant, ce point capital, si précisé qu'il semble, n'est pas définitivement acquis, même pour la science. Deux savants contemporains ont plus particulièrement pris le contrepied de la définition de Claude Bernard et ont affirmé que la vie est, par essence et en principe, immortelle. L'un, M. Félix Le Dantec, a pu dire que la mort est une erreur individualiste. L'autre, le professeur allemand Weismann, a cru pouvoir démontrer que « plantes et animaux ont ceci de commun que ce sont seulement les formes d'ordre supérieur, à fonctions bien différenciées, qui portent en elles le germe de la mort, tandis que les organismes inférieurs sont actuellement immortels et éternels [1] ».

De plus, même dans les organismes supérieurs, même dans l'homme, on distingue deux sortes de vie : la vie corporelle, et la vie des plastides reproducteurs. Le corps est périssable. Il se détruit par la mort des individus, tandis que le plasme germinatif ne meurt jamais, car c'est lui qui perpétue l'espèce. Selon Weismann, la vie est en principe et de par sa nature éternelle, immortelle. La preuve en est qu'elle se continue sans interruption dans l'éternité du temps. Si une partie de la vie meurt, si les animaux supérieurs en tant que corps

1. *Essais sur l'Hérédité*, p. 30.

disparaissent, c'est que leur « mort est une institution pratique, qui satisfait aux besoins mêmes des espèces ». « Je ne crois pas, ajoute-t-il, que la vie soit réduite à une certaine mesure de temps, parce que, d'après la nature de son être, elle ne pourrait pas être infinie, mais parce qu'une durée infinie constituerait un luxe tout à fait inopportun ». Et cela est si vrai que pour l'amide on ne peut parler de mort qu'au sens figuré [1].

A ce point de vue, M. Le Dantec est plus catégorique encore et peut-être plus précis. Selon lui, l'adjectif mort ne peut pas s'accoler au substantif plastide, puisque ces deux mots représentent deux idées irréconciliables. Un corps ne peut pas être à la fois un plastide et être mort [2]. Ce que cet auteur entend par vie élémentaire (la vie cellulaire) ne peut pas mourir, car « la mort n'est pas une conséquence de la vie élémentaire. Par suite le protozoaire est immortel, seul le métazoaire est mortel ». M. Le Dantec explique l'immortalité des plastides de la manière suivante : Le plastide ne peut se trouver que dans deux conditions principales : les conditions n° 1 et n° 2. Lorsque le milieu favorable à la vie est illimité et que le plastide y est, celui-ci se trouve alors dans la condition n° 1. Tant qu'il y reste et tant que ce milieu persiste, le plastide (la vie) persévère, et, à moins d'un accident qui le détruise, il est indestructible. Quand ce milieu commence à s'épuiser, la vie s'en ressent et s'il devient insuffisant le plastide disparaît, la vie se détruit. Un milieu insuffisant, et épuisé constitue la condition n° 2. « La mort n'arrive jamais dans la condition n° 1 ». La vie est donc illimitée en elle-même. Seul le milieu où elle se manifeste est limité, et par suite la mort n'est plus inhérente en principe à la vie; elle est un accident qui provient de l'insuffisance du milieu et des conditions extérieures [3]. — Weismann, plus explicite, croit que la mort est un moyen dont l'espèce dispose pour mieux s'adapter aux conditions des milieux restreints et insuffisants. Et si jamais l'espèce arrive à

1. *Op. cit.*, p. 10.
2. *Théorie nouvelle de la vie*, Paris, F. Alcan, p. 127.
3. *Op. cit.*, 15-25.

modifier ce milieu à son gré, l'accident de la mort perdra toute sa raison d'être. La vie ne sera plus entachée du principe de ce mal suprême qu'est la mort.

La raison de ces deux savants, qui font autorité, nous semble très fondée. Et le délicat problème de l'immortalité de l'âme devient alors très simple. La théorie de Weismann et de Le Dantec y projette une lumière miraculeuse. Il devient en effet bien naturel d'admettre l'immortalité de l'âme, alors que la science elle-même nous démontre la possibilité d'une vie physique éternelle. L'immortalité de l'âme est assurée par l'éternité de la vie. S'il est possible de perpétuer les conditions physiologiques de nos états psychiques, notre âme devient elle-même éternelle.

Tout consiste à savoir si l'homme peut atteindre une vie psychique éternelle, alors qu'il est avéré que la vie est par sa nature illimitée. Il y a des raisons puissantes qui nous poussent à le croire. Déjà Weismann a pu démontrer que la mort n'est qu'une institution utile, qui satisfait aux besoins de l'espèce. Celle-ci exige qu'à chaque moment il se trouve le plus grand nombre possible d'individus sains, robustes et bien portants. Elle n'y peut arriver qu'au moyen de la mort. En effet, la vie indéfinie ou la vie simplement trop longue des individus les expose à bien des accidents qui les rendent infirmes et les affaiblissent. L'espèce n'en a que faire. Pour elle il vaut mieux qu'ils engendrent d'autres individus bien portants et qu'ils meurent aussitôt après.

La nature n'aime pas à raccommoder. Comme la mode, elle préfère le changement et le renouvellement. Peu lui fait que les individus aient changé, s'ils ne sont plus les mêmes; il lui importe seulement que leur nombre soit le même ou plus grand, et qu'ils soient vigoureux et sains. C'est à cette fin que la nature a inventé l'institution de la mort.

D'ailleurs, on peut observer que plus les individus d'une espèce quelconque sont soustraits aux accidents qui les affaiblissent, plus longue est la durée de leur vie. Ils engendrent moins et durent beaucoup plus longtemps. Selon Weismann, la vie peut être proportionnée, c'est-à-dire plus ou moins allongée ou raccourcie selon les besoins de l'espèce [1]. Et si l'homme, par exemple, peut satisfaire l'exigence de l'espèce par une institution autre que la mort, ne peut-il pas alors remplacer la mort par une autre institution qu'il aura créée? Imaginons que l'institution de la science ait atteint un très haut degré de perfection : ne peut-elle alors nous faire éviter les accidents qui amoindrissent la vie, et remédier aux blessures et aux infirmités que ces accidents peuvent infliger aux individus? S'il est très indifférent à l'espèce que les individus soient les mêmes ou qu'ils changent, si elle tient seulement à la bonne santé, à la vigueur, et si la science peut refaire la santé amoindrie et remonter la vigueur diminuée, l'institution de la mort ne devient-elle pas absolument inutile?

Metchnikoff nous a déjà prouvé que les limites actuelles de la vie ne sont point strictes, et qu'elles pourraient être élargies. Un certain régime, strictement observé, peut, selon ce grand savant, prolonger considérablement notre existence.

L'adaptation de l'homme à ses conditions de vie peut se faire de deux manières différentes : en se soumettant aux conditions naturelles ou en se les soumettant. Il y a aussi pour l'homme une alternance des conditions n° 1 et n° 2. Si notre vie est limitée, c'est que notre milieu n° 1 est limité. Et si nous trouvons le moyen de prolonger indéfiniment les conditions n° 1 et d'éviter le n° 2, notre vie elle-même persévèrera indéfiniment. Le principal sera d'abord d'éviter les circonstances et les conditions qui nient et détruisent notre vie, et ensuite de remédier aux blessures et à l'usure qui pourraient forcément se produire. Or, la science sous ses formes appliquées (l'hygiène et la médecine chirurgicale et clinique) semble précisément avoir plus particulièrement cette destination. Puisque, en effet, la durée de notre vie dépend des conditions ambiantes, le jour où l'homme aura acquis la science de la nature, il pourra déterminer lui-même le terme de son existence, et la prolonger, par suite, indéfiniment s'il le veut. Car si nous pensons aujourd'hui aux

1. *Op. cit.*, p. 7.

forces destructives qui nous combattent dans la nature et aux conditions et circonstances défavorables que nous devons traverser, nous jugeons miraculeux de nous voir parvenir parfois à un âge avancé. Quand il connaîtra d'une manière exacte les lois qui régissent le milieu ambiant, l'homme aura dès lors le moyen de neutraliser toutes les conditions et les circonstances défavorables à sa vie et de favoriser celles qui l'entretiennent et la conservent.

Pour l'homme omniscient, il n'existera plus dans la nature que des conditions favorables à la vie. Toutes les énergies propices seront accaparées et utilisées. Toutes les énergies contraires, destructives seront annihilées. Ce qui se produit même de notre temps permet facilement de se convaincre que tel est le résultat où conduisent la science et la technique autorisées par cette science.

Aujourd'hui les plaines et les champs ne donnent plus la végétation qu'ils produiraient s'ils étaient laissés à eux-mêmes. La science et l'art humain ont su découvrir et détruire broussailles, buissons et plantes vénéneuses et nuisibles de toutes sortes. A leur place, la terre produit presque partout une végétation qui nourrit, entretient et préserve la vie. Au lieu des buissons, les blés poussent dans nos campagnes, et à la place des plantes vénéneuses et nuisibles d'autrefois fleurissent des plantes nutritives. Cette transformation, bien que partielle, est le signe marqué de ce qui arrivera un jour.

La science satisfera ainsi aux besoins de l'espèce par la conservation des individus et non par leur mort. La mort physique sera abolie par elle. L'immortalité physique assurera l'immortalité de l'âme. Ce n'est donc pas à la science de nier cette immortalité, car chaque pas y conduit, qu'elle fait sur la voie du progrès.

L'existence de Dieu. — L'idée que nous nous faisons de Dieu ne correspond-elle pas à celle de l'homme, qui aurait atteint le dernier degré de l'évolution humaine? Arrivé à l'étape finale du progrès, l'homme doit être, en effet, omniscient, tout-puissant et éternel. Ce sont là précisément les attributs de la divinité, moins la perfection et la bonté. Or ces trois premiers attributs impliquent forcément les deux derniers. Car l'omniscience et la toute-puissance rendent parfait et bon. La méchanceté humaine, les défauts moraux ne sont que l'effet de notre faiblesse et de notre ignorance. Nos défauts et nos fautes sont défauts de pouvoir et de savoir.

La perspective que le progrès illimité de la science ouvre à l'humanité est de réaliser la liberté, l'éternité, la perfection et la bonté de ses membres, c'est peut-être de changer les hommes en dieux. Logiquement alors l'idée de dieux est la vision instinctive, indéfiniment anticipée, de l'homme à son plein développement.

Si l'on réfléchit un peu à l'effrayant intervalle de temps que les savants accordent au développement de l'homme dans les conditions cosmiques actuelles, tout ce qui vient d'être dit cesse d'être chimérique. Toutes les merveilles qu'a réalisées jusqu'ici la science, alors qu'elle ne date que d'un siècle et demi, peuvent bien nous laisser entrevoir ce qu'elle donnera, quand elle comptera des millions d'années de progrès continu. Car l'homme jouira des conditions cosmiques actuelles encore pendant trois millions d'ans. Donc l'idée de Dieu, que la science elle-même aidera à réaliser, ne peut être niée ni contestée par celle-ci, du moins en droit.

Pour résumer, disons qu'à examiner de plus près en lui-même et sans parti-pris le conflit de la science avec la conscience religieuse, on le trouve, ou dénué de fondement, ou provisoire. Malgré des contestations amères de part et d'autre, la science confirme indirectement à chaque découverte les postulats de la foi, et prépare leur réalisation. De son côté, la conscience religieuse, peut-être à son insu, ne cesse de suggérer à la science les lignes principales selon lesquelles celle-ci peut utilement diriger ses efforts.

CHAPITRE X

CONCLUSIONS ET CONSÉQUENCES
LA FORCE LÉGISLATRICE DE LA CONSCIENCE

Deux idées claires et fondamentales doivent se dégager des chapitres précédents : 1° la société et la conscience humaine, qui toutes deux s'efforcent de grandir et de se réaliser, n'ont pas encore atteint leurs formes définitives ; 2° la conscience n'est que l'écho de la société qui se reflète et s'inscrit à l'intérieur des individus. Le résumé des rapports inter-individuels multiples constitue son contenu. Le progrès de la conscience et de la science doit par suite être parallèle et semblable à celui des sociétés. Quand la société grandit, s'intègre et s'étend par la fusion des sociétés plus petites, la conscience croît, elle aussi, plus vigoureusement, et s'élargit en raison de l'extension sociale L'homme, ayant à s'adapter au milieu social compliqué et enrichi, doit s'enrichir et se compliquer lui-même au point de vue psychique. Par suite, sa conscience réfléchit forcément l'extension et le développement de la société.

Mais le développement de la société comme celui de la conscience suppose l'apparition de formes sociales nouvelles et de formes de conscience originales. La société et la conscience se compliquent en se développant et s'enrichissent de traits nouveaux, de caractères originaux et inédits. Mais ce changement — l'apparition des nouvelles formes et des traits originaux — rompt l'harmonie et de la société et des consciences. Un désordre, une anarchie réelle, se déchaînent dans les esprits et dans les rapports inter-individuels. Ce désordre s'accompagne d'un malaise social et moral qui ne peut durer. Il faut alors que l'équilibre social et mental se rétablisse à tout prix. Le nouvel équilibre consistera dans de nouvelles formes de la société et de l'esprit, qui doivent précisément accompagner l'extension et le développement de la société.

Comment ces formes nouvelles et l'ordre qu'elles inaugurent se réalisent-ils? Par où commence à s'effectuer le nouvel équilibre des consciences et des rapports inter-individuels?

C'est à la conscience, réduction atomique et résumé fidèle des rapports sociaux, de commencer la réalisation du nouvel équilibre. Écho réduit, extrait condensé de la vie sociale, les tendances et les nouveaux rapports inter-individuels s'y esquissent plus facilement par anticipation. Ainsi les lignes des nouvelles formes que doit prendre la Société s'ébauchent plus à l'aise, par anticipation, dans les lignes de la conscience renouvelée, dans les formes de la mentalité nouvelle. La forme et la cohésion des rapports inter-individuels ont pour précédents la forme et les rapports des notions, des états d'âme. C'est l'équilibre de l'esprit qui se réalise le premier et qui s'extériorise ensuite dans l'équilibre de la société.

Il va sans dire que cet équilibre, cette cohérence des rapports sociaux nouveaux, commencent à s'effectuer d'abord dans *certaines consciences*; ce n'est qu'ensuite qu'ils s'extériorisent en descendant dans les autres, pour se réfléchir en fin de compte, dans la structure de la société.

La conscience, ainsi renouvelée et prévue, doit être, pour ce motif même, à peu près toute-puissante. Les décrets qu'elle émet spontanément, de par le simple fait de sa croissance, sont de vraies lois pour la société. Les gestes de la conscience, en train de se réaliser et de grandir, sont autant d'injonctions, autant d'ordres auxquels la société se soumet.

Les lois éthiques et sociales sont ainsi engendrées. C'est la conscience qui les décrète : la société les reçoit et les remplit, en tant qu'elle en éprouve d'elle-même la nécessité. Ces ordres, ces décrets, ces injonctions, sont comme des traits originaux que la conscience manifeste au fur et à mesure de son développement. Ils sont les simples effets de ce développement, des créations proprement dites, qu'on ne pourrait pas découvrir par des recherches méthodiques.

Comme un enfant manifeste des traits psychiques particuliers et originaux à mesure qu'il avance en âge, de même la conscience émet des lois, des décrets, prescrit des règles à la société par le fait seul qu'elle grandit. Sa façon de grandir se manifeste par une certaine faculté de légiférer. Les lois morales, les règles de conduite, en un mot, les lois sociales qui mettent de la cohésion dans les rapports individuels, et fixent ainsi les lignes de la nouvelle forme sociale, sont des actes de législation souveraine que la conscience manifeste pendant son accroissement.

Aussi, la force législatrice de la conscience sera-t-elle plus ou moins grande selon les époques. Elle est en rapport immédiat avec le stade du développement social. Dans les moments où les sociétés s'agrandissent démesurément, la force législatrice de la conscience devient illimitée. L'examen de l'histoire, fait à ce point de vue, si sommaire soit-il, est le meilleur moyen de s'en convaincre. Toutes les fois que l'humanité, ou une partie de l'humanité, s'est constituée en une société vaste, exceptionnellement étendue, il s'est produit une religion et un système de morale originale. L'empire romain, par exemple, a été la société la plus vaste qui se soit réalisée dans le monde antique, et c'est précisément au moment où il arrondissait ses dernières frontières, que le christianisme y fit son apparition avec toute une législation morale nouvelle. La conscience humaine de ce temps réfléchissait l'étendue et la complexité considérables de l'empire et croissait avec une vigueur sans exemple. Cette énergie a passé dans les dogmes principaux du christianisme et dans les principes moraux absolument originaux que cette religion prêcha.

L'idée de Dieu, celle de l'immortalité de l'âme, du jugement dernier, de la rédemption avec cette morale de pardon, de compassion, d'amour et de fraternité se firent jour alors avec une précision et une netteté nouvelles, dans l'esprit des humains. Le renoncement aux bénéfices de cette existence et le sacrifice de cette vie en faveur d'une vie à venir et infiniment éloignée, sont les décrets de cette conscience humaine augmentée considérablement. Ce n'est pas la science du temps qui a formulé ces principes, c'est la conscience qui les a tout spontanément créés d'elle-même. La science méthodique de ces temps, la science officielle, combattait et niait la nouvelle conception. Ce qui prouve, de toute évidence, que les lois sociales ne se découvrent pas grâce à des recherches méthodiques, mais que le seul moyen de les découvrir est de les décréter. Il demeure bien entendu que la force législatrice de la conscience est conditionnée par le fait précis d'une extension sociale concomitante considérable.

La civilisation orientale antique n'est pas seule à nous fournir une vérification par les faits des théories que nous défendons. Le Brahmanisme aux Indes et la religion morale de Confucius, en Chine, sont absolument nés dans les mêmes conditions. Confucius a plus particulièrement formulé ses principes moraux à l'époque même où la troisième dynastie Tsin réalisait l'unité de l'Empire. Le territoire de la Chine contemporaine était occupé, au ve siècle avant notre ère, par un nombre infini de petites peuplades. L'histoire de la Chine, jusqu'au IIe siècle avant J.-C., est remplie de luttes violentes et de guerres exterminatrices contre ces peuplades d'où est résulté le grand empire. C'est parallèlement à cette extension de l'empire chinois que sont apparues la morale et la religion de Confucius, prescrivant des lois immuables à l'activité de ce peuple. Ce processus d'extension pris fin au IIIe siècle, quand Hoang-Tching fit construire les fameuses murailles; la conscience perdit ensuite presque toute sa force législatrice. Elle n'innova presque plus; ses créations ultérieures ne comptent pas. De même, le Brahmanisme apparaît aux Indes vers la même époque, quand les conquêtes des Ariens constituaient une société extrêmement large dans cette Péninsule. La force législatrice dont disposa la conscience des premiers Brahmanes, comme celle de la conscience de Confucius, tire son origine du fait de l'extension sociale qui s'accomplissait durant leur vie.

En Europe, après l'empire romain, il n'y eut plus aucune

extension sociale aussi vaste ou aussi durable. Les quelques empires qui se constituèrent, pendant le Moyen Age et les temps modernes, furent très réduits et surtout très éphémères. La dissolution de l'empire romain fit que la morale ne progressa point, et même, en réalité, qu'elle resta sans effet. Elle subsista seulement comme lettre morte. — A considérer attentivement le cours de l'histoire de l'humanité, on se convaincra bientôt que dans les sociétés qui restent stationnaires ou qui se morcellent et s'amoindrissent, la conscience perd toute action et toute initiative législatrice. Elle s'étiole, s'anémie et va jusqu'à oublier ce qu'elle avait elle-même décrété.

Dans l'Europe moderne, et plus particulièrement depuis deux siècles, nous voyons revenir l'ère des grandes sociétés durables. De grandes nations se sont constituées, en Amérique et en Europe, chacune de population au moins égale à celle du grand empire. Mais ce que les sociologues voient de plus net, par delà les frontières des nations, c'est la réalisation timide, discrète et tacite d'un immense empire qui enserre dans ses réseaux toutes les nations civilisées. Cet empire se constitue sans fracas, sans chocs violents, par l'action de la science, de l'art, de l'industrie et du commerce, qui peu à peu rapproche, unifie et uniformise tous les peuples cultivés. C'est l'empire de la civilisation.

La conscience humaine contemporaine n'est pas sans s'en ressentir. En particulier de nos jours, elle s'élargit indéfiniment. Les matériaux sociaux et humains, venus des quatre coins du monde, s'entassent en elle et la débordent. La conscience jaillit alors de la science. Celle-ci ne lui suffit plus, malgré les progrès énormes réalisés. En s'augmentant indéfiniment, la conscience s'affermit de même. Sa force excessive, gênée par la lenteur et la médiocrité relatives des résultats de la science, se transforme en une sorte de malaise qui l'aigrit. De là le conflit aigu qu'elle entretient avec la science et les âpres critiques qu'elle lui adresse. Ce conflit a donc des sources profondes et des raisons puissantes, qu'ignore l'esprit étroit des matérialistes savants ou dilettantes.

De fait, il nous semble que les processus de l'extension sociale contemporaine renait là même où l'a laissé le peuple romain. Il en est ainsi de la conscience. Avec le mysticisme contemporain, elle ne fait que reprendre les choses là où le christianisme les a laissées[1]. Nous assistons à un retour aux dogmes chrétiens et aux principes de la morale enseignée par les évangiles.

A vrai dire le mouvement de la conscience socialiste revient sur les décrets de la conscience chrétienne pour les mieux approfondir et pour les creuser. Elle tâche de les présenter sous une forme plus explicite et plus précise, d'en déterminer le contenu et d'en délimiter l'influence. La conscience contemporaine dépense son énergie à légiférer sur des détails, à développer la morale esquissée à grands traits par le christianisme. Elle s'attaque d'abord aux principes moraux plus proches et semble laisser de côté, pour le moment, les dogmes fondamentaux de cette religion.

L'égalité et la *fraternité* sont devenues l'objet des revendications de la conscience moderne autrement énergiques que celles de la conscience chrétienne qui les a émises pour la première fois. Ces deux principes dominent le mouvement social des derniers temps. Ils sont le *leit-motiv* des révolutions politiques et sociales contemporaines. Les démocrates socialistes nous promettent la réalisation intégrale de ces principes. Nous nous y acheminons déjà par toutes les voies du progrès.

C'est par ce mode législateur de la conscience, devenu exceptionnel à notre époque d'extension sociale à outrance, qu'on peut expliquer l'institution du suffrage universel, avec le principe de la majorité comme moyen merveilleusement efficace pour fabriquer des lois. La tendance à trop légiférer, qu'on reproche tant aux sociétés civilisatrices, témoigne précisément de cette force exceptionnelle de la conscience législatrice. Pour préciser et pour résumer, la force législatrice de la conscience vient de deux sources : la science et la société.

1. Voir F. Paulhan, *Le Nouveau mysticisme*, Paris, F. Alcan, 1891, p. 2, 3.

Considérons la société, au moment où un concours de circonstances historiques l'a augmentée exceptionnellement. A cet instant, un dérangement de sa structure intérieure est absolument nécessaire. Mais cet état ne peut pas durer. Il tend à un ordre, à un arrangement nouveaux. Ce dérangement et la nécessité d'une nouvelle organisation se réfléchissent très nettement dans les consciences. La nouvelle structure sociale s'esquisse d'abord dans celles-ci. Les lignes de l'organisation sociale, modifiée et renouvelée, apparaissent d'abord sous les traits d'une conscience elle-même renouvelée. Ces traits nouveaux de la conscience ont à leur tour besoin de se fixer extérieurement, pour avoir ainsi une base ferme, en même temps que la société aspire, en quelque sorte, à s'organiser selon les indications qu'elle attend de la conscience. Les actes et gestes de cette dernière s'imposeront et seront obéis. La conscience devient ainsi toute-puissante, en vertu de sa nécessité intérieure et de celle de la société.

Une fois extériorisés, les décrets et les créations de la conscience constituent les lignes de la nouvelle organisation sociale qui reste d'abord provisoire. Mais, celle-ci n'est pas sans réagir sur la conscience. L'organisation sociale, ainsi obtenue, revient sur les notions et sur les traits de l'esprit pour les préciser et les déterminer. Elle s'efforce, au moyen des institutions, dont c'est le but, de rendre scientifique le contenu de la conscience. A ce stade, les décrets et les créations de celle-ci acquièrent leur maximum d'efficacité. Ils ne manquent pas, à leur tour, de réagir sur la société et de fixer définitivement sa structure et ses institutions.

Tel semble, consciencieusement examiné, le processus qui lie le mouvement du christianisme ancien à la science et au mouvement socialiste modernes.

Même l'essor extraordinaire que prirent les sciences des deux derniers siècles est dû au réveil de la conscience enrichie et affermie. D'ailleurs, Tarde affirme quelque part que l'attitude nécessaire à l'esprit scientifique, et qui consiste à prendre pour une loi universelle le résultat d'une seule expérience, proviendrait de la discipline que la foi chrétienne imposa généralement aux esprits.

Quant à ces trois aspirations premières de la conscience et de l'âme humaine : *liberté de la volonté*, *immortalité de l'âme et existence de Dieu*, le temps de leur intelligence et de leur explication définitive semble venu. La conscience étant sur le point d'atteindre un plus haut degré de développement — parce que la Société aboutit, peu à peu, à une extension correspondante — doit poser et résoudre, d'une manière explicite, déterminée, — je dirai même scientifique — ces problèmes profonds et essentiels.

En effet, ces aspirations fondamentales de l'âme humaine représentent, en quelque sorte, les traits primitifs de sa physionomie. Ces traits se retrouvent d'abord sous une forme très vague, mystérieuse, inconsciente, chez tous les êtres humains en tant que conscients. Il est certain que ces traits de l'âme humaine correspondent aux lignes primordiales de la société humaine, à ses traits fondamentaux. Ils doivent être, par conséquent, la base de tous les progrès ultérieurs de la conscience et de la science. Et nous avons déjà vu que ces traits, ces aspirations de la conscience, ne sont pas contredits par la science positive : au contraire, cette dernière semble finalement y conduire. De sorte que toutes les deux devraient se confirmer et s'entr'aider plutôt que se contester.

Les découvertes de la science conduisent progressivement à la réalisation des aspirations de l'âme humaine; il est alors logique que la conscience et ses aspirations dirigent les essais et les efforts de la science. La conscience doit poser distinctement les fins que doit viser la science. Et inversement, pour que les recherches scientifiques soient efficaces, elles ne pourraient mieux faire que de se laisser guider par ces aspirations profondes de l'âme humaine. Elles arriveront ainsi plus sûrement à leur but. Au point de vue des lois sociales et morales comme au point de vue des progrès scientifiques, la conscience moderne possède des vertus créatrices sans égal, grâce au développement qu'elle acquiert en raison de l'extension exceptionnelle de la société civilisée.

Ce développement tout spécial de la conscience contemporaine permettra qu'on s'applique à préciser et à présenter, sous une forme bien nette, ces notions fondamentales : la liberté, l'immortalité et l'idée de Dieu. Par une dialectique très serrée, la conscience arrivera peut-être à déduire de ces notions fondamentales toutes leurs conséquences logiques. Et ces conséquences pourront être les vérités sociales et scientifiques de l'avenir. La conscience en voie de développement tirera ainsi de sa propre substance les lois sociales et précisera les destinées terrestres de l'humanité. Chacune de ses déductions sera comme une prophétie, comme une anticipation vérifiable. Certes, les consciences seules qui auront reflété le plus complètement possible l'extension sociale, pourront manifester cette tendance prophétique et législatrice. Leur puissance sera semblable à celle d'un morceau de cristal jeté dans une solution chimique en voie de cristallisation. Comme ce morceau de cristal détermine spontanément la cristallisation de cette solution sous une forme identique à la sienne, de même la société — et par suite les consciences — prendra les formes de ces consciences prophétiques anticipées.

Il se pourrait bien qu'avec le xxe siècle une nouvelle ère de prophètes soit ouverte dans le domaine des sciences éthico-sociales.

TABLE DES MATIÈRES

CHAPITRE PREMIER

Origine sociale de la conscience.

CHAPITRE II

Impossibilité de la psychologie individuelle.

CHAPITRE III

Impossibilité de la sociologie objective.

CHAPITRE IV

La psychologie et la sociologie se concilient sur le terrain de la morale.

CHAPITRE V

Les lois naturelles et les lois psychologiques et sociales.

CHAPITRE VI

De la possibilité des sciences sociales.

CHAPITRE VII

La méthode active, démocratique en sociologie.

CHAPITRE X

Conclusions. — La force législatrice de la conscience.

1315-06. — Coulommiers. Imp. Paul BRODARD. — 1-07.

BIBLIOTHÈQUE DE PHILOSOPHIE CONTEMPORAINE

Volumes in-8, brochés, à 3 fr. 75, 5 fr., 7 fr. 50 et 10 fr.

EXTRAIT DU CATALOGUE

STUART MILL. — Mes mémoires, 3e éd. 5 fr.
— Système de logique. 2 vol. 20 fr.
— Essais sur la religion, 2e éd. 5 fr.
HERBERT SPENCER. Prem. principes. 11e éd. 10 fr.
— Principes de psychologie. 2 vol. 20 fr.
— Principes de biologie. 5e édit. 2 vol. 20 fr.
— Principes de sociologie. 5 vol. 43 fr. 75
— Essais sur le progrès. 5e éd. 7 fr. 50
— Essais de politique. 4e éd. 7 fr. 50
— Essais scientifiques. 3e éd. 7 fr. 50
— De l'éducation. 10e éd. 5 fr.
— Justice. 7 fr. 50
— Le rôle moral de la bienfaisance. 7 fr. 50
— Morale des différents peuples. 7 fr. 50
— Problèmes de morale. 7 fr. 50
— Une autobiographie. 10 fr.
TH. RIBOT. — Hérédité psychologique. 7 fr. 50
— La psychologie anglaise contemp. 7 fr. 50
— La psychologie allemande contemp. 7 fr. 50
— Psychologie des sentiments. 6e éd. 7 fr. 50
— L'évolution des idées génér. 2e éd. 5 fr.
— L'imagination créatrice. 2e éd. 5 fr.
— La logique des sentiments. 3e éd. 3 fr. 75
— Essai sur les passions. 3 fr. 75
A. FOUILLÉE. — Liberté et déterminisme. 7 fr. 50
— Systèmes de morale contemporains. 7 fr. 50
— Morale, art et religion, d'ap. Guyau. 3 fr. 75
— L'avenir de la métaphysique. 2e éd. 5 fr.
— L'évolut. des idées-forces. 2e éd. 7 fr. 50
— Psychologie des idées-forces. 2 vol. 15 fr.
— Tempérament et caractère. 2e éd. 7 fr. 50
— Le mouvement positiviste. 2e éd. 7 fr. 50
— Le mouvement idéaliste. 2e éd. 7 fr. 50
— Psychologie du peuple français. 7 fr. 50
— La France au point de vue moral. 7 fr. 50
— Esquisse psych. des peuples europ. 10 fr.
— Nietzsche et l'immoralisme. 5 fr.
— Le moralisme de Kant. 7 fr. 50
— Elém. sociol. de la morale. 7 fr. 50
BAIN. — Logique déd. et ind. 2 vol. 20 fr.
— Les sens et l'intelligence. 3e édit. 10 fr.
— Les émotions et la volonté. 10 fr.
— L'esprit et le corps. 4e édit. 6 fr.
— La science de l'éducation. 6e édit. 6 fr.
LIARD. — Descartes. 2e édit. 5 fr.
— Science positive et métaph. 5e éd. 7 fr. 50
GUYAU. — Morale anglaise contemp. 5e éd. 7 fr. 50
— Probl. de l'esthétique cont. 3e éd. 7 fr. 50
— Morale sans obligation ni sanction. 5 fr.
— L'art au point de vue sociol. 2e éd. 5 fr.
— Hérédité et éducation. 3e édit. 5 fr.
— L'irréligion de l'avenir. 5e édit. 7 fr. 50
H. MARION. — Solidarité morale. 6e éd. 5 fr.
SCHOPENHAUER. — Sagesse dans la vie. 5 fr.
— Le monde comme volonté. 3 vol. 22 fr. 50
JAMES SULLY. — Le pessimisme. 2e édit. 7 fr. 50
— Etudes sur l'enfance. 10 fr.
— Essai sur le rire. 7 fr. 50
GAROFALO. — La criminologie. 5e édit. 7 fr. 50
P. SOURIAU. — L'esthét. du mouvement. 5 fr.
— La beauté rationnelle. 10 fr.
F. PAULHAN. — L'activité mentale. 10 fr.
— Esprits logiques et esprits faux. 7 fr. 50
— Les caractères. 2e éd. 5 fr.
— Les mensonges du caractère. 5 fr.
— Le mensonge de l'art. 5 fr.
PIERRE JANET. — L'autom. psych. 5e édit. 7 fr. 50
H. BERGSON. — Matière et mémoire. 4e éd. 5 fr.
PILLON. — L'année philos. 1890 à 1904, ch. ac. 5 fr.
COLLINS. — Résumé de la phil. de Spencer. 10 fr.
NOVICOW. — La justice et l'expansion de la vie. 7 fr. 50
J. PAYOT. — Educ. de la volonté. 20e éd. 10 fr.
— La croyance 2e éd 5 fr.
DURKHEIM. — Division du travail social. 7 fr. 50
— Le suicide, étude sociologique. 7 fr. 50
— L'année sociolog. Années 1896-97, 1897-98, 1898-99, 1899-1900, 1900-1901, chacune. 10 fr.
Années 1901-2, 1902-3, 1903-4, 1904-5. 12 fr. 50

LÉVY-BRUHL. — Philosophie de Jacobi. 5 fr.
— Philos. d'Aug. Comte. 2e édit. 7 fr. 50
— La morale et la science des mœurs. 3e éd. 5 fr.
G. TARDE. — La logique sociale. 3e éd. 7 fr. 50
— Les lois de l'imitation. 4e éd. 7 fr. 50
— L'opposition universelle. 7 fr. 50
— L'opinion et la foule. 2e édit. 5 fr.
— Psychologie économique. 2 vol. 15 50
FOUCAULT. — Le rêve. 5 fr.
G. DE GREEF. — Transform. social. 2e éd. 7 fr. 50
— La sociologie économique. 3 fr. 75
SÉAILLES. — Essai sur le génie dans l'art. 3e éd. 5 fr.
— La philosophie de Renouvier. 7 fr. 50
V. BROCHARD. — De l'erreur. 2e éd. 5 fr.
E. BOUTROUX. — Etudes d'histoire de la philosophie. 2e éd. 7 fr. 50
H. LICHTENBERGER. — Richard Wagner. 10 fr.
— Henri Heine penseur. 3 fr. 75
THOMAS. — L'éduc. des sentiments. 3e éd. 5 fr.
RAUH. — La méthode dans la psych. 5 fr.
— L'expérience morale. 3 fr. 75
BOUGLÉ. — Les idées égalitaires. 3 fr. 75
DUMAS. — La tristesse et la joie. 7 fr. 50
— Psychol. de deux Messies positivistes. 5 fr.
G. RENARD. — La méthode scientifique de l'histoire littéraire. 10 fr.
RENOUVIER. — Dilemmes de la métaphys. 5 fr.
— Hist. et solut. des probl. métaphys. 7 fr. 50
SOLLIER. — Le problème de la mémoire. 3 fr. 75
— Psychologie de l'idiot. 2e éd. 5 fr.
— Le mécanisme des émotions. 5 fr.
HARTENBERG. — Les timides et la timidité. 5 fr.
LE DANTEC. — L'unité dans l'être vivant. 7 fr. 50
— Les limites du connaissable. 2e éd. 3 fr. 75
OSSIP-LOURIÉ. — Philos. russe cont. 2e éd. 5 fr.
— Psychol. des romanciers russes. 7 fr. 50
LAPIE. — Logique de la volonté. 7 fr. 50
XAVIER LÉON. — Philosophie de Fichte. 10 fr.
OLDENBERG. — La religion du Véda. 10 fr.
— Le Bouddha. 2e éd. 7 fr. 50
WEBER. — Vers le positivisme absolu par l'idéalisme. 7 fr. 50
TARDIEU. — L'ennui. 5 fr.
GLEY. — Psychologie physiol. et pathol. 5 fr.
SAINT-PAUL. — Le langage intérieur. 5 fr.
LUBAC. — Psychologie rationnelle. 3 fr. 75
HALÉVY. — Radical. philos. 3 vol. 22 fr. 50
V. EGGER. — La parole intérieure. 2e édit. 5 fr.
PALANTE. — Combat pour l'individu. 3 fr. 75
FOURNIÈRE. — Théories socialistes. 7 fr. 50
DAURIAC. — L'esprit musical. 5 fr.
LAUVRIÈRE. — Edgar Poe. 10 fr.
JACOBY. — La sélection chez l'homme. 10 fr.
RUYSSEN. — Evolution du jugement. 5 fr.
MYERS. — La personnalité humaine. 7 fr. 50
COSENTINI. — La sociologie génétique. 3 fr. 75
BAZAILLAS. — La vie personnelle. 5 fr.
HÉBERT. — L'évolution de la foi catholique. 5 fr.
— Le divin. 5 fr.
SULLY PRUDHOMME. — La vraie religion selon Pascal. 7 fr. 50
ISAMBERT. — Idées socialistes. 7 fr. 50
FINOT. — Le préjugé des races. 2e éd. 7 fr. 50
E. BERNARD LEROY. — Le langage. 5 fr.
LANDRY. — Morale rationnelle. 5 fr.
HOFFDING. — Philosophie moderne. 2 vol. 20 fr.
— Psychologie. 3e éd. 7 fr. 50
RAGEOT. — Le succès. 3 fr. 75
LUQUET. — Idées génér. de psychologie. 5 fr.
BARDOUX. — Psych. de l'Angleterre cont. 7 fr. 50
LACOMBE. — Individus et soc. chez Taine. 7.50
RIEMANN. — L'esthétique musicale. 5 fr.
BINET. — Les révélations de l'écriture. 5 fr.
NAYRAC. — L'attention. 3 fr. 75
DELVAILLE. — Vie sociale et éducation. 3 fr. 75
GRASSET. — Demifous et demiresponsables. 5 fr.
BELOT. — Études de morale positive. 7 fr. 50
EVELLIN. — La raison pure. 5 fr.
HÉMON. — Philos. de M. Sully Prudhomme. 7 fr. 50
DRAGHICESCO. — Probl. de la conscience. 3 fr. 75

1315-07. — Coulommiers. Imp. PAUL BRODARD. — 1-07.

www.ingramcontent.com/pod-product-compliance
Ingram Content Group UK Ltd.
Pitfield, Milton Keynes, MK11 3LW, UK
UKHW020133220726
13923UKWH00001B/145